청소년 심리와 상담

청소년 심리와 상 담

박지선 · 박진희 공저

YOUTH PSYCHOLOGY & COUNSELING

동 문 사

많은 사람들이 기술의 발전과 물질의 풍요로움 속에서 행복한 인생을 살고 싶어 한다. 그러나 자신의 기대와는 다르게 마음의 여유와 방향을 잃고 삶의 의미마저 잃어버린 채 살아가는 사람들이 많다. 이것은 단지 성인에게만 해당되는 것은 아니다. 그 어느 때보다도 풍요로운 세상을 살아가고 있는 우리의 청소년들도 마찬가지이다. 청소년기는 자아정체감을 확립하고 주변 환경과 능동적으로 상호작용하며 미래를 준비해야 하는 중요한 시기이다. 이 시기를 어떻게 보내느냐가 향후의 인생에 큰 영향을 주기에 청소년 시기는 그 어느 때보다도 중요하다. 그러나 현재의 우리 청소년들은 어떠한가? 좋은 대학에 가기 위하여 이른 아침부터 늦은 밤 시간까지 공부를 하며, 또래 아이들과 경쟁하며 살아가고 있으며, 자신의 의지와는 상관없이 주변인들의 기대에 부응하기 위하여 안간힘을 쓰고 있다. 이뿐 아니라 청소년 자살이나 학교폭력, 왕따, 게임중독 등은 이미 오래 전에 불거진 우리 청소년들의 현실이다. 날로 심해져 가는 청소년 문제는 더 이상 학교나 가정에서 해결할 수 없는 문제가 되었다. 다행히 청소년 문제의 심각성을 인식하고 청소년들에게 전문적인 상담을 통해 도움을 주려는 사람들이 늘고 있다. 이 책은 그러한 사람들을 돕고자 집필되었다. 청소년기의 발달적 특징들을 구체적으로 이해하고, 다양한 상담 기법을 통해 전문적으로 청소년 문제를 다룰 수 있도록 총 4부 18장으로 내용을 구성하였다.

1부에서는 청소년 내담자를 이해하도록 돕기 위한 청소년의 개념과 발달적 특성 그리고 이 시기의 발달과업과 문제행동의 특성과 유형에 대해 소개하였다. 2부에서는 구체적인 상담 이론을 학습하기에 앞서 청소년 상담의 이해를 돕고자 청소년 상담의 개념, 특성과 목표, 청소년 상담자

머리말

의 역할과 청소년 상담자가 갖추어야 할 자질, 청소년 상담에서의 윤리 문제를 다루었다. 3부에서는 보다 전문적인 상담 활동을 돕기 위하여 상담이론의 역사를 살펴본 후, 정신분석 상담, 행동주의 상담, 인간중심 상담, 인지행동치료, 현실치료, 게슈탈트 상담과 해결중심 상담이론과 기법에 대해 소개하였다. 이에 더하여 최근 들어 늘고 있는 다문화 상담에 대해서도 간략히 소개함으로써 상담자가 다양한 이론들을 청소년 상담 장면에서 활용할 수 있도록 구성하였다. 4부에서는 청소년 상담의 실제에 대해 다루었는데, 시작부터 종결까지의 상담 작업 과정과 청소년 상담자가 기본적으로 연마해야 하는 상담의 여러 기법들을 소개하였고, 다양한 청소년 상담 유형에 대해서도 다루었다.

집필 과정을 통해 다시 한 번 청소년 문제와 청소년 상담에 관해 되짚어 보고 깊이 고민해 볼 수 있는 시간이 되었음에 감사한다. 청소년 상담에 도움이 되고자 하는 의욕을 가지고 집필 과정에 임하였으나, 막상 탈고하고 나니 부족한 부분이 눈에 띈다. 부족한 부분은 추후에 보완해 나갈 것을 약속하며, 끝으로 이 책의 출판에 힘을 써주시고 마지막까지 인내하며 기다려 주신 동문사 관계자분들에게 감사의 마음을 전한다.

2018년 9월

저자 일동

차 례

PART IV 청소년 상담의 실제

PART I

청소년 내담자의 이해

상담활동에 있어 내담자의 발달 단계에 대한 이해는 필수이다. 특히 청소년기는 아동기에서 성인기로 이행하는 과도기적 단계이기 때문에 청소년 상담자는 이 시기의 다양한 특징에 대해 잘 이해하고 있어야 한다. 이 part에서는 청소년 내담자의 심리를 이해하기 위한 기초 작업으로 청소년의 개념과 정의에 대해 살펴보고 청소년 내담자의 특성과 발달과업, 청소년 내담자의 문제에 대해 살펴보고자 한다.

CHAPTER 01

청소년기의 개념

학습주제

1. 청소년기 개념은 어떻게 발달되었는가?
2. 청소년기를 어떻게 정의할 수 있는가?
3. 청소년 초기, 청소년 중기, 청소년 후기의 특징은 무엇인가?

1 청소년기의 개념 발달과 정의

1) 청소년기의 개념 발달

> 인간이 일정한 단계를 거치면서 발달한다는 사실이 밝혀지기 전에는 청소년이라는 시기의 존재를 받아들이기 힘들었다.

청소년기는 한 인간이 성장할 때 필연적으로 거쳐야 하는 발달 단계로 현대사회는 '청소년'이라는 단어에 익숙하다. 그러나 인간이 일정한 단계를 거치면서 발달한다는 사실이 밝혀지기 전에는 청소년이라는 시기의 존재를 받아들이기 힘들었다(박진규, 2015). 일례로, 근대사회가 완성되기 이전의 유럽사회에서는 부모에 대한 신체적 의존 상태를 벗어날 즈음인 7세 무렵의 아동은 성인과 구분되는 독자성을 인정받지 못하고 성인이 되어 가는 과정에 있는 작은 성인으로 취급받았다(이미리, 조성연, 길은배, 김민, 2014). 즉, 아동이나 청소년은 작은 성인에 불과했던 것이다. 그러나 18세기 후반 루소(Jean-Jacques Rousseau, 1712~1778)는 그의 저서 『에밀』에서 처음으로 어린이를 '축소된 성인(miniatured adult)'으로 취급해서는 안 된다며, '독립된 인격체(independent character)'로 보아야 할 뿐 아니라 청소년기를 자신만의 가치와 특성을 정립하여 재탄생(rebirth) 혹은 제 2의 탄생(a second birth)을 경험하는 시기라고 제안하였다(박진규, 2015). 루소의 제안은 인간발달의 본질에 관한 사고에 혁신적인 변화를 가져왔다.

18세기 후반 Rousseau는 청소년기를 '독립된 인격체'로 보아야 하며 자신만의 가치와 특성을 정립하여 재탄생(제 2의 탄생)하는 시기라고 제안하였다.

20세기 초에 이르러 사회적, 경제적, 학문적 발달과 인구통계학적 변화는 청소년을 하나의 독립된 발달 단계로 정착시키는 데 기여하였다. 직업이 다양해지고 복잡해지면서 공식적인 교육의 필요성이 증가되었고, 자녀수의 감소는 부모의 자녀에 대한 지원을 부추겼다. 이제 아동은 부모의 일손을 돕는 노동력으로서의 가치를 갖는 것이 아니라, 부모의 물질적, 심리적 지원 하에서 공식적인 학교교육을 받는 소중한 존재가 된 것이다. 더욱이 의무교육 기간을 16세까지로 규정한 미국의 법률 제정은 아동과 청소년을 법적으로 성인과 분리시켰다(장휘숙, 1993).

오늘날 보편적으로 사용하고 있는 '청소년기(adolescence)'라는 용어는 1904년 홀(Stanley Hall, 1844~1924)이 발표한 저서의 제목에서 따온 것이다(이미리 등, 2014). 홀은 청소년심리학을 발전시키고 과학적인 청소년기 연구방법을 사용한 최초의 심리학자로 '청소년학의 아버지'라고도 불린다. 홀의 저서 또한 청소년에 대한 생각을 재정립하는 계기를 만들었는데, 홀에 따르면 청소년기는 12세에서 23세까지의 연령 범위에 해당되며, 갈등과 정서 혼란으로 가득 찬 격변기를 의미하는 '질풍노도(storm and stress)'의 시기라고도 한다. 홀의 질풍노도의 시기에 대한 제안은 한때 진실로 받아들여져 청소년기의 알 수 없는 행동들을 이해하는 틀로 활용되었다. 이후 비록 청소년 시기가 스트레스를 많이 경험하는 시기라 할지라도 모든 청소년들이 질풍노도의 시기를 경험하는 것은 아니라는 점이 인정되었다.

오늘날 사용하고 있는 청소년기(adolescence)라는 용어는 청소년학의 아버지라고 불리우는 Stanley Hall이 처음 사용하였다.

홀이 청소년기를 생물학적·심리학적 측면에서 접근하였다면 미드(Margaret Mead, 1901~1978)와 베네딕트(Ruth Fulton Benedict, 1887~1948)는 사회·문화적인 측면에서 접근하였고, 성장환경과 청소년이 속한 문화의 영향력을 강조하였다. 한국에서 '청소년'이라는 말은 일제강점기에 언론매체와 법조문에 등장하기 시작했지만, 일반인이 사용하기 시작한 것은 해방 이후부터이며, 1960년대 이후 사회적으로 보편화되었다(박진규, 2015).

2) 청소년기의 정의

청소년기를 뜻하는 영어 단어인 adolescence는 '성장하다' 혹은 '커지다'라는 의미인 라틴어 'adolésco'에서 유래했다(Arden & Linford, 2009; 김광웅, 홍주란, 차미숙, 2016에서 재인용). 사춘기(puberty) 또한 '성장하다'라는 라틴어 'pubertas'에서 유래했는데, 청소년기라는 용어는 신체적·생물학적 성장을 넘어 인지적, 사회적 성장 등을 포함하는 좀 더 포괄적인 의미로 사용되는 반면, 사춘기(puberty)는 신체적·생물학적 측면에서의 성장을 의미하는 것으로 사용된다.

청소년기의 개념이 어떻게 발달하였으며 발달적 맥락에서 청소년기가 어떤 단계에 해당하는지에 대해서는 대체로 의견이 일치되지만, 청소년기에 대해서 구체적이고 명확한 정의를 내리는 데에는 어려움이 있다. 왜냐하면 다양한 관점에 따라 청소년기를 바라보는 시각의 차가 존재하며, 각 시대 및 연구자에 따라 다르게 정의되어 왔기 때문이다. 우리나라에서는 입법 취지에 따라 청소년의 연령을 다르게 규정하기도 하는데, 예를 들어, 청소년기본법에서의 연령기준은 9세 이상 24세 미만인 반면, 청소년보호법에서는 만 19세 미만으로 규정되어 있다. 법에서 규정하고 있는 연령 기준이 상이한 이유는 개인차가 다소 무시되더라도 사회적 통일성을 이루기 위해 일정 연령을 기준으로 청소년을 구분하는 방법을 채택했기 때문이다. 그러나 일반적으로 볼 때 청소년이란 중·고등학교에 재학할 연령에 해당하는 학생들을 일컫는다.

'성장하다' 혹은 '커지다'라는 라틴어에서 유래한 청소년기는 사춘기보다 좀 더 포괄적인 의미로 사용된다.

청소년을 한 마디로 정의하기는 어렵지만 발달 단계로서 청소년기의 특징을 종합해 볼 때, 청소년은 아동과 성인의 특성을 부분적으로 가지고 있으면서도, 어디에도 속하지 않는 과도기적 존재로 신체적·지적·정서

청소년을 한 마디로 정의하기는 어렵다. 발달 단계로서의 청소년은 아동과 성인의 특성을 부분적으로 가지고 있는 과도기적 존재이다.

적인 면에서 미성숙의 상태에서 성숙의 상태로 나아가는 과정에 있다(한상철, 2008).

2 청소년기의 세부 단계

청소년기란 자의식을 형성하기 시작하는 사춘기에서 성인이 되기 전까지를 지칭한다. 청소년기는 흔히 초기, 중기, 후기 3단계로 분류된다.

대체로 청소년기란 자의식을 형성하기 시작하는 사춘기에서부터 독립적 인격체로서의 성인이 되기 전까지를 지칭한다(배규환 등, 2007). 청소년기는 흔히 초기, 중기, 후기라는 3단계로 분류된다. 청소년기를 보내는 10여 년 동안 심리적·사회적으로 큰 변화가 일어날 수 있기 때문에 청소년기를 몇 개의 하위 단계로 구분하는 것이 바람직하다(정규석, 김영미, 김지연, 2013). 연구자마다 각 단계의 연령을 산정하는 데에는 이견이 있지만, 대부분 이 세 단계가 뚜렷이 구분되는 특징을 지니고 있다고 본다(Short & Rosenthal, 2008). 그렇다면 청소년 초기, 중기, 후기의 특징들을 간략히 살펴보도록 하자.

1) 청소년 초기

청소년 초기는 급속한 신체적 변화와 인지·정서·사회적 발달을 경험하는 시기이다.

청소년 초기는 사춘기가 시작되면서 아동기에서 청소년기로 전환하는 과도기로, 급속한 신체적 변화와 인지적·정서적·사회적 발달을 경험한다. 이 시기는 아동기보다 부모와의 갈등이 많아지는 때이다. 또래관계도 동성의 구성원들로 제한되는 경향이 있다.

지식을 추구하려는 열정은 높으나 아직 논리적으로 문제를 해결하지 못하는 미숙함 때문에 공상과 동경의 상태에 머물며 자신의 공상 속에서 만족을 추구하려 한다.

2) 청소년 중기

청소년 중기는 전형적인 10대를 의미한다. 일반적으로 중학교 말부터 고등학교까지에 이르는 시기를 말한다. 이 시기의 청소년은 관계 중심적이며 신뢰할 수 있고 비밀을 털어 놓을 수 있는 친구를 찾는다. 그들의 일상은 친구들과 함께 하는 활동으로 이루어져 있다고 해도 과언이 아닌데, 친구 간에 유행하는 특별한 옷을 입고 같은 음악을 듣고 같은 용어를 사용한다. 이 무렵 이성교제가 시작되지만 여전히 동성친구가 이성친구보다 더 중요하다.

청소년 중기는 중학교 말부터 고등학교까지의 10대를 말하며, 관계 중심적이고 자의식이 높아지는 시기이다.

자의식이 높아지면서 독선적이고 우월을 과시하며 현실을 부정하고 혐오하는 경향을 보이기도 한다. 기성세대와 기존의 사회구조를 부정적이고 회의적으로 인식함과 동시에, 자신의 인생은 낭만적이고 화려하게 계획함으로써 이상과 현실의 부조화를 지니고 있는 시기이다.

3) 청소년 후기

청소년 후기에는 사회적으로 안정되며 부모와 청소년 간의 갈등도 감소한다. 이상을 추구하지만 현실에 적응하기 위해 노력하며 자신을 합리적으로 통제한다. 이 시기에는 자아정체감 확립과 더불어 청소년 및 성인생활을 준비하기 위한 여러 가지 과제에 집중해야 한다. 일과 대인관계에서 성인의 역할로 전환되는 과도기에 있다. 친구관계에서도 그 동안의 관계 경험을 바탕으로 아량이 넓어지고, 친구들이 자신과는 다르다는 점을 인정하므로 이 시기의 우정은 성인들의 우정처럼 정서적으로 친밀하고 안정된다.

청소년 후기는 자아정체감을 확립해야 하며 성인생활을 준비하기 위한 여러 가지 과제에 집중하게 되는 시기이다.

CHAPTER 02

청소년 내담자의 특성

학습주제

1. 청소년 내담자의 신체적·생물학적 특성은 무엇인가?
2. 청소년 내담자의 인지적 특성은 어떠한가?
3. 청소년 내담자의 정서적 특성은 어떠한가?
4. 청소년 내담자의 대인관계 특성은 어떠한가?

청소년기는 아동기와 성인기의 과도기적 발달 단계로 아동이나 성인과는 구분되는 발달 특징을 지니고 있다. 아동기와 비교해 볼 때 청소년기는 '새로움(newness)'과 '변화(change)'의 시기이며(Slater & Bremner, 2011), 성인기 적응을 주요 목표로 하는 생물학적, 인지적, 정서적, 사회적 측면이 재편성되는 기간이다(Susman & Rogel, 2004). 이 장에서 청소년기의 발달적 특성을 신체적·생물학적, 인지적, 정서적, 대인관계적인 측면에서 살펴보고자 한다.

1 신체적 · 생물학적 특성

인간은 태어나 출생 후 2년 동안 급성장을 보인다. 이후 청소년기에 제 2의 성장폭발(growth spurt) 현상이 일어나 다시 한 번 급성장을 보이게 된다. 일반적으로 여자 청소년이 남자 청소년보다 2년 정도 빠른 성장폭발을 보이나, 급성장 이후 최종 성장의 정도는 남자 청소년이 여자 청소년보다 더 크다(박진규, 2015).

> 청소년기는 제 2의 성장폭발 현상이 일어나는 시기로 사춘기가 시작되면서 성적 성숙도 이루어지는 시기이다.

청소년이 체격이 커지고 힘도 강해지기 때문에 일반적으로 사람들은 청소년이 건강할 것이라 생각하는 경향이 있다(Kovar, 1979). 그러나 청소년백서(2016)에 따르면 우리나라 12~18세 청소년의 칼슘섭취량은 권장섭취량의 60% 미만에 머물고 있다. 무엇보다도 청소년기의 급성장은 충분한 영양공급, 운동 및 휴식을 요구하므로 청소년 건강에 대한 무관심이나 과신은 질병을 초래할 수 있다는 점을 유념해야 한다.

사춘기가 시작되면 성호르몬의 분비가 증가해 성적인 성숙도 이루어진다. 성적 성숙은 생식을 위해 필요한 기관들의 성숙을 의미하는 일차성징(primary sex characteristics)과 여성의 가슴 발달, 남성의 넓은 어깨를 비롯하여 변성, 근육 발달 등의 성적 성숙의 생리적 징후를 의미하는 이차성징(secondary sex characteristics)으로 나뉜다. 이러한 성적 성숙의 징후로 남자 청소년은 몽정(wet dream)을 경험하며, 여자 청소년은 초경(menarche)을 경험하게 된다.

> 청소년기의 성적 성숙은 일차성징과 이차성징으로 나뉜다.

2 인지적 특성

1) 피아제의 형식적 조작기

피아제(Piaget)의 인지발달 단계에 따르면 청소년기는 형식적 조작기(formal operational period)에 해당한다. 형식적 조작기에서는 추상적인 사고가 가능해져 논리적인 사고를 할 수 있게 되며, 정치, 철학, 종교, 사랑 등의 추상적인 영역으로 사고의 폭이 넓어진다. 청소년들은 사고 과정에 대한 사고인 메타인지(metacognition)가 발달하여 자신의 사고를 보다 잘 통제하며, 자신의 인지 과정을 타인에게 쉽게 설명할 수 있게 된다. 또한 가설연역적 추론(hypothetico-deductive reasoning)[1]이라는 보다 고차원적인 사고를 할 수 있게 되는데, 귀납적 추론을 하며 시행착오적인 문제해결 방식을 보이는 아동기에 비해 청소년기는 미리 계획을 세우고, 계획 수행의 결과를 예측해 볼 수 있으며, 다양한 관점으로 그 결과를 설명할 수 있게 된다. 이러한 사고 과정은 살면서 부딪히게 되는 문제를 해결하는 데 크게 기여하게 된다(이미리 등, 2014). 청소년기의 형식적 조작 사고는 긍정적인 측면과 부정적인 측면도 지니고 있다(Keating, 1980). 두 가지 측면에 대해서 살펴보도록 하자.

Piaget에 따르면 청소년기는 형식적 조작기에 해당하는 시기로 메타인지가 발달하고 고차원적 사고가 가능해진다.

(1) 긍정적인 측면

① 여러 현상에 대해 가설을 설정할 수 있으므로 구체적이며 실재론적인 사고에서 벗어나 가능성(possibility)에 대해 생각할 수 있게 되었다는 것이다. 청소년은 아동과는 반대로 먼저 가능한 사태에 대한 이론을 설정하고, 가능한 것으로부터 경험적으로 실재하는 것으로 사

1) 가설연역적 추론: 주어진 문제를 해결하는 방안에 대해 체계적으로 가설을 설정하고, 그 검증을 통해 결론을 도출하는 것

고가 진행된다(Inhelder & Piaget, 1958).

> 청소년기의 인지적 특징으로 볼 수 있는 형식적 조작기의 긍정적인 측면은 과학적 사고의 습득과 정체감 획득이다.

② 가설연역적 추론이 가능해짐에 따라 과학적 추론을 할 수 있게 되어 가설 검증 과정을 통하여 진위 여부를 확인할 수 있게 된다.

③ 메타인지가 가능해짐에 따라 자기성찰이나 내성에 몰두할 수 있게 된다.

④ 자기성찰이나 내성을 통해 나는 누구인가라는 질문에 대한 답을 생각해 봄으로써 정체감 획득이 가능해진다.

(2) 부정적인 측면

① 청소년들은 현재, 과거, 미래에 대해 생각할 수 있게 되는데, 이를 통해 미래에 대한 기대와 함께 불안도 높아진다.

> 형식적 조작기의 부정적인 측면으로는 세상의 결점과 논리적 모순을 발견하게 되어 부모나 사회에 반항하기 시작하고 자아중심성을 부추길 수 있다는 점이다.

② 가능성에 대한 가설설정은 물리적 상황에 대한 과학적 사고에만 국한되는 것이 아니라, 정치, 사회, 종교 등의 영역에도 관여하여 이상주의(idealism)로 확장되어 세상의 결점과 논리적 모순을 발견하여 부모나 사회에 반항하기 시작한다.

③ 자신과 타인의 사고와 감정을 구분짓지 못하는 청소년의 경우, 형식적 조작능력은 자아중심성을 부추기는 경향이 있다.

피아제의 형식적 조작 사고에 대해 수많은 추후 연구들이 이루어졌으나, 연구 결과 모든 청소년이 형식적 조작 사고 단계에 도달하는 것은 아니었다. 카폰과 쿤(Capon & Kunh, 1979), 키팅(Keating, 1980)의 연구에서는 청소년과 성인 중 3분의 1만이 형식적 조작 사고 과제들을 완수할 수 있었다고 보고하였다. 현재는 많은 연구자들이 형식적 조작 사고가 성인기까지 계속해서 발달하지만, 모든 성인이 형식적 조작 사고를 갖게 되는 것이 아니라는 점에 동의하고 있다. 더 나아가 피아제의 형식적 조작 사고는 청소년의 발달 과정에서 스스로 구성되는 것으로 교육적·문화적 경험은 배제하였는데, 연구자들은 형식적 조작 사고가 훈련 효과가 있음을 발견하였고, 개인의 지식과 전문적 지식이 형식적 조작의 사용에 영향을 미칠 수 있다는 것을 보여 주었다. 그리고 오늘날의 청소년들이 20년이나 30년 전의 청소년보다 더 높은 수준의 인지발달을 보임을 발견하였는데, 이는 환경적 요인의 효과를 반영한 것이라 할 수 있다(Slate & Bremner, 2011; 송길연, 장유경, 이지연, 유봉현, 2014에서 재인용).

2) 사회인지

사회인지(social cognition)란 자신과 타인의 역할이나 관계를 비롯하여 생각, 감정, 의도 등을 관찰하고 추론하고 개념화하는 능력을 말한다. 사회인지 능력은 현실 속에서의 문제해결, 특히 대인관계 속에서의 정보처리와 문제해결 등에 관여하기 때문에, 일반적인 학습지능이 아닌 실용적 지능을 필요로 한다(박경애 등, 2014).

Elkind(1978)에 따르면 청소년기 특유의 사회인지적 특성은 청소년기 자아중심성이다.

청소년기의 사회인지발달 측면에서 엘킨드(Elkind, 1978)는 청소년기 특유의 사회인지적 특성을 청소년기 자아중심성(adolescent egocentrism)으로 보았다. 학령 전기의 아동들도 자아중심성을 가지고 있는데 그들의 자아중심성은 타인들이 자신과 다른 조망을 갖는다는 것을 알지 못하기 때문에 생겨난다. 그러나 청소년의 자아중심성은 자신의 사고나 상위인지에 대해 사고할 수 있는 보다 발달된 인지 능력 때문에 야기된다고 볼 수 있다. 즉, 형식적 조작 사고의 발달로 인해 다양한 가능성에 대해 생각하게 되면서, 청소년들은 자신의 생각과 관념 속에 사로잡히게 된다. 그러나 자신이 중요하고 가치있다고 생각하는 관념의 세계와 타인의 관념을 구분하지 못하며, 자신에게만 독특한 세계와 타인의 보편적인 세계를 구분하지 못하게 됨에 따라 자신이 우주의 중심이 된다고 믿을 만큼 강한 자의식을 보이게 되는 것이다. 청소년기 자아중심성은 형식적 조작 사고가 발달하는 11~12세경에 시작되며, 15~16세경에 정점을 이루다가 청소년들이 다양한 대인관계의 경험을 통해 자신과 타인에 대한 객관적인 이해가 이루어지면 서서히 사라지게 된다(Lapsley, 1991; 송명자, 2014에서 재인용).

국내에서도 청소년기 자아중심성에 관한 연구가 수행되었다(김인경, 1993;

김인경, 장근영, 1992; 김인경, 윤진, 1995; 김인경, 윤진, 1998). 연구에 따르면 서구의 청소년은 15~16세경에 자아중심성에서 벗어나는 데 반해, 우리나라 청소년의 자아중심성은 청소년 중기 이후에도 일관성있게 증가하며, 대학교 1학년 시기까지 높은 수준으로 지속되었다. 이러한 결과는 우리나라 청소년이 중·고등학교 시기에 적절한 대인관계 경험을 갖지 못하고, 자아정체성의 탐색이 불충분한 데에서 기인한 것으로 보인다. 한편 엘킨드(Elkind, 1978)는 청소년기 자아중심성을 개인적 우화와 가상의 청중으로 설명할 수 있다. 적응의 측면에서 살펴볼 때 개인적 우화는 대처 능력, 리더로서의 적응 및 직업, 교육지향 등 일반적 적응력과 사회적 관계의 유능성 등의 적응 잠재력과 관련이 있으나, 가상의 청중은 정신병리와 부적응적인 정서 상태 그리고 기타 사회적 관계의 부족과 같은 부적응과 관련이 있다(김인경, 1994). 개인적 우화와 가상의 청중에 대해 좀 더 자세히 살펴보자.

(1) 개인적 우화

개인적 우화(personal fable)는 청소년기 자신의 독특성에 대한 비합리적이고 허구적인 관념을 지칭하는 것으로, 청소년이 자신은 특별하고 독특한 존재이므로 자신의 감정이나 경험세계는 다른 사람과 근본적으로 다르다고 믿는 것이다. 예를 들어, 범법 행위를 저지르고도 자신은 들키지 않을 것이라 생각하거나 피임하지 않고 성관계를 가지면서도 임신의 가능성은 무시하는 것 등이다.

청소년 자아중심성 중의 하나인 개인적 우화는 자신이 특별하고 독특한 존재이므로 자신의 감정이나 경험세계는 다른 사람과 다르다고 믿는 것이다.

개인적 우화가 높은 청소년은 자의식과 자신에 대한 관심이 지나치게 높았으며, 특히 남학생의 경우 감각추구경향과 위험행동에 몰입하는 정도와 정적 상관이 있었다. 그러나 개인적 우화 현상은 현실검증력이 생기면서 자신과 타인의 실체를 객관적으로 인식하고, 타인과의 친밀한 관계를 정립하게 되면서 점차 사라진다(송명자, 2014).

(2) 가상의 청중

가상의 청중(imaginary audience)이란 자신이 타인의 주목을 받고 평가 대상이 되고 있다는 믿음에서 생겨난 오해이다. 예를 들어, 자신이 길을 가고 있는데 자신의 주변 사람들이 모두 자신을 쳐다보고 있다고 생각하게 되는 것이다. 이것은 사고 과정에서 미처 사고가 분화되지 못해 생긴 것이며, 실제의 청중과 자신의 기대 속의 청중을 구분하지 못하는 인지적인 현상으로 청소년기 자아중심성의 한 형태이다. 이로 인해 청소년은 다른 사람들이 자신의 사소한 실수에도 주목하고 있다고 생각하며 당황하거나 신경을 쓰고, 가상의 청중을 즐겁게 만들기 위해 많은 에너지를 투자하기도 한다. 가상의 청중은 청소년 초기의 특징인 자의식을 형성하는 데 영향을 준다.

청소년 자아중심성 중의 하나인 가상의 청중은 청소년 자신이 타인의 주목을 받고 평가의 대상이 되고 있다고 믿는 것이다.

가상의 청중은 부정적 자아 개념, 낮은 자아 존중감과 자아 발달 단계, 대인 간 신경과민, 사회적 기술의 부족과도 관련이 있다(Hauck et al., 1986; Lapsley et al., 1988; Mullis & Markstrom, 1986). 가상의 청중은 남자 청소년보다 여자 청소년에게서 더 많이 관찰되며, 대체로 15세 정도에 절정을 이루다 감소하는 양상을 보인다(Steinberg, 2011).

3) 청소년기의 특징적 사고

콥랜드(Copland, 1974)는 청소년기의 특징적 사고에 대해 다음과 같이 정리하였다(한국청소년개발원, 2005).

① 자아에의 몰두(preoccupation with self): 청소년기의 사고는 자아에 심하게 몰두되어 있다. 이러한 몰두는 자아도취적일 수 있지만 자기기만이나 자신감 위기와 관련이 있을 수 있다.

② 환상에의 도취(preoccupation with fantasy): 풍요롭고 환상적인 삶은 청소년들이 지니고 있는 강한 욕구와 정서의 결과이다. 환상은 이러한 욕구들을 조절해 줄 뿐 아니라 어느 정도 충족감을 제공해 준다.

③ 자기표현 욕구에 대한 몰두(preoccupation with the need for self-expression): 자기 일을 스스로 하는 것은 부모의 감독과 동의로부터 벗어나려는 청소년들의 노력을 보여 준다.

④ 철학적 추론, 이론 그리고 이상에의 도취(preoccupation with philosophical abstraction, theories, and ideals): 청소년은 '절대적 진리'나 '궁극의 현실'과 같은 철학적 질문에 몰두되어 있다. 간혹 기존의 권위적 사고를 강하게 거부하면서 세상에 대한 자신의 이론과 관점을 발달시킨다.

⑤ 성에의 몰두(preoccupation with sexuality): 청소년은 초기 이성관계를 지나치게 이상화함으로써 성적인 것들에 대해 지나친 관심을 갖는다. 이를 위해 청소년은 상당 시간동안 멋을 부리고 치장을 한다.

⑥ 쾌락주의와 금욕주의(hedonism and/or asceticism): 청소년은 강한 욕구에 반응하게 되는데, 그러한 반응은 극단적일 가능성이 있다. 예를 들어, 청소년들은 전적으로 본능적 욕구를 추구함으로써 쾌락주의적이 되거나, 두려움 혹은 죄의식으로 인하여 욕구를 포기하고 금욕적이 될 수 있다.

⑦ 순응(conformism): 독립하기 위한 노력의 일환으로 청소년은 자신의 정체감을 부모와 가정으로부터 벗어나 자기가 선택한 동료집단에서 찾고자 한다. 청소년은 동료집단의 룰을 따르려 하며 이 때문에 성인이 원하지 않는 복장이나 행동을 하여 성인으로부터 비난을 받는다.

3 정서적 특성

청소년은 급격한 발달 과정을 거치지만 자신의 변화와 발달 상황에 대처할 수 있는 충분한 지식이나 기술을 갖추고 있지는 못하다. 버거(Berger, 2005)에 따르면 청소년기는 감정의 기복이 심하고 극단적인 정서를 자주 경험하며, 생애발달 단계 중 정서적인 강도가 최고치를 기록하는 시기이다. 이러한 청소년의 정서적 특징을 살펴보면 다음과 같다(한상철 등, 2001).

> 청소년기의 정서적 특징으로는 감정 기복이 심하고 극단적인 정서를 자주 경험한다는 것이다(Berger, 2005).

① 청소년의 정서는 격렬하고 쉽게 동요하는 속성이 있다.

② 청소년의 정서를 자극하는 것은 주로 대인관계의 문제이다.

③ 청소년의 정서표현은 아동기와는 달리 내면적이고 영속적이므로 정서가 기분(mood)과 감상(sentiment)으로 발전하는 경우가 많다. 청소년이 되면 그들의 정서가 외부에 표출되기보다는 내부에 숨겨진다든가 방어기제에 의하여 변화된다든가 하여 외부에서는 쉽게 알 수 없게 된다. 청소년의 정서는 의식적으로 억제되는 기분이 되는데, 분노가 초조감이나 혐오감으로, 공포심이 불안이나 우울로 그리고 기쁨이나 환희가 행복감으로 변모해 가게 된다.

④ 청소년기의 정서적 변화에 가장 크게 영향을 미치는 요인들로써 신체적·생물학적 변화와 심리·사회적 변화를 들 수 있다.

⑤ 청소년의 정서적 표현은 다양한 생활조건에 따라 개인차가 크게 나타난다.

4 대인관계 특성

청소년 시기는 다른 어느 시기보다는 친밀감이나 대인관계 욕구가 강하다. 이 시기의 효율적이고 의미 있는 대인관계는 건강한 심리사회적 발달을 위한 필수 전제조건이 된다.

인간은 사회적 동물로 타인과 관계를 맺고자 하는 기본 욕구를 지닌다. 주 애착 대상과의 관계를 시작으로 각 발달 단계마다 주변 사람들과 다양한 관계를 맺게 되는데, 청소년 시기는 그 어떤 시기보다도 친밀감이나 대인관계 욕구가 강한 것이 특징이다. 미국의 정신의학자이자 정신분석학자인 설리반(Harry Stack Sullivan, 1892~1949)은 청소년기의 효율적이고 의미 있는 대인관계를 건강한 심리사회적 발달을 위한 필수 전제조건으로 보았다. 설리반은 인간의 발달 단계에 따라 대인관계 욕구가 변화한다고 보고 유아기부터 청소년 후기까지 6단계로 구분하여 대인간 상호작용의 욕구에 대해 설명하였다(유진이, 2014).

표 2-1 설리반(1953)의 대인관계 욕구 발달 단계

단계	연령	대인관계 욕구 특징
유아기	0~2, 3세	• 안정감의 욕구
아동기	~6, 7세까지	• 성인의 관심을 얻으려는 욕구와 경험의 욕구
소년 · 소녀기	~8, 10세까지	• 또래관계를 형성하려는 욕구
전 청소년기	~12, 14세까지	• 단짝 관계로서 표현되는 친근감의 욕구
청소년 초기	~17, 18세까지	• 대인간의 친밀감을 유지하려는 욕구 • 성적 만족을 추구하려는 욕구 및 안정된 이성관계를 형성하려는 욕구
청소년 후기	~성인기까지	• 두 사람만의 '특별한' 이성관계를 추구하는 욕구 • 사회 내에서 개인적 위치를 확립하려는 욕구

1) 가족관계

부모에게 의존하고 개방적이었던 아동기와는 달리 청소년기는 부모로부터 독립하려 한다. 이제 부모보다는 또래 친구들과 더 많은 시간을 보내기를 원하며 친구들과 더 많은 정보를 공유하기를 원한다.

인지가 발달함에 따라 청소년은 부모가 설정한 규칙이나 제한에 이견을 내놓거나 논리적으로 반박하고 부모의 권위에 도전하면서 더 이상 부모가 시키는 대로 하지 않는다. 부모와 청소년의 갈등은 청소년 초기에 가장 높고 청소년 중기(고등학교 시기)에 비슷한 수준을 유지하다가 17~20세경 감소한다(장휘숙, 2007).

중년기에 도달한 청소년 자녀의 부모는 머지않아 자녀가 부모의 품을 떠날 것을 인식하게 되면서 자녀와의 관계를 돈독히 하려는 입장이나 태도를 취할 수 있다. 즉, 청소년 자녀는 독립과 자율을 추구하지만 오히려 부모는 자녀와 함께하고자 하는 욕구가 강해져 둘 간의 욕구가 상충하면서 갈등이 유발될 수 있으므로(Berk, 2009), 아동기와는 다른 새로운 부모-자녀관계를 형성해야 한다. 부모-자녀관계에 대한 과거의 모형에서는 청소년의 자율성과 탈애착이 강조되었으나, 최근의 모형에서는 자율성과 애착을 동시에 유지할 것을 강조한다. 표 2-2에 샌트록(Santrock, 1995)의 부모-자녀관계에 관한 변화된 관점을 제시하였다.

청소년 자녀는 독립과 자율을 추구하지만 중년기에 도달한 청소년 자녀의 부모는 자녀와 함께하고자 하는 욕구가 강해져 둘 간의 욕구가 상충해 갈등이 유발될 수 있다.

표 2-2 청소년기 부모-자녀관계 모형

기존의 모형	새로운 모형
• 부모로부터의 자율성과 탈애착 강조 • 부모와 또래집단은 분리된 별개 집단임	• 자율성과 애착을 동시에 유지 • 부모는 중요한 지지체계이며 애착 대상임 • 부모-자녀관계와 또래집단관계는 중요한 관련성을 지님
• 청소년기 동안 지속적으로 갈등과 스트레스 유발 • 질풍노도와 같은 일상의 불안정한 관계 유지	• 청소년기 부모-자녀 간 작은 갈등은 긍정적인 발달적 기능을 지님 • 부모-자녀 갈등은 청소년 초기에 그녀 사춘기에 특히 큼

출처: 송명자(1995에서 재인용).

다소 수직적인 양상을 띠는 부모-자녀관계와는 달리 형제자매관계는 수평적인 양상을 보인다. 형제자매 간 경쟁은 8~12세에 두드러지며 연령이 증가함에 따라 증가하다가 청소년기에 접어들면서 경쟁심보다는 서로 신뢰하고 도와주며 정서적으로 친밀한 관계를 이뤄나간다. 청소년 후기에는 형제자매를 자신의 인생에서 '의미 있는 타인'으로 지각하고 중요시하게 된다.

청소년기의 형제자매관계는 경쟁심보다는 서로 신뢰하고 도와주며 정서적으로 밀접한 관계를 이뤄나간다.

청소년기에 또래관계의 중요성이 커지기는 하지만 여전히 가족이 지닌 고유한 기능이 청소년의 개인 발달에 영향을 준다. 올손(Olson, 1980) 등이 제안한 청소년기에 또래집단이나 다른 사회적 기관에 의해 대치될 수 없는 가족의 3가지 기능은 다음과 같다.

① 가족은 응집성 혹은 결속감을 제공한다.
② 가족은 적응을 위한 모델 기능을 수행한다.
③ 가족은 개인의 언어기술, 상호작용 방식 및 타협을 가르치는 의사소통 경험의 연결망을 제공한다.

2) 또래관계

청소년기에 중요한 발달과업 중 하나는 그들의 삶에서 매우 중요한 타인인 또래와 친밀한 관계를 형성하는 것이다. 특히 중기 아동기와 청소년기의 우정은 학령 전기의 자아중심성으로부터 벗어나 성숙한 성적 관계의 특징인 상호성, 공유하기, 상대방에 대한 관심으로의 전환에 필요하다(Sullivan, 1953). 청소년기가 되면 친구는 단순히 같이 놀 대상이 아니라 심리적으로 서로 유사하고, 양립할 수 있으며, 개인적인 비밀을 지켜 주고, 어려운 상황에서 서로에게 도움을 주는 대상이 된다(장성화, 구승신, 정옥희 등, 2012). 청소년기에 또래와의 관계는 부모와의 상호작용에서는 습득하기 어려운 수평적인 대인관계 기술을 발달시키고, 기성세대와 독립적인 청소년 문화를 발달시키는 데 도움을 준다(이미리 등, 2014).

청소년기의 또래관계는 수평적인 대인관계를 발달시키는 데 도움이 되며 정서적 지원과 안정감을 제공한다.

또래란 비슷한 연령대나 비슷한 성숙도를 가진 청소년을 말하는데 청소년에게 있어 또래집단은 정서적 지원과 안정감을 제공하며, 준거집단의 역할을 하고, 다양한 인간관계를 형성할 기회를 제공한다. 그리고 청소년의 의사결정에 영향을 주고 행동 모델이 되어 준다(오윤선, 황인숙, 2016). 또래친구와의 관계가 밀접해지면 집단 내부의 압력에 일치하려는 동조성도 극대화되는데, 동조성이란 집단 내부의 압력에 일치하려는 경향을 의미한다. 이러한 동조성으로 인해 또래관계에서 청소년들은 자신의 의견보다는 또래의 의견을 중시하며, 또래와 같은 방식으로 사고하고 행동하려 노력하게 되는 것이다. 이러한 노력은 단순히 자신의 생각에 대한 확신의 결여 때문이 아니라 자신이 속해 있는 집단과 자신과 또래와의 관계 때문이다(박경애 등, 2014).

2014년 통계청의 자료에 따르면 청소년의 고민대상은 부모 26.1%, 형제자매 5.5%, 친구동료 46.2%, 스스로 해결 17.6%, 기타 4.7%로 나타났다. 이는 청소년기 또래관계의 중요성을 잘 보여 주는 결과이다.

3) 이성관계

청소년기 발달과업 중 하나는 이성을 이해하고 이성과의 원만한 관계를 형성하고 유지하는 일이다. 청소년기 이성교제의 순기능과 역기능은 다음과 같다(오윤선 등, 2016).

(1) 순기능

① 이성친구와의 관계를 통해 인간관계 기술 및 사회 기술을 발달시킬 수 있다. 청소년기 중요한 사회적 관계 중 하나인 이성교제는 나와 다른 이성의 정체성을 발견하고 어울리며 친밀감을 발달시키는 기능을 하고 대인관계 기술 및 사회성을 발달시킨다.

② 데이트와 같은 활동을 통해 기쁨, 행복감, 일상 생활의 즐거움을 누릴 수 있게 된다.

③ 청소년은 이성교제를 통해 인격적으로 서로 어울리며 사랑할 수 있는 배우자를 만날 수 있는 연습의 기회를 갖게 된다.

④ 정서적 안정감을 제공한다. 어려운 일이나 힘든 일이 발생했을 때 서로에게 의지하고 이성친구로부터 따뜻한 지지와 공감을 받음으로써 우정, 신뢰감, 친밀감을 느낄 수 있다.

청소년기 중요한 과제는 이성을 이해하고 이성과 원만한 관계를 형성하고 유지하는 일이다. 청소년기 이성교제에는 순기능과 역기능이 있다.

⑤ 성적 정체감과 성역할 형성에 중요한 영향을 미친다. 청소년은 이성교제를 통해 남녀 사이의 생태적 특성과 사회적 특성을 수용하고 각각의 역할을 이해함으로써 상호보완과 협력관계를 배우게 된다.
⑥ 청소년의 정신건강에 긍정적인 영향을 미친다. 청소년의 이성교제는 학업과 진로로 인한 스트레스, 부담감, 불안감을 감소시키고 자신감과 자아 존중감을 향상시킨다.

(2) 역기능

① 학업에 소홀해져 진로 준비에 부정적인 영향을 미칠 수 있다.
② 이성교제를 통한 부정적 정서를 경험할 수 있다. 원만하지 못한 이성교제는 정서적·심리적 문제와 직접 관련이 되는 큰 갈등 요인이 될 수 있기 때문이다.
③ 이성교제 과정 중 심각한 성경험으로 인한 문제를 경험할 수 있다. 일찍 시작한 이성교제는 혼전 성관계에 매우 허용적인 태도를 보일 수 있다.
④ 데이트 폭력 및 데이트 성폭력에 노출될 위험이 있다. 청소년 데이트 성폭력은 만 13세 이상 19세 이하의 청소년에게 발생하는 성폭력으로, 가해자의 다수는 남성이고 주로 데이트 상대, 동급생, 선후배에 의한 피해가 많다.
⑤ 최근 부각되는 또 다른 문제는 청소년의 이성교제 상대가 또래 청소년이 아니라 성인인 경우가 증가하고 있다는 점이다. 흔히 '원조교제'라 불리는 관계가 바로 그것이다.

CHAPTER 03

청소년의 발달과업과 문제

학습주제

1. 청소년 내담자의 발달과업은 무엇인가?
2. 청소년 문제란 무엇인가?
3. 청소년 문제행동의 특성과 유형은 무엇인가?

1 청소년기의 발달과업

발달과업(developmental task)이란 매 발달 단계에서 개인이 환경에 적응하기 위해 요구되는 기술이나 능력을 말한다. 만약 한 단계에서의 발달과업이 만족스럽게 성취되지 않으면 다음 발달 단계에 지장을 초래하게 된다.

청소년기 발달과업이란 청소년이 환경에 적응하기 위해 요구되는 기술이나 능력을 말한다.

1) 에릭슨의 정체감 대 역할혼미

에릭슨(Erikson, 1950)은 프로이트(Freud)의 심리성적 발달이론에 사회적 요인의 중요성을 도입하여 심리사회적 발달이론으로 확장시켰다. 그는 전 생애에 걸친 심리적 발달을 여덟 개의 단계로 나누었다. 여덟 개의 단계는 긍정적 요소와 부정적 요소를 모두 포함하는 심리사회적 위기

심리사회적 위기란 각 발달 단계에서 환경적 요구에 적응하기 위해 생겨나는 긴장이나 갈등을 말한다.

(psychosocial crisis)로 구성되어 있다. 위기란 각 발달 단계에서 환경적 요구에 적응하기 위한 개인의 심리적 노력으로써 긴장이나 갈등으로 경험된다. 위기가 긍정적인 방향으로 해결되면 건강한 성격이 형성되나 불만스러운 양상으로 해결되거나 긴장, 갈등이 지속되면 불신, 수치심, 죄책감 등과 같은 부정적 요인들이 자아 속에 통합된다.

에릭슨이 제안한 청소년기 발달과업은 정체감 대 역할혼미(Identity vs. identity confusion)이다. 여기서 정체감이란 자아정체감(ego identity)을 의미하는 것으로 시간과 장소의 변화에도 달라지지 않는 연속성을 지닌 자기 자신에 대한 지각을 말한다. 에릭슨의 정체감 위기는 오늘날 청소년기 발달을 설명하는 탁월한 개념으로 인정받고 있다. 이 시기의 발달적 특징으로는 "내가 누구인가?", "나는 무엇을 할 수 있는가?"의 물음에 대한 답을 얻기 위해 진지하게 고뇌하고 갈등한다는 것이다. 이 물음에 대한 답을 추구해 가는 과정에서 경험하는 긍정적인 자기평가와 부정적인 자기평가 간의 갈등과 이를 극복해가는 과정이 정체감 위기인 것이다. 정체감을 확립해 가는 과정에서 청소년들은 자신에 대해 절망하고 방황하기도 하는데 이 때문에 에릭슨은 청소년기를 '심리적 유예기(psychological moratorium)'라고 제안하였다. 자신의 존재와 자신이 추구해 나갈 가치에 대한 확신이 서면 정체감 획득이 이루어지나 그렇지 못하면 역할 혼란에 빠지게 되는 것이다. 정체감 확립은 이전 단계의 위기들이 긍정적으로 해결된 결과일 뿐 아니라 이후 단계의 해결을 위한 기초가 된다.

정체감을 확립해 가는 과정에서 청소년은 자신에 대해 절망하고 방황하기도 하기에 에릭슨은 청소년기를 '심리적 유예기'라고 제안하였다.

에릭슨에 따르면 청소년기의 정체감 위기는 첫째, 자신에 대한 인식의 연속성과 동질성을 확립하고, 둘째, 자아의 여러 국면을 일관성 있는 하나의 자아체계로 통합하며, 셋째, 자신만의 독특성 또는 특수성을 확립하게 되면 극복된다고 보았다.

2) 마르시아의 정체감 지위

마르시아(Marcia)는 에릭슨의 정체감 이론을 확장했다. 그는 정체감을 직업적 역할, 신념과 가치, 성적 지향의 세 영역에서 측정하고, 정체감 탐색의 위기를 경험했는가의 여부와 주어진 과업에 관여했는가의 여부 두 개 차원의 배합에 따라 4가지 정체성 지위(identity statuses)로 분류하였다. 위기란 자신의 현재 상태와 역할에 대해 의문을 제기하고, 여러 대안적 가능성을 탐색해 보는 과정을, 관여는 자신에게 주어진 역할과 과업에 신념을 가지고 몰입하는 상태를 의미한다.

Marcia는 정체감 탐색의 위기 경험 여부와 주어진 과업의 관여 여부라는 두 가지 차원의 배합에 의해 정체감 성취, 정체감 유예, 정체감 유실, 정체감 혼미라는 4가지 정체성 지위를 제안하였다.

		관여: 있음	관여: 없음
탐구노력 (위기)	있음	정체감 성취	정체감 유예
	없음	정체감 유실	정체감 혼미

출처: Jaffe(1998); 유진이(2014에서 재인용).

그림 3-1 마르시아의 정체감 지위

4가지 정체성 지위를 간략하게 설명하면 다음과 같다.

① 정체감 혼미(identity diffusion): 정체성 탐색과정의 가장 낮은 단계로 현재 위기 상태에 있지 않다. 삶의 목표와 가치를 탐색하려는 시도를 하지 않고 있으며, 자신의 생애를 계획하고 설계하려는 욕구 또한 부족하다. 확고한 신념체계도 확립하지 못하였으며 직업역할을 수행하지도 못한다. 그대로 방치해 두면 부정적 정체성으로 빠져들 위험이 있다.

정체감 혼미는 정체성 탐색과정의 가장 낮은 단계로 확고한 신념체계를 확립하지 못했으며 직업역할을 수행하지 못한다.

② 정체감 유실(identity foreclosure): 충분한 정체감 탐색 없이 지나치게 빨리 정체감 결정을 내린 상태이다. 스스로 직업을 선택하거나 개인적 신념을 확립하기 위해 노력하지도 않고, 부모와 같은 의미 있는 타

인의 기대를 무조건적으로 수용하여 채택하였기 때문이다. 따라서 겉으로 보기에는 청소년기를 매우 안정적으로 보내고 있는 것 같지만, 성인기에 뒤늦게 정체감 위기를 경험하는 경우도 적지 않다.

> 정체감 유실은 부모와 같은 의미 있는 타인의 기대를 무조건적으로 수용하여 지나치게 빨리 정체감 결정을 내린 상태를 말한다.

> 정체감 유예란 정체감 성취에 도달하기 위해 필요한 과도기적 단계로, 안정감은 없으나 시간이 흐르면 정체감을 확립하게 되는 단계이다.

③ 정체감 유예(identity moratorium): 가장 적극적으로 정체감을 탐색해 삶의 목표와 가치에 대해 회의하고 대안들을 탐색하지만, 여전히 불확실한 상태에 머물며 구체적인 과업에 몰두하지 못한다. 혼미나 유실보다는 앞선 단계이나 정체감 성취에 도달하기 위해 필요한 과도기적 단계라 할 수 있다. 안정감은 없으나 대부분의 경우 시간이 흐르면 정체감을 확립하게 된다.

> 정체감 성취는 확고한 개인적 정체감을 확립하여 현실적이고 안정적이며 높은 자아 존중감을 특징으로 한다.

④ 정체감 성취(identity achievement): 확고한 개인적 정체감을 바탕으로 직업을 선택하고 정치적, 개인적 이념체계를 확립하였다. 현실적이고 안정적이며, 자아 존중감이 높고 스트레스에 대한 저항력도 높다.

3) 해비거스트의 청소년기 발달과업

해비거스트(Havighurst)는 청소년기의 발달과업으로서 정서적 및 사회적 발달을 중요시하였다. 표 3-1에는 해비거스트가 제안한 청소년기와 성인초기의 발달과업을 제시하였다.

2 청소년기 문제의 이해

1) 청소년 문제의 개념

(1) 청소년 문제의 범위

청소년 문제는 학자마다 또는 학문 분야마다 사용되는 용어가 다르다.

표 3-1 해비거스트(1972)의 청소년기와 성인 초기의 발달과업

청소년기	성인 초기
1. 자기의 체격을 인정하고 자신의 성역할을 수용한다.	1. 배우자를 선택한다.
2. 동성이나 이성의 친구와 새로운 관계를 형성한다.	2. 배우자와 함께 생활하는 방법을 학습한다.
3. 부모와 다른 성인들로부터 정서적으로 독립한다.	3. 가정을 꾸민다.
4. 경제적 독립의 필요성을 느낀다.	4. 자녀를 양육한다.
5. 직업을 선택하고 준비한다.	5. 가정을 관리한다.
6. 유능한 시민으로서 갖추어야 할 지적 기능과 개념을 획득한다.	6. 직업생활을 시작한다.
7. 사회적으로 책임있는 행동을 하려 하고 이를 실천한다.	7. 시민의 의무를 완수한다.
8. 결혼과 가정생활을 준비한다.	8. 마음 맞는 사람과 사회적 집단을 형성한다.
9. 적절한 과학적 지식에 맞추어 가치관과 윤리체계를 습득한다.	

사회학 분야에서는 일탈행동(deviance behavior)이라는 용어가, 심리학 분야에서는 청소년 비행(juvenile delinquency)이라는 용어가 주로 사용되며, 범죄, 위험행동, 부적응·반사회적·비사회적 행동이라는 용어도 청소년 문제를 언급할 때 사용된다(오승근 등, 2016).

주로 사회학 분야에서는 일탈행동, 심리학 분야에서는 청소년 비행이라는 용어가 사용된다.

청소년 문제라 할 때 대부분의 사람들은 청소년의 비행이나 일탈행동 등의 문제행동에만 초점을 맞추어 이야기를 한다. 그러나 이것은 청소년 문제를 협의의 관점에서 본 것으로, 좀 더 넓은 의미에서 청소년 문제를 살펴보면 겉으로 드러나는 다양한 문제행동뿐 아니라 청소년들이 지니고 있는 고민이나 욕구좌절, 부적응 행동 등도 모두 포함된다. 이렇듯 청소년 문제는 어떠한 시각으로 보느냐에 따라 그 의미가 달라진다고 볼 수 있다. 협의나 광의의 개념정의뿐 아니라 문제로 보는 사람의 시각에 따라 그것이 문제로 인식될 수 있고, 그렇지 않을 수도 있다는 점을 인식하고 있어야 한다.

협의의 관점에서 볼 때 청소년 문제는 청소년 비행이나 일탈 행동과 같은 문제행동을 말하나, 광의의 관점에서 볼 때 청소년 문제는 비행이나 일탈 행동에 더하여 청소년기의 고민이나 욕구좌절, 다양한 부적응 행동 등을 포함한다.

(2) 사회문제로서의 청소년 문제

현안이 되는 청소년 문제는 사회문제로서의 청소년 문제라는 인식이 전제되어 있다. 사회문제는 '판단하고 경험할 수 있는 사회의 한 측면'이라는 '객관적으로 실재하는 상황'과 그러한 상황에 대해 영향력 있는 집단이 가지고 있는 '주관적 관심'이라는 두 가지 요소를 갖는다(Henslin, 1990; 천정웅, 이지민, 성윤숙, 2016). 청소년 문제를 수많은 사회문제 가운데 청소년이라는 대상이 갖고 있는 모든 문제를 일컫는 것으로 본다면, 사회문제로서 청소년 문제의 성립요건은 무엇인가?(최일섭, 최성재, 2000).

첫째, 청소년 문제는 사회적 가치나 규범에서 벗어나는 행동이다.

둘째, 청소년 문제는 자연적으로 발생하는 것이 아니라 사회적으로 발생하는 것이다. 시간의 흐름에 따라 자연스럽게 나타나는 청소년의 발달 특성은 청소년 문제라고 할 수 없다. 이성에 대한 관심은 성장하면서 자연스럽게 나타나는 일반적인 현상이기 때문에 청소년 문제에 해당한다고 볼 수는 없다.

셋째, 청소년 문제는 다수 또는 전문가 그룹에서 문제라고 정의한 것이다.

넷째, 청소년 문제는 긍정적 결과보다는 부정적 결과를 더 많이 나타내는데, 문제라는 용어는 중립적이거나 긍정적인 표현이 아니며 그 자체로 부정적인 의미를 담고 있다.

다섯째, 청소년 문제는 변화를 원하는 것이다. 문제는 해답을 요하는 질문이며 해결을 위하여 의논하는 것을 포함한다.

여섯째, 어떤 청소년이 자신의 내향적인 성격을 문제시하여 이를 고치고자 애쓰는 것은 개인의 문제 인식과 대처이기 때문에 청소년 문제라고 보기 어렵다. 그러나 학교폭력은 개인적으로 대처하는 것이 아니라 우리 사회 전반의 문제로서 다수의 사람이 힘을 합해서 이 문제를 공동 대응하여 해결하도록 힘써야 한다.

앞의 사회문제로서의 청소년 문제 성립요건을 살펴보면, 청소년 문제는 사회적으로 발생하는 문제이므로 단순히 문제행동에 대한 정의나 이해로 끝나는 것이 아니라 변화가 필요한 그리고 해결을 위해서는 공동으로 대처해야 하는 문제임을 인식해야 한다(최일섭, 최성재, 2000).

청소년 문제는 사회문제로서 인식되고 있다. 사회문제로서 청소년 문제는 변화가 필요한 그리고 공동으로 해결해야 하는 문제임을 의미한다.

2) 청소년 문제와 관련된 요인

청소년 문제에는 여러 가지 다양한 요인들이 관여한다. 여기서는 신체적·생물학적 요인, 개인 내적인 요인, 환경적 요인에 초점을 맞추어 보려 한다.

(1) 신체적·생물학적 요인

급격한 신체 발달로 인해 이전에는 자신을 어린아이로 바라보던 청소년들이 점차 자신을 성인으로 인식하게 되어, 더 이상 소년이나 소녀가 아닌 성숙한 남성 혹은 여성이라는 자아상을 갖기 시작한다. 외형적으로는 성인에 가까운 신체 모양을 갖춰 가면서 청소년들은 성숙에 대한 설렘, 성취감 등의 긍정적인 정서를 경험하기도 하지만, 아동기와 성인기 어느 쪽에도 속하지 못한다고 생각하면서 주변인으로서의 혼란을 경험하기도 한다(박경애 등, 2014). 특히 또래보다 성장이 빠른 것을 의미하는 조숙(early mature)과 성장이 느린 것을 의미하는 만숙(late mature)의 개념을 염두에 두어야 한다. 왜냐하면 청소년들은 자신의 신체 및 성적 발육이 또래와 다르거나 바람직하지 않다고 느낄 경우 부적응을 경험하기 쉽기 때문이다.

청소년 시기는 급격한 신체 발달로 더 이상 소년, 소녀가 아닌 성숙한 남성과 여성이라는 자아상을 갖기 시작한다.

또래보다 성장이 빠른 것을 조숙이라 하고, 성장이 느린 것을 만숙이라 한다.

조숙한 여자 청소년은 일반 여자 청소년에 비해 행동화하는 경향을 지니고 있으며 나이 많은 남자 청소년들과 오랜 시간을 보내고 성관계를 빨리 갖는 경향이 있다. 또한 정상 발달을 보이거나 만숙 여자 청소년들에 비해 부정적인 감정을 많이 느끼며 우울과 같은 내재화 장애를 경험할 가능성이 높다. 조숙한 남자 청소년 또한 반사회적 행동과 약물 남용의 위험률이 더욱 높다(Arden & Linford, 2009; 김광웅, 홍주란, 차미숙, 2016에서 재인용).

청소년기에는 성적 발달로 인해 성적 욕구가 증가하는데 자신의 성적 욕구를 통제하지 못하면 다양한 부적응 문제를 일으키게 된다.

청소년기의 급격한 성숙 또한 청소년 문제와 관련이 있다. 청소년 시기에는 성적 발달로 인해 성욕구가 증가한다. 이로 인해 성에 대한 호기심이 증가하고 자위행위를 하거나 이성과의 접촉 욕구를 느끼게 된다. 이러한 변화는 자연스러운 현상이지만 많은 청소년이 자신의 성욕구와 관련된 수치심, 불안감, 죄책감 등을 가지게 된다. 그리고 자신의 성욕구를 통제하지 못할 경우 다양한 부적응 문제를 일으키게 된다.

(2) 개인 내적인 요인

청소년이라는 특정 발달 단계를 고려해 볼 때, 청소년의 바람직한 적응은 기본적 학습 능력, 자아 존중감, 의사소통 능력, 대처 능력, 자기통제력, 자아탄력성 등의 개인 내적인 특성들과 관련이 있다. 이러한 개인 내적인 특성들이 부족하거나 결여되어 있다면 적응에 방해를 받아 행동을 보일 수 있다.

청소년 시기의 적응은 학업 성취와 밀접한 관련이 있다. 물론 우수한 수준의 학업 성취를 보이는 청소년들이 모두 잘 적응하는 청소년이라 볼 수는 없지만, 미래를 준비하는 청소년들에게 있어 학업 성취는 그 자체만으로도 중요할 뿐만 아니라 학교생활 적응과도 밀접한 관련이 있기 때문이다. 무엇보다도 학업 성취는 청소년 개인이 가지고 있는 기본적 학습 능력에 의해 영향을 받는다. 좋은 학업 습관을 지니고 있으며 기초학습 능력이 뛰어난 학생은 그렇지 않은 청소년들보다 청소년 문제에 연루될 가능성이 더 적다고 볼 수 있다.

자아 존중감은 '자기 스스로를 존경하고 바람직하게 여기며, 가치 있는 존재라고 생각하는 것'이다. 청소년 시기는 자기 자신에 대한 인식과 평가가 활발히 진행되는 시기로, 자아 존중감이 낮을수록 문제행동을 보일 가능성이 높다. 많은 연구결과 청소년 문제와 자아 존중감이 부적인 상관이 있음을 지속적으로 보여 주었다. 또한 청소년기는 제한된 사회적 관계를 보였던 아동기에서 벗어나 사회적 관계가 확장되고 사회적 관심사가 많아지므로 다른 사람과 자연스럽게 의사소통하며, 부정적인 정서를 야기하는 다양한 스트레스 상황에서 스스로를 통제해 상황에 맞게 대처할 수 있는 능력이 필요하다. 자신의 감정과 본성을 통제하는 자아통제력이 낮다는 것은 자신의 욕구에 따라 행동하며 문제행동에 연루될 가능성을 높일 수 있다.

청소년 문제와 관련된 개인 내적 요인은 학습 능력, 자아 존중감, 의사소통 능력, 대처 능력, 자기통제력, 자아탄력성 등이다.

마지막으로, 자아탄력성은 고통스러운 스트레스를 야기하는 사건에 대해 유연하게 반응하도록 돕는다. 동일한 내·외적 스트레스 사건을 경험하더라도 자아탄력성 수준에 따라 자신의 스트레스 수준이 강화되거나 약화될 수도 있다. 자아탄력성이 낮다는 것은 청소년이 직면한 스트레스에 잘 대처하지 못하고 부적응의 문제로 이어질 가능성이 높음을 의미한다.

표 3-2 청소년 문제와 관련 있는 개인적 특성

개인적 특성	내용
기본적 학습 능력	• 학업성취를 위한 능력으로 읽기, 쓰기, 셈하기 등의 기초학습 능력과 좋은 학업 습관을 의미하는 학습 성공 능력
자아 존중감	• 자아 개념의 한 부분으로 자기 스스로를 존경하고 바람직하게 여기며, 가치 있는 존재라고 판단하는 것
의사소통 능력	• 일반적으로 타인과 소통하는 언어 능력이지만, 사회적 관계에서 타인과 관계를 유지하고 문제를 해결하는 사회적 능력
대처 능력	• 불안이나 스트레스 상황 등에서 객관적으로 판단하고 적절하게 조치하는 능력
통제력	• 인간의 본성과 감정 등을 통제하는 능력으로 자신의 상황에 대한 결정과 자신의 삶에 대해 영향력을 행사하고 있다는 인식
자아탄력성	• 외적·내적 스트레스에 대해 융통성 있게 적응하는 능력을 말하며 자신의 수준을 상황에 따라 강화시키거나 약화시키는 조절 능력

출처: 오승근 등(2016).

3) 환경적 요인

(1) 가족 환경

청소년 문제행동에서 가족 환경은 매우 중요한 요인으로 청소년 부모의 부부 갈등이나 자녀 양육 방식 등이 청소년 문제행동에 영향을 미칠 수 있다.

부모의 자녀 양육 방식은 청소년 문제와 관련이 있다. 자녀에 대한 지지가 적으며 지나치게 엄격하거나 무관심할 때, 청소년인 자녀는 문제행동을 하게 된다. 부부 갈등이 심각한 것 또한 청소년 자녀의 문제행동과 관련이 있는데, 부부 갈등이 심해짐에 따라 자녀에게 긍정적인 관심이 감소하고 청소년 자녀에 대한 감독도 소홀해짐으로써 문제행동의 위험성이 높아진다. 뿐만 아니라 부부 갈등이 심한 가정에서 성장하는 경우, 청소년 자녀는 우울, 불안과 같은 내재화 문제뿐 아니라 공격적이고 충동적인 외현화 문제를 보이기 쉽다.

(2) 학교 환경

학교에서의 이탈은 청소년 문제행동을 유발할 수 있는 다양한 환경에 노출시킴으로써 심각한 청소년 문제 발생의 원인이 된다.

청소년들은 학교에서 보내는 시간이 많기 때문에 학교에서의 적응은 청소년 적응에 많은 영향을 미치게 된다. 무엇보다도 학업에 관심이 없을 뿐 아니라 학교에서의 또래관계나 선생님과의 관계에서도 불만족을 경험한 경우 정규 교육 과정에서 이탈할 가능성이 커진다. 학교로부터의 이탈이 청소년 문제행동을 유발할 수 있는 다양한 환경에 노출시킴으로써 심각한 청소년 문제를 야기할 수 있다.

입시 위주의 교육 환경 또한 청소년들에게 극심한 스트레스를 유발한다. 지나치게 경쟁적인 학교생활은 청소년들로 하여금 학교에 흥미를 잃게 만들며 자존감을 낮추고 좌절감과 우울감을 경험하게 한다.

(3) 또래 환경

가정 내에서 충분히 사랑과 지지를 받지 못한 청소년의 경우 또래관계에 집착하고 또래에게 수용되기 위해 문제행동에 동조하기 쉽다.

청소년 문제행동에 있어 또래 환경이 중요하다. 또래의 수용과 인정이 청소년의 적응에 많은 영향을 미치기 때문이다. 또래 중 비행 친구가 있는 경우 청소년은 문제행동을 보일 가능성이 더 높다. 물론 비행 친구가 옆에 있는 것 자체가 문제행동을 유발시키지는 않겠지만, 그들과 함께 하면서 비행 친구의 가치관이나 행동을 학습하게 되므로 문제행동을 경험하게 될 가능성이 커지는 것이다. 특히 가정 내에서 사랑과 지지를 충분히 받지 못하는 경우 또래관계에 집착하며, 또래에게 수용되기 위해서 문제행동과 관련된 또래의 제안에 쉽게 동조하게 된다.

(4) 지역사회 환경

청소년의 건강한 성장은 환경과의 밀접한 상호작용 속에서 이뤄지며, 청소년과 지역주민들이 공동의 가치체계와 유대의식을 공유하고 상호교류하며 생활하는 지역사회는 청소년을 둘러싼 중요한 환경 중 하나이다(오승근 등, 2016). 청소년의 건강한 성장을 저해할 수 있는 유해환경이 많은 지역사회에서는 청소년을 비행 환경에 노출시켜 문제행동을 범할 가능성을 높여 준다. 그 밖에 청소년의 문제행동과 관련이 있는 지역사회 환경 요인으로는 지역사회의 빈곤, 조직화 정도, 이동성, 결합도, 법규나 규범 등이 있다.

> 유해환경이 많은 지역사회는 청소년들을 비행 환경에 노출시켜 문제행동을 일으킬 가능성을 높여 준다.

3 청소년 문제행동의 특성과 유형

1) 청소년 문제행동과 발달 단계의 특성

청소년의 문제행동은 그들이 성장하면서 경험하거나 획득하게 되는 청소년기 특성 및 발달과업과 함께 고려되어야 한다. 청소년이 경험하게 되는 신체적, 정신적 변화와 더불어 사회·문화적 환경과의 상호작용 과정에서 느끼게 되는 문제를 정리하면 다음과 같다(오승근 등, 2016).

> 청소년기 문제행동을 이해하려면 청소년기 특성과 발달과업을 함께 고려해야 한다.

① 청소년기는 자아정체성을 확보해 가는 과도기적 상태에 있기 때문에 성인 역할에 대한 기대로 갈등하거나 심한 좌절을 경험하기도 하며, 스스로 소외감을 느끼기도 한다.

② 대중매체나 소비문화 등 외부 환경의 영향으로 청소년의 욕구가 상승함으로써 현실과의 괴리를 느끼거나 욕구 불균형에 따른 극단적인 행동을 보일 수 있다.

③ 급격한 사회변화와 물질문명, 개인주의적 사회현상으로 인해 부모와 가정에서부터 전통적 가치가 급격히 무너지고 있는데, 이는 가정뿐만 아니라 사회적 갈등을 유발하는 요인이 되고 있다.

청소년들은 신체적 · 정신적 변화와 더불어 사회 · 문화적 환경과의 상호작용 과정에서 문제를 경험할 수 있다.

④ 사회적 규범을 지키지 못함으로써 생기는 아노미 상태이다. 규범이란 행동의 지침인데 지켜야 할 것이 너무 많거나 자주 바뀌어 일정하지 못하면 자연히 무규범 상태에 빠지게 된다. 규범을 지키기 어려울 때는 소속감을 잃게 되고, 이로 인해 무능력해지며 어떤 일에도 관심을 집중하기 어렵게 된다.

청소년기에 발생한 문제행동이 중요하게 다루어져야 하는 이유는 아동기 및 청소년기에 해결되지 않은 문제들이 방치된 채 만성화되면 더욱 심각한 수준으로 발전해 결국 청소년 비행이나 성인 범죄 등의 부적응으로 이어질 가능성이 크기 때문이다(오승근 등, 2016). 또한 문제행동 자체가 청소년들을 고통스럽게 만드는 원인이며, 청소년들의 문제행동이 그들의 고통으로만 끝나는 것이 아니라 다른 사람의 고통에 영향을 주기도 하고, 현실적으로 또는 잠재적으로 엄청난 사회적 비용을 동반하기 때문에 청소년 문제행동에 관심을 가져야 한다(김진화 등, 2010).

2) 청소년 문제행동 유형

청소년 문제행동은 시대적 · 사회적 배경에 따라 다르게 규정되고 학문적 관점에 따라 구체적인 영역이 다르다. 그러나 청소년 문제행동은 표 3-3과 같이 9개의 영역으로 정리할 수 있다(김진화 등, 2010).

청소년 문제행동에는 심리적 장애, 가정 부적응, 학교 부적응, 청소년 폭력, 유해약물 오 · 남용, 성일탈, 유해미디어 이용, 유해시설 접촉, 범죄 등이 포함된다.

표 3-3 청소년 문제행동의 유형

문제행동 영역	청소년 문제행동의 유형
심리적 장애	• 불안, 우울, 섭식장애, 조현병, 자살, 자기 비하, 성격고민, 대인기피 등
가정 부적응	• 형제간의 갈등, 부모와의 갈등, 가출, 결손가정, 과잉보호, 지나친 무관심 등
학교 부적응	• 집중력 부족, 성적 저하, 시험불안, 공부에 대한 무관심, 중퇴, 등교거부, 무단결석 등
청소년 폭력	• 공격성, 구타, 집단따돌림, 금품 갈취, 협박, 집단 괴롭힘 등
유해약물 오 · 남용	• 흡연, 음주, 본드, 시너, 부탄가스, 대마, 필로폰, 코카인, 헤로인 등
성일탈	• 왜곡된 성의식, 원조교제(청소년 성매매), 성폭력, 음란물 탐식 행위 등
유해미디어 이용	• 유해간행물(유해잡지, 유해만화, 유해일간지) • 유해영상물(포르노 비디오, 성인비디오, 불법 CD, 성인 영화 등) • 유해인터넷(음란통신 및 채팅, 애니메이션 포르노사이트, 일반 포르노 사이트, 자살 사이트, 폭력 사이트, 사행성 조장 사이트 등)
유해시설 접촉	• 오락성 업소(성인오락실, 전자오락실, 만화방 등) • 술집(스탠드바, 룸살롱, 단란주점, 생맥주집 등) • 숙박업소(여관, 여인숙, 호텔 등) • 매매춘 업소(사창가, 퇴폐이발소, 화상방 등)
청소년 범죄 영역	• 강력범(갈인, 강도, 강간, 방화 등) • 폭력범(폭행, 상해, 공갈, 협박 등) • 재산범(절도, 횡령, 배임, 장물, 사기 등) • 교통사법 등

출처: 김진화 등(2010).

표 3-3에 제시되었듯이 청소년은 9가지 영역에서 매우 다양한 문제행동을 보일 수 있다. 이 중에서 사회적 문제로 대두되고 있는 청소년 우울증, 자살, 가출, 학업 문제, 비행, 인터넷/스마트폰 중독 문제에 대해서 좀 더 자세히 살펴보자.

(1) 청소년 우울증

우울은 마음의 감기라고도 불리는 기분 상태이다. 일반적으로 사람들은 살면서 원치 않는, 그러나 감당하기 힘든 생활사건을 경험할 때 우울한 기분을 경험한다. 이것을 반응성 우울증(reactive depression)이라 한다. 이와 달리 뚜렷한 부정적 생활사건을 경험하지 않았음에도 불구하고 내적인 생물학적 요인에 의해 우울한 기분을 경험하는 것을 내인성 우울증(endogenous depression)이라고 한다.

우울증에는 반응성 우울증과 내인성 우울증이 있다. 청소년기 우울증은 향후 다양한 정신장애로 이행될 가능성이 있으므로 조기개입이 필요하다.

우울증을 경험하고 있는 청소년 내담자는 주의집중력 저하, 식욕이나 체중 감퇴나 증가, 불면이나 과다 수면, 무가치감, 기력 저하, 흥미나 관심사 저하, 자살 사고 등을 경험한다. 이들은 자아 존중감이 낮고, 긍정적인 정서를 경험하는 것은 힘들고, 부정적인 정서를 경험하는 것은 쉬운 성격을 지니고 있으며, 스트레스에도 취약한 양상을 보인다.

우울증은 남성보다는 여성의 발병률이 높은데, 청소년 우울감 경험률도 남학생 20.9%, 여학생 30.5%로 여학생이 남학생보다 높다. 또한 학년이 올라갈수록 우울감을 경험하는 비율도 높아졌다(여성가족부, 2016). 청소년기 우울증은 향후 다양한 정신장애로 이행될 가능성이 있으므로 조기에 개입해야 하는 중요한 청소년 문제 중 하나이다.

(2) 청소년 자살

청소년기 자살은 급격한 심리학적 · 생물학적 · 사회적 변화에 의해 촉발된 환경적 스트레스에 대한 취약성과 관련이 있을 수 있다.

청소년기의 높은 자살률을 설명할 수 있는 경험적 자료들은 부족하지만, 아마도 청소년기의 급격한 심리학적, 생물학적 및 사회적 변화에 의해 촉발된 환경적 스트레스로 인해 취약성이 증가되는 점이 관련이 있는 것 같다(Pelkonen & Marttunen, 2003). 또한 일시적인 스트레스나 좌절 경험에 따른 고통스런 심리 상태에서 즉각적으로 벗어나고자 하는 강렬한 욕구로 인하여 청소년은 충동적으로 자살을 시도하기도 한다. 그러나 성인기로 갈수록 감정, 행동, 삶에 대한 통제력이 증가되고, 인지적으로 성숙해지면서 자살행동을 할 위험은 감소된다(김진화 등, 2010).

청소년 자살은 우울, 빈약한 자기상, 낮은 자존감, 과도하게 높은 부모님의 기대, 약물이나 알코올 사용, 부모나 또래와 경험하는 대인간 갈등, 외로움, 학업에 대한 부담감, 과거의 자살 시도력 등과 관련이 있다. 특히 자살을 시도했던 과거력이 있는 청소년은 자살 관련 사고나 행동 단서에 더 민감하게 반응하게 된다. 과거의 자살 행동이 미래의 스트레스에 더 쉽게 반응할 수 있는 도식을 만들기 때문이다(Spirito et al., 2012). 15~24세인 392명의 청소년과 젊은 청년들을 대상으로 한 대규모 심리학적 부검 연구에 따르면, 완성된 자살자 중 1/3이 이전에 자살을 시도했던 적이 있는 것으로 확인되었다(LeComte & Fornes, 1998). 따라서 청소년 상담자라면 청소년 내담자와 상담을 진행할 때 과거의 자살 시도에 대한 구체적인 탐색이 필요하며 청소년 내담자가 보이는 자살 경고 신호에도 민감하게 반응할 줄 알아야 한다. 다음은 자살 행동 전 청소년들이 보이는 경고 신호(Papalia, Olds, & Feldman, 1989)와 자살 위험 신호를 보일 때 취해야 하는 행동(Santrock, 1998)이다(천정웅 등, 2016에서 재인용).

청소년 상담자는 자살 행동 전 청소년들이 보이는 경고 신호를 알고 있어야 하며, 자살 위험 신호를 보이는 청소년들을 만날 때 취해야 하는 행동에 대해서도 알고 있어야 한다.

① 자살행동 전 청소년들이 보이는 경고 신호

- 가족이나 친구들로부터 멀어지고 혼자 고립되어 간다.
- ‘죽고 싶어’, ‘죽었으면 좋겠어’와 같은 말을 많이 한다.
- 아끼던 물건을 남들에게 나누어 준다.
- 학업성적이 떨어진다.
- 몸에 이상이 없는데도 신체적 이상을 호소한다.
- 무력감, 좌절감, 불안감, 우울증에 시달린다.
- 평상시보다 훨씬 적게 혹은 훨씬 많이 먹거나 잔다.
- 지나치게 외모에 무관심하다.

② 자살 위험 신호가 보일 때 취해야 하는 행동

- 경고 신호를 무시하지 않는다.
- 자살이라는 주제에 관해 이야기하기를 원한다면 피하지 말고 조용히 들어준다.
- 비난을 한다든지 혐오스런 반응을 보이지 않는다.
- '모든 일이 잘 될 거야'와 같은 거짓 확신을 준다든지, '매사에 감사할 줄 알아야지'하는 등 진부한 소리를 하지 않는다.
- 전문적인 도움을 청하도록 설득한다.

(3) 청소년 가출

청소년 가출의 실태를 파악하는 것은 어렵다. 그러나 청소년 가출은 청소년의 대표적인 문제행동이다. 현재 청소년 가출 연령이 낮아지고 있으며 6개월 이상의 장기 가출과 반복적인 가출이 늘고 있는 실정이다(여성가족부, 2016).

청소년 가출은 청소년의 대표적인 문제행동이다. 가출로 인해 청소년들은 여러 다양한 일탈이나 비행 문제에 연루될 수 있다.

청소년 가출은 가족 간 갈등, 학교 부적응, 비행이나 일탈 또래의 영향 등과 관련이 있는데, 무엇보다도 편안하지 않은 가정의 분위기와 부모-자녀관계가 가출을 유도하는 것으로 보인다. 청소년 가출은 여러 가지 다양한 문제를 발생시킨다. 우선, 가출 이후 당장 의식주를 해결해야 하는 문제에 봉착하게 되는데, 일자리를 구하는 것이 쉽지 않아 성매매나 절도와 같은 청소년 일탈이나 비행 문제에 연루되기 쉽다. 최근 들어 사회적으로 문제가 되고 있는 가출팸(가출패밀리의 줄임말로 가출한 청소년끼리 모여 숙식을 해결하는 사회현상)은 가출한 청소년들의 일상을 잘 보여 주고 있다. 그리고 가출을 함에 따라 학업이 중단될 수밖에 없는데 이는 향후 진로선택에도 부정적인 영향을 미치게 된다.

(4) 청소년 학업 문제

입시 위주의 교육 환경과 고학력 지향의 사회 분위기에 따른 청소년의 학업 스트레스는 청소년의 부적응 행동과 밀접한 관련이 있다. 학업 문제의 유형에는 성적 저하에 의한 정서적 불안, 시험 불안, 학업에 대한 반감이나 동기 부족, 학업 능률의 저하이다. 이 외에도 학업에 대한 지나친 집착에 의한 교우의 따돌림, 저조한 성적으로 인한 부모-자녀 갈등, 심리적 좌절감 등이 있다(김춘경 등, 2008).

> 청소년의 학업 스트레스는 다양한 부적응 행동과 밀접한 관련이 있다.

(5) 청소년 비행

청소년 비행은 비행의 주체가 되는 비행청소년을 구분하는 법적 기준에 따라 구분된다. 비행청소년이란 비행을 저지른 청소년을 지칭하지만 법률적으로는 범죄소년(형법상 범죄행위를 저지른 14세 이상 19세 미만의 소년으로 형사책임이 부과되는 소년), 촉법소년(범죄행위를 저지른 10세 이상 14세 미만의 소년으로 형사책임연령에 도달하지 않은 소년), 우범소년(성격이나 환경에 비추어 향후 형벌 법령에 저촉되는 행위를 할 우려가 있는 10세 이상의 소년)을 가리킨다(박진규, 2014). 또한 청소년 비행은 지위비행과 범법행위로 구분된다. 지위비행은 음주 및 흡연 등과 같이 청소년기에는 금지되나 성인들에게는 허용되는 행동을 한 것이다. 범법행위는 성인이나 청소년 모두에게 불법적인 행동에 해당하는 것으로 살인, 폭행, 절도 등과 같은 것을 말한다(천정웅 등, 2016).

> 범죄소년은 형법상 범죄행위를 저지른 14세 이상 19세 미만의 소년으로 형사책임이 부과되는 소년을 말한다.

> 촉법소년이란 범죄행위를 저지른 10세 이상 14세 미만의 소년으로 형사책임 연령에 도달하지 않은 소년을 말한다.

> 우범소년이란 성격이나 환경에 비추어 향후 형벌 법령에 저촉되는 행위를 할 우려가 있는 10세 이상의 소년을 말한다.

부모의 양육방식, 가정 결함, 가출, 또래, 지역사회 환경, 학교나 일상생활의 부적응, 매스컴 등 다양한 요인들이 청소년 비행에 영향을 미친다.

(6) 청소년 인터넷/스마트폰 중독

기성세대와는 달리 현재의 청소년은 인터넷에 익숙한 사이버 세대이다. 인터넷이나 스마트폰이 현재 우리의 삶을 편리하게 이끌어 주었으나, 이로 인한 피해 또한 매우 커졌다. 특히 청소년의 인터넷/스마트폰 중독 현상은 심각한 사회현상으로 대두되어 더 이상 간과할 수 없는 현 시대의 대표적인 청소년 문제가 되었다. 영(Young, 1999)이 제안한 인터넷 중독의 5가지 하위 유형에는 사이버섹스 중독, 가상관계 중독, 충동적 인터넷 사용, 정보 과부하, 컴퓨터 중독이 포함된다.

현재의 청소년은 인터넷에 익숙한 사이버 세대로 인터넷이나 스마트폰 중독으로 인한 다양한 부적응을 경험한다.

청소년의 인터넷이나 스마트폰 중독은 우울이나 불안과 같은 심리·정서적인 문제뿐 아니라 성적 저하, 사회적 고립, 거북목이나 운동 부족과 같은 신체 증상 등의 다양한 부적응을 야기한다. 무엇보다도 인터넷으로 인한 부정적 환경에의 무분별한 노출은 청소년의 공격성, 폭력성 및 성적 충동과 환상을 지나치게 자극하고 문제행동을 부추기는 요인이 된다. 더 나아가 현실과 가상의 세계를 구분하지 못하게 하여 게임에서의 폭력성이 현실에서의 폭력적인 행위로 재현될 가능성을 높인다(오승근 등, 2016).

PART II

청소년 상담의 이해

청소년을 상담하기 위해서는 상담에 대한 이해가 선행되어야 한다. 상담이란 전문적인 훈련을 받은 상담자와 도움을 필요로 하는 내담자 사이에서 이루어지는 조력 과정이다. 상담을 통해 청소년 내담자는 현재 지니고 있는 문제들을 해결할 뿐 아니라 자신이 지닌 잠재력을 발휘할 수 있게 된다. 이 part에서는 청소년 상담을 보다 깊이 이해하도록 돕기 위해 청소년 상담의 개념과 목표, 청소년 상담자의 역할과 자질, 청소년 상담에서의 윤리에 관해 살펴보고자 한다

CHAPTER 04

청소년 상담의 개념과 목표

학습주제

1. 상담이란 무엇인가?
2. 상담과 생활지도, 심리치료의 차이점은 무엇인가?
3. 청소년 상담이란 무엇인가?
4. 청소년 상담의 특성과 목표는 무엇인가?

1 상담의 정의

'상담'은 이미 우리 사회에서 쉽게 접할 수 있는 단어가 되었다. 심리상담을 비롯해 진로상담, 학업상담 등 심리학 분야뿐 아니라 진학상담, 의학상담, 법률상담 등 다양한 분야에서 '상담'이라는 용어는 일상적으로 사용되고 있다. 그렇다면 '상담'이란 무엇인가? 상담(Counseling)은 '고려하다', '반성하다', '조언을 구하다'의 의미를 지닌 라틴어 'consulere'에서 유래되었다. 우리나라의 국어사전에는 '문제를 해결하거나 궁금증을 풀기 위해 서로 의논하는 것'으로 나와 있다. 즉, 문제 해결을 위해 함께 대화를 나누는 과정을 의미한다. 그렇다면 심리학에서 말하는 '상담'은 어떻게 정의내릴 수 있을까? 세레체와 스톤(Sheretzer & Stone, 1980)은 '상담은 자기와 환경에 대한 의미있는 이해를 촉진시키고 장래행동의 목표나 가치관을 확립해서 명료화하도록 하는 상호작용 과정'이라고 하였다. 이간(Egan, 1997)은 '상담이란 내담자로 하여금 살면서 경험하게 되는 문제에 보다 효율적으로 대처하게 하고, 앞으로도 이와 비슷한 문제에 잘 대처하도록 일반적인 능력을 개발시키는 것'이라고 하였다. 모릴 등(Morrill, Oetting, & Hurst, 1974)은 '상담이란 개인뿐 아니라 가족 등 일차적 집단, 형식·비형식 집단, 학교, 교회, 관공서 등의 기관 혹은 지역사회를 대상으로 하여 치료, 예방, 발달 및 성장의 목적을 달성하기 위해 직접 봉사, 자문 및 훈련, 매체 등의 방법을 이용하는 제반 활동'이라고 하였다.

국내 학자들의 정의를 살펴보면 다음과 같다. 이장호(2005)는 '도움을 필요로 하는 사람이 전문적 훈련을 받은 사람과의 대면에서 생활과제의 해결과 사고, 행동 및 감정적 측면의 인간적 성장을 위해 노력하는 과정'이라고 정의내렸다. 박성수(1998)는 '상담이란 내담자와 상담자 간에 수용적이고 구조화된 관계를 형성하고 이 관계 속에서 내담자가 자기 자신과 환경에 대해 의미있는 이해를 증진하도록 하여, 내담자 스스로가 효율적으로 의사결정을 하고 여러 심리적인 특성을 긍정적인 방향으로 변화시키도록 원조하여 결과적으로 내담자의 성장과 발전을 촉진하는 심리적인 조력 과정'으로 정의내렸다.

상담이란 내담자와 상담자의 상호관계 속에서 문제를 해결하고 내담자의 성장을 돕는 활동이다.

상담의 정의에 관한 여러 학자들의 공통점은 내담자와 상담자의 상호관계 속에서 문제를 해결하고 내담자의 성장을 돕는 활동이라는 점이다. 이를 구체적으로 정리하면 다음과 같다(한국청소년개발원, 2004).

첫째, 상담은 도움을 필요로 하는 내담자와 도움을 주는 상담자가 있어야 한다. 즉, 내담자나 상담자 중 어느 한 사람만 있어서는 상담이 성립되지 않는다.

둘째, 상담은 전문적인 교육과 훈련을 받은 상담자에 의해 제공되는 전문적 활동이다. 상담관계는 일상적인 대인관계와 달리 상담자가 내담자를 긍정적인 방향으로 변화시켜야 하는 책임을 가지고 수행하는 전문적 관계이다. 따라서 상담자는 이에 요구되는 전문 지식과 기술을 갖추고 있어야 한다.

상담은 도움을 필요로 하는 내담자와 전문적인 교육과 훈련을 받은 상담자의 상호관계 속에서 내담자의 의사결정과 문제해결에 관여하는 과정으로, 내담자가 새로운 행동을 학습하거나 새로운 태도를 형성할 수 있도록 도와 문제를 해소하고 예방하여 성장과 발전할 수 있도록 돕는 활동이다.

셋째, 상담은 상담자와 내담자 간의 상호협력관계에 기초하고 있다. 따라서 바람직한 상담관계는 상담자와 내담자가 대등한 위치에서 상담에 임하고, 서로 합의에 의해 상담목표를 설정하고 그것을 구체화한다.

넷째, 상담은 의사결정과 문제해결에 관여한다. 상담에서 다루는 문제는 다양하지만 상담은 내담자의 의사결정과 문제해결에 직·간접적으로 관여한다. 내담자가 이러한 의사결정과 문제해결 기술을 습득하도록 조력하는 것은 상담의 중요한 기능 중 하나이다.

다섯째, 상담은 내담자가 새로운 행동을 학습하거나 새로운 태도를 기르도록 돕는다. 따라서 내담자의 행동변화는 상담의 효과를 측정하는 척도가 될 수 있다.

여섯째, 상담은 내담자의 문제를 예방하고 성장과 발전을 조력한다.

2 상담, 생활지도, 심리치료의 차이

청소년을 대상으로 하는 상담과 생활지도, 심리치료는 차이가 있다. 각각은 대상, 목적, 다루는 문제, 실시 장소 등에 따라 다르다(이장호, 2005; 정원식, 박성수, 김창대, 1999).

청소년을 대상으로 하는 상담과 생활지도, 심리치료는 각각 상담의 대상, 목적, 다루는 문제, 실시 장소 등에 따라 다르다.

첫째, 목적에 따라 구분할 수 있다. 생활지도는 바람직한 생활과정과 성장, 발달을 지도하며 진로와 교육정보를 제공하는데, 상담은 내담자의 내면의 갈등이나 문제를 해결하고 감정, 정서, 행동을 변화시켜 환경 적응을 촉진하고 개인의 잠재력을 향상시키고자 한다. 한편 심리치료는 정상범주를 넘어선 정신증상(우울, 불안, 망상 등)을 완화시켜 정신건강을 회복시키고 사회에 적응력을 높여 재활을 돕는 것이 목적이 된다.

둘째, 대상자의 측면에서 볼 때 생활지도의 대상은 교육장면에 속해 있는 일반 학생 전체이고, 상담의 대상은 청소년 중 적응에 어려움을 겪고 있는 개인이나 특정 집단이 될 수 있다. 한편, 심리치료의 대상은 정신증상을 겪고 있는 청소년 개인 환자나 집단이 될 수 있다.

셋째, 생활지도는 교내 교사와 직원이 담당하지만 상담은 일반인을 대상으로 상담에 관한 전문훈련을 거쳐 자격을 갖춘 상담자, 상담교사나 상담심리전문가가 담당한다. 심리치료는 의료장면에서 환자에 대한 이해와 치료에 관해 훈련을 받아 자격을 갖춘 임상심리전문가나 정신과의사가 담당한다.

넷째, 다루는 문제에 따라 구분해 보면 생활지도는 생활 전반에 초점을 맞추어 주로 교육적인 문제로 성장과 적응을 도모한다. 상담은 심리 내적인 문제를 다루면서 자기이해를 높이고 자기조절 능력을 향상시키는 데 초점을 둔다. 심리치료의 경우 환자가 겪고 있는 증상에 대한 병리적 이해와 진단을 바탕으로 의학적 치료 방법에 대해 초점을 두면서 약물치료를 동반할 수도 있다.

표 4-1 청소년을 위한 생활지도, 상담, 심리치료의 비교

	생활지도	상담	심리치료
목적	진로 및 교육정보 제공	적응력의 증진, 문제 해결	증상의 완화와 완치, 재활
대상	일반 학생	일반인 내담자 (문제를 지닌 개인이나 집단)	정상범주를 넘어선 정신증상을 겪고 있는 내담자
담당	상담교사, 담임교사, 교내 교직원(교육자)	자격을 갖춘 상담사 (심리상담전문가)	자격을 갖춘 심리치료사(임상심리전문가), 정신과의사
문제영역	생활 전문	개인의 능력 배양 및 환경에의 적응	개인의 증상과 성격, 진단과 치료
학문적 기반	교육학	행동과학, 인간과학(교육학, 심리학, 사회학, 종교학 등)	인간과학, 의학 (임상심리학, 정신의학)
장소	학교, 청소년기관	상담기관, 사설상담소	병원, 사설상담소

다섯째, 지속기간도 차이가 있다. 생활지도의 경우 비교적 단회기(1~6회기)에 이뤄진다면, 심리치료는 장기간 지속되며, 상담은 그 중간 정도의 단기간 지속되는 경우가 일반적이다.

3 청소년 상담의 개념

청소년 상담은 청소년을 대상으로 하는 모든 상담을 포함하며, 청소년 및 청소년 관계자와 청소년 관련기관을 대상으로 직접 봉사, 자문활동 그리고 매체를 통해 청소년의 바람직한 발달 및 성장을 추구하는 활동이다(박재황, 남상인, 김창대, 김택호, 1993). 더불어 청소년이 원하는 것을 알맞은 방법으로 제공하여 그들이 행복하게 살아갈 수 있도록 돕는 활동으로 정의할 수 있다(구본용, 김성이, 오익수, 황순길, 지승희, 2002). 즉, 작게는 청소년을 대상으로 청소년의 적응을 돕기 위한 직접 상담을 의미하며, 넓게는 청소년뿐 아니라 관련인과 관련기관을 대상으로 청소년의 적응을 돕는 목적에서 행해지는 다양한 활동을 말한다.

청소년 상담은 청소년의 적응을 돕는 목적으로 청소년을 대상으로 하는 직접 상담과 청소년과 관련된 사람들이나 기관을 대상으로 하는 상담을 모두 포함한다.

4 청소년 상담의 특성

청소년 상담은 내담자와 상담자와의 관계, 상담과정, 상담기술 및 전략면에서 일반적인 상담과 다른 접근이 필요하다(Gerldard & Gerldard, 1999). 특히 성인과 달리 청소년을 대상으로 하는 상담은 그 대상의 특수성으로 인해 독특한 특징을 지닌다(박재황 외, 1993; 이형득 외, 1999).

청소년 상담은 첫째, 청소년뿐 아니라 그를 둘러싼 주요 관계 및 환경에 대한 이해와 개입이 수반되어야 한다. 둘째, 치료적 목표보다 예방적 · 교육적 목표와 위기 개입과 지원의 목표를 지닌다. 셋째, 대화 상담뿐만 아니라 전화, 인터넷, 스마트폰 등 다양한 매체를 활용한 상담과 개인 상담뿐 아니라 집단 · 가족 상담 등 다양한 상담이 있다.

첫째, 청소년은 발달 단계상 발달이 채 완성되지 않은 상태이며 법적으로 미성년자이다. 청소년은 주변의 가족, 친구, 학교 등 다양한 관계 및 주변 환경과 밀접하게 관여되어 있다. 따라서 청소년의 적응을 위해서는 청소년 개인뿐 아니라 청소년을 둘러싼 주요 관계 및 환경에 대한 이해와 개입이 수반되어야 한다. 그러므로 청소년 상담의 대상은 청소년뿐 아니라 청소년 관련인과 관련기관을 포함해야 한다. 청소년 관련인이란 부모, 교사, 청소년지도사 등 청소년 주변의 사람들을 의미하고, 관련기관은 가정, 학교, 청소년 고용업체 및 수용기관, 봉사 및 활동 기관 등 청소년이 관여하고 있는 사회기관을 의미한다.

둘째, 청소년은 아직 발달 중인 인간으로 청소년 상담의 목표는 문제의 해결이나 심리치료적인 측면뿐 아니라 청소년의 건전한 발달과 성장을 돕는 예방적, 교육적 측면과 위기에 처한 청소년에 대한 직접 개입 및 지원, 자립이 포함된다(정순례, 양미진, 손재환, 2010).

셋째, 청소년 상담은 대화를 통한 일대일의 대면 상담뿐 아니라 집단이나 가족 등 관련인과 함께 하는 상담, 전화나 인터넷, 스마트폰을 이용한 매체 상담, 놀이와 게임, 미술, 작업 등 다양한 활동을 통한 상담과 교육, 훈련이 포함된다.

5 청소년 상담의 목표

성인 상담과 달리 그 대상이나 활용매체, 목적이 광범위한 청소년 상담은 상담의 목표에 있어서도 성인 상담과 다른 차이를 보인다. 청소년 상담의 목표에 대해 박성수, 김창대, 이숙영, 유성경(1997)은 문제 해결, 이상심리의 치료, 문제 발생의 예방, 발달 촉진, 탁월성의 성취 다섯 가지를 말했다. 이혜성, 이재창, 금명자, 박경애(1996)는 행동변화의 촉진, 적응 기술의 증진, 의사결정 기술의 함양, 인간관계의 개선, 내담자의 잠재력 개발이라는 5가지의 일반적 상담목표와 함께 자아정체감의 확립, 긍정적 자아 개념 형성, 건전한 가치관의 정립 등 세 가지 청소년기의 발달 특성과 관련된 목표를 추가하여 여덟 가지 청소년 상담의 목표를 제안하였다.

청소년 상담의 목표는 청소년이 겪는 부정적인 문제를 효과적으로 해결할 수 있도록 돕고, 문제를 예방하며, 긍정적인 사고와 능력을 길러 건강한 발달을 촉진시키는 것이다.

한편 구본용 등(2002)은 청소년기의 발달 과제 및 일상 생활에서의 건강한 성장에 초점을 맞추어 청소년기의 발달 과제 및 일상 생활에서 당면한 문제해결, 잠재력 발휘, 주변 환경의 긍정적 변화, 삶의 지혜를 청소년 상담의 목표로 언급하면서 청소년 상담을 치료적 개념과 구분하였다. 이렇듯 청소년 상담의 목표는 크게 문제 해결, 예방, 성장의 세 가지 차원에서 정리해볼 수 있다(김동일 외, 2014). 즉, 청소년이 겪는 부정적인 문제를 효과적으로 해결할 수 있도록 돕고, 문제가 발생하기 전에 조력하여 문제를 예방하며, 긍정적인 사고와 능력을 길러 건강한 발달을 촉진시키는 것이 청소년 상담의 포괄적인 목표라고 할 수 있다.

학자들이 말한 청소년 상담의 목표를 정리해 보면 다음과 같다.

첫째, 청소년 상담은 청소년의 성장과 발달을 촉진시켜야 한다. 청소년기는 신체적, 심리적으로 많은 변화를 경험하고 그 가운데 다양한 발달과제를 해결해야 하는 시기이다. 따라서 부모로부터의 독립, 또래나 이성과의 새로운 관계형성, 진학과 취업을 위한 준비, 경제적 독립, 개인의 가치관 확립 등 다양한 발달 과제를 잘 수행할 수 있도록 조력한다.

둘째, 청소년 상담은 일상 생활에서 직면하는 문제의 해결을 도와야 한다. 청소년기에 일반적으로 겪는 문제들을 해결하고 그것이 그들의 성장과 성숙에 도움이 되도록 조력한다. 더불어 시대적 변화나 환경적 여건에 따른 독특한 문제들을 다루고 해결하도록 한다.

셋째, 청소년 상담은 청소년의 유능성 발달을 촉진시켜야 한다. 청소년이 각자의 능력과 잠재력을 계발하여 과학, 스포츠, 예술, 정치, 문화, 경제, 종교 등 다양한 영역에서 유능성을 추구할 수 있도록 조력한다.

넷째, 청소년 상담은 청소년에게 영향을 미치는 환경을 개선해야 한다. 가정과 학교, 또래관계, 지역사회 환경은 청소년기의 성장에 주요한 요인으로 청소년의 성장과 발달을 위협하기도 하고 촉진하기도 한다. 따라서 그들을 둘러싼 환경을 개선하고 조력함으로써 건강한 성장을 돕는다.

다섯째, 청소년 상담은 청소년에게 삶의 지혜를 길러줘야 한다. 청소년은 상담을 통해 존재의 용기, 성숙의 의지, 자아관의 확립, 창조의 지혜, 수월성의 추구 등 내적인 힘을 키울 수 있다. 따라서 청소년 상담을 통해 청소년에게 삶의 다양한 지혜를 길러줄 수 있다.

여섯째, 청소년 상담의 상담목표는 경제적, 사회적, 심리적으로 위기에 처한 청소년에게 안정적인 생활을 보장해주는 것이 포함되어야 한다. 즉, 위기 개입 및 지원 그리고 자립을 도움으로써 청소년이 최소한의 생활을 할 수 있도록 환경적인 지원을 도울 수 있다.

일곱째, 청소년 상담은 청소년의 정신건강을 증진하고 이상심리를 치료할 수 있다.

여덟째, 청소년 상담은 청소년의 대인관계를 개선시킬 수 있다. 상담을 통해 청소년의 또래관계나 성인과의 관계를 향상시켜 적응을 도울 수 있다.

아홉째, 청소년 상담은 청소년이 긍정적인 자아 개념 및 자아정체감을 형성하도록 돕는다. 청소년기의 주요 발달과업인 자아 개념을 긍정적으로 형성하고 자아정체감을 확립해나가는 데 청소년 상담이 도움이 된다.

CHAPTER 05

청소년 상담자의 역할 및 자질

학습주제

1. 청소년 상담자의 역할은 무엇인가?
2. 청소년 상담자에게 필요한 인간적 자질은 무엇인가?
3. 청소년 상담자에게 필요한 전문적 자질은 무엇인가?

1 청소년 상담자의 역할

청소년 상담자는 상담기관에서 어떤 역할을 하는가? 청소년 상담자는 청소년 내담자를 대상으로 한 개인 상담이나 집단 상담 및 집단 프로그램을 운영한다. 더불어 청소년과 그를 둘러싼 환경을 이해하기 위해 심리검사나 환경조사를 실시한다. 청소년과 밀접한 관계를 맺고 있는 부모, 교사, 지도사를 대상으로 상담, 지원, 자문, 교육 등을 제공한다. 청소년 상담자에 대한 교육 및 훈련을 맡아 청소년 상담자를 양성하고 전문성을 발전시키는 역할을 한다. 또한 청소년 상담실이나 상담기관 관련 행정적 실무를 담당하기도 한다. 더불어 청소년 상담과 관련된 전문상담방법이나 프로그램을 개발하고 그 효과를 연구하며, 이를 바탕으로 청소년 상담과 관련된 정책을 개발하고 정부에 제안하기도 한다.

청소년 상담자는 청소년을 대상으로 한 개인 상담 및 집단 상담, 심리검사와 환경 조사를 실시하고, 부모와 교사, 지도사를 대상으로 상담, 지원, 자문, 교육을 한다. 또한 상담 관련 행정실무와 상담 프로그램의 개발과 효과검증을 토대로 정책을 개발하고 정부에 제안하기도 한다.

청소년 상담사의 활동 분야는 크게 민간 차원의 활동 분야, 교육 차원의 활동 분야, 국가정책 차원의 활동 분야로 나눌 수 있다. 분야별 주요기관은 그림 5-1과 같다.

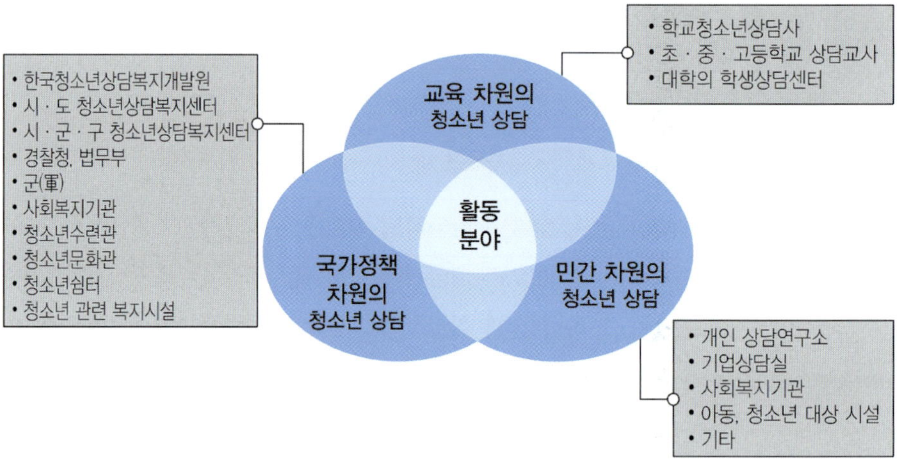

출처: 한국청소년 상담사 홈페이지

그림 5-1 청소년 상담사의 활동 분야

2 청소년 상담자의 자질

청소년 상담이 성인 상담과 다른 만큼 청소년 상담자의 자질 역시 달라야 한다. 이형득, 김계형, 김선남, 이숙영, 유성경(1999)은 청소년 상담자의 자질에 대해 인격적 자질과 전문적 자질로 구분해 구체적으로 명시하였다.

1) 청소년 상담자의 인간적 자질

상담은 내담자와의 인간적인 관계를 바탕으로 상담자의 인성이 중요한 도구가 되는 작업으로, 이미 여러 학자들이 상담자의 인간적 자질의 중요성에 대해 언급하였다.

로저스(Rogers, 1961)는 상담자의 인간성이 그가 지닌 상담기술보다 중요하다고 하며 상담자의 성숙한 자질에 대해 다섯 가지로 설명하였다. 첫째, 인간관계에 민감해야 하고, 둘째, 객관적이고 정서적으로 초연한 태도를 지니며, 셋째, 개인을 존중하고 내담자 스스로 해결책을 찾도록 도와야 하며 내담자를 있는 그대로 기꺼이 수용할 수 있어야 한다. 넷째, 상담자가 자신의 장단점에 대해 잘 아는 자기이해가 필요하다. 다섯째, 인간행동에 관한 지식을 갖추어야 한다.

가이(Guy, 1987)는 상담자가 갖춰야 할 10가지 인간적 자질을 언급하였다.

> 상담자가 지녀야 할 인간적인 자질로는 사람에 대한 자연스러운 호기심과 탐구심, 경청과 대화 능력, 공감과 이해 능력, 정서적 통찰 능력, 내성, 자기부정의 능력, 친밀감에 대한 감내, 힘의 능력, 유머감각 등이 있다(Guy, 1987)

① 사람에 대한 자연스러운 호기심과 탐구심: 호기심과 탐구심이 있으면 사람에 대해 자연스러운 관심을 갖게 된다.

② 경청과 대화 능력: 상대방의 이야기를 적극적으로 경청할 수 있어야 하고 언어적 대화를 즐길 수 있어야 한다.

③ 공감과 이해 능력: 상대방의 입장이 되어 그의 처지를 이해하고 성별이나 문화가 다른 사람에 대해서도 이해할 수 있어야 한다.

④ 정서적 통찰 능력: 분노에서 기쁨에 이르기까지 다양한 감정을 인식할 수 있어야 한다.

⑤ 내성: 내면세계를 이해하고 그 변화를 느낄 수 있어야 한다.

⑥ 자기부정의 능력: 자신의 개인적 욕구보다 다른 사람의 욕구를 우선적으로 다룰 수 있어야 한다.

⑦ 친밀감에 대한 감내: 친밀감을 형성하고 유지할 수 있어야 한다. 이를 위해서 많은 인내심이 필요하다.

⑧ 힘의 능력: 인간관계에서 어느 정도 거리를 유지하는 가운데 힘을 느낄 수 있어야 한다.

⑨ 유머감각: 삶의 역설적인 측면을 볼 수 있고 유머감각이 있어야 한다.

또한 코미어와 코미어(Cormier & Cormier, 1985)는 상담자의 인간적인 자질로서 지적 능력, 에너지, 융통성, 지지, 온정, 자기인식, 문화적 경험에 대한 인식 등 7가지를 제시하였다.

지금까지 언급된 상담자의 인간적인 자질에 더해 청소년 상담자에게 추가적으로 요구되는 자질이 있다. 그것은 청소년에 대한 사명의식과 긍정적인 청소년관이다. 청소년 상담자는 청소년의 건강한 발달과 성숙을 위해 조력하고 지원하는 전문가로서 청소년을 사랑하고 이해하는 마음과 이들을 돕는 과정에서 생길 수 있는 어려움에 대처할 수 있어야 한다. 청소년기의 중요성을 인식하고 청소년을 긍정적인 시각으로 바라볼 수 있는 상담자는 청소년의 자기실현과 성숙에 도움을 줄 수 있다. 청소년 상담자는 비록 청소년이 문제를 지니고 있지만 청소년이 문제를 해결하여 스스로 성장하고 미래를 꿈꿀 수 있도록 희망을 줄 수 있어야 한다. 또한 기성세대와 다른 독자적인 세대를 창조해 나갈 수 있는 잠재력이 있음을 인식하고 있어야 한다.

2) 청소년 상담자의 전문적 자질

청소년 상담자가 갖춰야 할 자질 중 가장 중요한 자질이 전문적 자질이다. 여기에는 청소년에 대한 전문적 지식과 청소년 상담에 필요한 전문적 기술 및 상담 실무에 관한 지식과 행정업무 능력 등이 포함된다.

(1) 청소년에 대한 전문적 지식

청소년 상담자는 청소년의 신체적 발달과 심리적 발달 및 청소년이 겪는 발달적 문제들에 대한 지식과 청소년을 둘러싼 환경, 즉 가족과 학교, 지역사회, 직업환경, 유해환경 등에 관한 전문지식이 필요하다. 전문 지식과 더불어 실제적인 정보 수집과 인식도 청소년 상담자가 알고 있어야 할 내용들이다.

청소년 상담자가 지녀야할 전문적 자질로는 청소년에 대한 전문적 지식, 청소년 상담에 필요한 전문 기술, 상담 실무 및 행정능력이 있다.

(2) 청소년 상담에 필요한 전문 기술

청소년 상담자의 주요 업무는 청소년을 대상으로 한 상담이다. 따라서 청소년 상담자에게 상담이론과 상담기법에 관한 전문지식은 필수이다. 전문지식에는 상담과 상담기법에 관한 이론적 지식과 더불어 실제 내담자와의 관계에서 이뤄지는 상담과정에 대한 실습과 수퍼비전이 포함된다. 상담뿐 아니라 진단과 평가를 위한 심리검사의 이해와 실시, 그 해석에 관한 전문기술도 필요하다. 기본적인 의사소통 능력에 더불어 상담목표에 따라 상담기법을 유연하게 사용할 수 있기 위해서는 다양한 청소년 내담자를 대상으로 한 상담 실습을 통해 상담기법 상담자에게 내면화되어야 한다. 이 과정에서 상담 사례에 대한 수퍼바이저의 개별 또는 집단 수퍼비전이 반드시 수반되어야 한다. 더 나아가 청소년 상담자의 내면에 관한 성찰을 위해 상담자가 내담자가 되어 상담을 체험해보고 자기를 분석해보는 경험을 하면 더욱 성장할 수 있다. 청소년 상담자의 역할 중 하나가 수련감독자가 되는 일이다. 따라서 초심 청소년 상담자를 양성하고 이들이 실시한 사례를 분석하고 지도해줄 수 있는 수퍼비전 능력을 키우는 것도 중요하다. 더불어 청소년 상담에 관련된 연구를 수행하고 결과를 이해할 수 있는 능력과 청소년 상담에 필요한 집단 프로그램을 개발하고 운영할 수 있는 능력이 필요하다. 마지막으로 청소년 상담자는 전문가로서의 자질을 유지하기 위해 학회에서 시행하는 자격연수 프로그램이나 모임에 참여하는 등 자기개발을 위한 노력을 지속해야 한다.

(3) 상담 실무 및 행정능력

청소년 상담은 개인 상담실에서 실시하기도 하지만 주로 기관이나 센터에서 실시되는 경우가 많다. 따라서 청소년 상담자는 관련기관의 조직에 대한 이해와 사례관리, 관련 법령과 윤리에 관한 지식을 숙지할 필요가 있다. 더불어 상담실에서 일어날 수 있는 위기나 돌발사태에 대한 대처와 사례기록의 보관과 처리 등 상담에 관련된 실무능력과 행정능력도 필요하다.

상담기관에서의 상담업무는 단순히 청소년 내담자와 일대일 관계의 상담만 있는 것이 아니다. 청소년 상담이 중앙정부나 시·도·군의 지원을 받으며 조직의 일부가 되어 협조해야 하는 경우 합당한 행정절차를 따라야 하는 경우가 점점 더 많아지고 있다. 따라서 청소년 상담자에게 상담과 관련된 행정능력과 사업추진능력이 요구되는 경우가 확대되고 있다.

CHAPTER 06

청소년 상담의 윤리

학습주제

1. 상담에서 윤리는 왜 필요한가?
2. 상담자가 지켜야 할 주요한 윤리적 문제는 무엇인가?
3. 청소년 상담과 관련된 법령과 윤리강령은 무엇인가?
4. 상담과정에서 윤리적 문제 발생 시 해결방법은 무엇인가?

1 상담과 윤리

상담은 내담자와 상담자의 기본적 신뢰관계를 바탕으로 목표를 설정하고 진행하는 전문적인 활동이다. 상담관계는 신뢰를 바탕으로 상담 내용을 비밀로 유지하며 진행되지만, 근본적으로 두 사람 간의 인간관계에서 비롯된다. 둘 이상의 인간이 상호작용하는 사회에서 조화로운 생활을 위해 생겨난 것이 윤리인데, 상담 역시 내담자와 상담자 간 지켜야 할 기본적인 윤리를 지니고 있다. 그러나 상담관계에서 윤리를 언급하면 근본적으로 부담이 있다. 그 이유는 상담과 윤리의 본질에서 찾을 수 있다. 현실이론을 제외한 대부분의 상담이론에서는 행동의 옳고 그름이나 선과 악을 엄격하게 구분하지 않는다. 왜냐하면, 상담자는 기본적으로 내담자가 느끼는 주관적인 감정과 행동을 존중하고 수용하기 때문이다. 반면 도덕은 선과 악, 옳고 그름을 판단하고 행동의 기준을 제공하는 특성이 있다. 따라서 상담관계에서는 최소한의 도덕을 개입시켜 가능하면 내담자가 자유롭게 자신의 내면을 탐색할 수 있도록 한다. 그럼에도 불구하고 상담분야가 다원화되고 전문화되면서 상담에서 윤리의 중요성은 점차 커지고 있다. 상담 장면에서의 윤리에 대해 보다 전문적이고 법률적인 원칙을 고려해야 할 원인이 된 사건이 있는데, 이는 미국의 타라소프 사건이다. 타라소프 사건과 판결 이후로 상담에서의 비밀보장과 그 한계에 대해 전문적인 기준이 생겨나기 시작했다. 이후 상담 관련 학회에서 윤리적 규정을 만들어 상담과정에서 발생할 수 있는 여러 문제에 관한 윤리적 판단과 전문가로서의 행동의 기준을 마련해왔다.

> 상담에서는 최소한의 도덕을 개입시켜 내담자가 자유롭게 자신의 내면을 탐색할 수 있도록 하려 하지만, 상담분야가 다원화·전문화되면서 윤리의 중요성은 점차 커지고 있다.

타라소프 사건

1969년 캘리포니아대학의 학생건강서비스센터에서 포다라는 남학생이 상담을 받고 있었다. 그는 상담 중 타라소프라는 여학생을 자주 언급하면서 그녀가 수학여행에서 돌아오면 죽이겠다는 내용의 이야기를 하였다. 이를 심각하게 받아들인 상담자 무어는 자신의 수퍼바이저에게 이를 알렸고, 그들은 학교경찰에게 이를 알려 포다를 감금해 대학병원에서 정신과 검사를 받게 하고 조사를 하였다. 그러나 학교경찰은 그가 합리적으로 행동하고 타라소프에게서 떨어져 있겠다는 약속을 한 후 그를 풀어주었다. 그 후 포다는 센터에 나타나지 않았고 상담은 중단되었다. 상담자 무어는 이에 위험성을 인지하고 학교경찰에게 지원을 요청하는 공식적인 편지를 쓰고 전화로 알렸으나 무어의 수퍼바이저는 편지를 돌려받을 것을 요청했고, 편지와 함께 무어와 상담했던 상담일지를 파쇄하라는 지시를 내렸으며, 더 이상 이 사례에 대해 언급하지 않도록 했다. 결국 수학여행에서 돌아온 타라소프는 포다에 의해 살해되었고 그녀의 부모는 잠재된 위협에 대해 부모에게 전혀 알려주지 않았던 것에 대해 대학 당국과 상담자를 법원에 제소하였다. 1974년 1차 법정에서 이 제소가 기각되었으나, 부모는 상소하여 1976년 캘리포니아 대법원에서 승소하였다. 법원은 의도된 폭력에 대해 경고하지 않은 것을 전문가들의 의무에 대한 무책임으로 인정한 것이었다. 이후 법원은 상담관계에서 다른 사람의 일반적인 복지와 안전이 문제가 될 때에는 비밀유지를 파괴할 것을 요구하였다.

실제로 국내 초, 중, 고등학교 장면에서 일하는 상담자 229명을 대상으로 상담에서 겪는 윤리적 갈등에 대해 조사해본 결과 전체 중 50% 이상이 '상담자와 학생 간 가치관의 갈등', '학생의 욕구 존중과 자율성의 보장'의 갈등을 경험했고, 40% 이상이 '상담자 자격유지를 위한 연수와 훈련의 어려움', '동료와 관리자로부터의 상담 내용 공개 요청', '다른 상담자의 윤리 위반 발견', '학생이 학대를 받고 있는 상황' 등 다양한 윤리적 갈등을 느끼고 있었다(강진령, 이종연, 손현동, 2007). 이렇듯 청소년 상담 현장에서 여러 가지 윤리적 갈등이 일어날 수 있는데, 그중 중요한 몇 가지 문제를 살펴보고자 한다.

2 상담자 윤리의 주요 현안

청소년 상담에서 주요한 윤리문제는 비밀보장, 사전동의, 다중관계, 상담자의 가치관 및 전문가적 역량에 관한 책임 등이다. 이러한 문제가 발생될 경우 상담의 효율성을 해치지 않는 선에서 최대한 상담자와 내담자를 보호하려는 목적에 따라 윤리적 문제를 해결해야 한다.

1) 비밀보장

비밀보장(Confidentiality)의 원칙은 상담관계에서 지켜야 할 윤리기준을 떠나 내담자와 상담자의 기본적인 신뢰관계를 형성하고 상담을 진행하는 데 있어 가장 중요한 원칙이다. 비밀보장의 원칙이란 상담 내용뿐 아니라 상담과정 중에 알게 된 내담자의 사생활 관련 정보와 상담 내용을 기록한 일지 및 상담 자료에 대해 비밀이 보호되도록 최대한 노력하는 것을 말한다. 포괄적인 의미에서 볼 때 청소년 상담은 청소년뿐 아니라 그 부모도 상담의 대상이 된다. 따라서 청소년 내담자의 비밀보장도 중요하지

비밀보장의 원칙이란 상담 내용뿐 아니라 상담과정 중에 알게 된 청소년 내담자(와 그의 부모)의 사생활 관련 정보와 상담내용을 기록한 일지 및 상담 자료에 대해 비밀이 보호되도록 최대한 노력하는 것이다.

만 그 부모와의 관계에서 좀 더 고려해야 할 요인들이 있다. 먼저 상담이 시작되기에 앞서 부모에게도 상담의 기능과 진행방법, 상담자의 역할과 사용할 수 있는 상담기법 등에 관해 설명하여 협력적인 관계를 성립할 수 있도록 노력해야 한다. 또한 청소년의 개인정보와 사생활에 관련된 정보뿐 아니라 부모의 개인정보와 사생활 또한 보호되어야 한다. 청소년 내담자와의 상담 내용을 부모가 알고자 할 경우에는 청소년 내담자에게 알리고자 하는 이유와 내용, 방법 등에 대해 알려주고 동의를 받은 후 정보를 제공할 수 있다. 물론 청소년 내담자의 건강과 안전, 심리적 안정을 가장 가까이 지켜보고 기원하는 사람이 보호자(부모)이므로, 상담 내용의 공지가 결국 내담자에게 도움이 될 것 같다고 판단될 경우 상담 내용에 관한 정보를 제공할 수 있으나 이때 역시 청소년 내담자에게 충분히 설명하고 동의를 받은 후 최소한의 내용에 한하여 보호자에게 공지할 수 있다.

그러나 청소년 상담자는 내담자가 미성년자인 관계로 몇 가지 비밀보장의 한계를 갖게 된다. 다음의 경우 청소년 상담자는 청소년의 부모(보호자)나 법원에 정보를 공개할 수 있다. 그러나 이 경우에도 최소한의 정보만을 제공하고 당사자인 청소년 내담자에게 정보제공의 목적과 내용에 대해 알려주고 공개해야 한다.

청소년 내담자는 미성년자인 관계로 내담자의 생명이나 안전이 위협될 경우, 법적 정보 공개가 요구될 경우, 감염성 질병을 지닌 경우 등 몇 가지 비밀보장의 한계를 갖게 된다. 이 경우 청소년 내담자에게 정보 제공의 목적과 내용에 대해 알려주고 정보를 제공할 수 있다.

표 6-1 청소년 상담에 있어 비밀보장의 한계

- 내담자의 생명이나 사회의 안전을 위협하는 경우 비밀을 공개하여 안전을 확보한다.
- 법적으로 정보의 공개가 요구되는 경우 내담자의 허락을 득하고 최소한의 정보만을 제공한다.
- 감염성이 있는 치명적인 질병이 있는 경우 그 질병에 노출되어 있는 제 3자에게 정보를 공개할 수 있다.

출처: 청소년 상담사 윤리강령 - 청소년 상담복지개발원, 2008.

더불어 청소년기관 종사자의 경우 아동학대나 방치의 피해 또는 가해, 성관련 범죄의 발생을 알게 된 때에는 즉시 관련 수사기관에 이를 신고하여야 하는 법적인 의무도 있다(아동학대범죄의 처벌 등에 관한 법률 제 10조 2항). 이러한 비밀보장의 원칙과 그 한계에 대해서는 주로 상담을 시작하는 시점에 청소년 내담자가 이해할 수 있도록 알려주지만 필요한 경우에는 상담과정 중에 알려줄 수 있다.

2) 사전동의

상담 내용 및 내담자의 사생활에 대한 정보를 공개해야 할 때에는 반드시 내담자의 직접적인 동의가 있어야 한다. 사전동의(Informed Consent)란 상담자가 상담에 대해 충분하고 적절하게 설명한 것에 근거하여 내담자가 상담에 참여하기로 동의하는 것을 의미한다. 주로 비밀보장의 한계로 인해 정보의 제공이 필요한 경우, 상담 내용을 기록/녹음할 경우, 교육이나 연구, 출판을 목적으로 상담 자료를 사용할 경우에 내담자의 사전동의를 받는다.

상담을 시작할 경우, 상담 내용을 기록/녹음할 경우, 비밀보장의 한계로 인해 정보의 제공이 필요한 경우, 교육이나 연구, 출판을 목적으로 상담 자료를 사용할 경우 내담자의 사전동의를 받아야 한다.

청소년 관련기관에서 상담을 시작할 경우 대부분 상담과 관련된 사전동의서를 청소년에게 읽고 작성할 수 있도록 한다. 이뿐 아니라 상담의 성격이나 상담참여에 따르는 잠재적 이익과 위험, 상담에 대한 대안, 상담 방식에 대한 소개 등 상담에 대한 정보와 상담을 거부하고 종결할 내담자의 권리, 심리검사 결과 및 진단, 상담기록에 관해 알 권리 등 내담자로서의 권리에 대한 설명도 추가될 수 있다.

3) 다중관계

내담자-상담자 관계 이외에 추가적으로 내담자와 다른 관계를 갖는 경우를 다중관계(Multiple Relationship)라 한다. 다중관계의 윤리성에 대해서는 활발한 논의와 다양한 의견이 있지만 다중관계 및 비전문적인 관계형성이 상담가의 전문적 판단과 상담 효과를 훼손시킬 가능성이 존재하는 것은 사실이다. 따라서 상담자는 내담자와의 상담관계에 영향을 미칠 수 있는 다중관계는 피해야 된다. 예를 들어, 친구나 친인척, 자신이 교육하고 있는 학생이나 수퍼비전 지도를 하고 있는 상담자와의 관계 등 내담

내담자-상담자 관계 이외에 비전문적인 관계형성이 상담가의 전문적 판단과 상담효과를 훼손시킬 가능성이 있는 기타 다중관계는 피해야 한다.

자-상담자의 관계를 벗어난 사적인 관계나 어떠한 종류의 성적 관계는 피해야 한다.

4) 상담자의 가치관 및 전문가적 역량에 관한 책임

상담자는 자신의 가치관과 전문가적 역량을 유지하기 위해 자기성찰과 지도감독, 추가적인 교육과 훈련을 지속해야 한다.

상담자는 자신의 능력과 기법의 한계를 인식하고 그 안에서 상담을 진행해야 한다. 따라서 검증되지 않고 훈련받지 않은 상담기법을 오/남용하지 않도록 주의해야 한다. 또한 최신의 전문적인 정보와 지식을 유지하기 위해 추가적인 교육과 훈련을 받아야 하며, 특정 기술의 사용을 위해서는 수련감독 하에 경험을 쌓은 후에만 실무 범위를 확대할 수 있다. 상담자는 정기적으로 자신의 능력과 효율성에 대한 자기 성찰과 평가를 해야 하며, 필요한 경우 지도감독을 받을 책임이 있다. 더불어 자신의 전문적 역량(Competence)을 유지하기 위해 지속적인 교육과 노력을 기울여야 한다.

5) 사이버 상담에서의 윤리

매체를 이용한 사이버 상담은 대면 상담과 다른 특성으로 인해 몇 가지 윤리강령이 추가된다. 청소년 상담사 윤리강령 중 주요한 내용을 소개하면 다음과 같다.

매체를 이용한 사이버 상담의 특성상 보안문제, 한 명의 내담자와 다수의 상담자와의 관계, 위기 상황 및 긴급지원을 위한 협조체계 구축, 19세 미만 내담자를 위한 성범죄, 학대 관련 신고 의무에 대한 윤리강령이 필요하다.

- 해킹이나 바이러스 등으로 인한 보안문제의 가능성이 존재하므로 완벽한 비밀보호의 한계가 있음을 상담을 시작하기에 앞서 내담자에게 알려야 한다. 또한 실명이 아닌 익명이나 별칭, ID 등을 사용하는 등이에 대한 대안적인 서비스 방안에 대해 이야기를 나누어야 한다.
- 사이버 상담의 특성상 한 명의 내담자가 여러 명의 상담자와 상담을 진행할 수 있다. 이런 경우 상담자들 간에 내담자의 정보를 공유할 수 있음을 내담자에게 공지해야 한다.

- 만약의 위기상황(자해, 폭행, 살인, 기타 등등)을 대비하기 위해 내담자의 신분과 안전을 확인할 수 있는 방법을 갖고 있어야 한다. 이 경우 사이버 상담자는 내담자의 보호자에게 해당 사실을 신속히 알리고, 협조체계를 구축해 조치를 취한다.
- 긴급지원이 필요한 경우 긴급연락망을 이용해 유관기관의 공조를 받는다.
- 만 19세 미만 내담자의 성범죄나 아동 학대 피해 또는 가해 사실을 알게 된 경우에는 해당 사실을 반드시 수사기관에 신고해야 한다.

3 국내법과 상담: 상담자의 법적 의무

윤리강령에 위배되는 행동이 모두 법적인 처벌을 받는 것은 아니지만 청소년 상담자의 경우 현행법령에 따라 법적 제재를 받는 경우도 있다. 현재로서 청소년 상담과 관련된 법적 의무는 청소년기관 종사자로서의 의무에 해당되는 '비밀유지의 의무'와 '학대 및 성범죄 발견 시 즉시 아동관련기관이나 수사기관에 신고해야 하는 의무'가 있다.

청소년 상담과 관련된 법적 의무로는 '비밀유지의 의무'와 '학대 및 성범죄 발견 시 즉시 아동관련기관이나 수사기관에 신고해야 하는 의무'가 있다

'비밀유지의 의무'란 청소년 상담사는 청소년 기관 종사자로서 상담관계에서 알게 된 비밀을 다른 사람에게 누설하거나, 직무상의 목적 이외의 용도로 이용해서는 안 된다는 법적 의무를 말한다.

한편 '학대 및 성범죄 관련 의무'란 청소년학대범죄나 성범죄의 발생 사실을 알게 된 때에는, 즉시 수사기관이나 아동보호 전문 기관에 신고하여야 한다는 의무사항이다. 여기에서 학대란 육체적으로 고통을 주거나 정신적으로 차별대우를 하는 행위를 가리킨다.

4 상담에서의 윤리적 문제 해결

국내 상담 관련 학회에서는 상담자를 위한 윤리강령을 제정해 상담자에게 윤리적 지침을 제공하고 지속적인 교육을 통해 문제를 예방하며 문제발생 시 이를 심사한다.

현재 상담관계 및 상담과정에서 일어나는 윤리적 문제에 대해서 상담 분야의 각 학회에서 윤리강령을 만들어 상담가가 이를 따르도록 권고하고 있다. 윤리강령은 행동의 권고 기준으로 법령과는 다르게 법적 강제성을 지니고 있지 않다. 그러나 학회에서 제정한 윤리강령을 위반했을 경우 각 학회는 윤리위원회를 개최하여 사건을 심사하고 이를 해결하며, 차후 유사 문제가 발생되는 것을 막기 위해 예방적인 차원의 교육과 합리적이고 현실적인 기준의 제공을 위해 강령의 정비를 진행하고 있다.

청소년 상담복지개발원이 제정한 청소년 상담자 윤리강령은 청소년 상담자로서의 전문적 자세, 비밀보장, 수퍼비전과 심리검사, 지역사회 참여 및 제도 개선에 대한 책임, 상담기관 설립 및 운영, 연구 및 출판, 청소년 상담사 윤리위원회, 청소년 사이버 상담에 관한 윤리적 행동 기준을 명시하고 있다.

청소년 상담에 관해서는 청소년 상담복지개발원이 제정한 청소년 상담자 윤리강령이 있다. 청소년 상담자 윤리강령은 내담자와 상담자의 보호를 위해 상담과정에서 지켜야 할 윤리적 기준과 더불어 문제가 발생할 경우 윤리적 대응방법과 처리기준을 제공한다. 구체적으로 살펴보면 청소년 상담자로서의 전문적 자세를 비롯해 사이버 상담에 이르기까지 총 여덟 개 항목에 대해 윤리적 행동의 기준을 명시하고 있다. 청소년 상담자 윤리강령은 현행법을 우선적으로 적용하지만, 이보다 윤리강령이 더 엄격하다면 윤리강령을 따르도록 권고하고 있다.

학회의 윤리강령과 더불어 법적 의무와 책임의 기준선이 법령으로 정해져 있지만 실제 상담현장에서는 쉽게 판단할 수 없이 모호한 사례가 많고, 청소년 상담자와 일대일의 개인 상담을 하는 상담자는 혼자 판단하기 어려운 경우도 많다. 이를 위해 청소년 상담복지센터에서는 매년 재정된 법령과 실무진의 요구도 조사를 바탕으로 한 대응매뉴얼에 관한 교육연수를 실시하고 있다.

청소년 상담사 윤리강령

(청소년상담복지개발원)

- 전문 -

청소년 상담사는 청소년의 정서, 인지, 행동 발달을 조력하는 유일한 상담전문 국가자격증이다. 청소년 상담사는 항상 청소년과 그 주변인들에게 인간으로서의 존엄성을 높이고자 노력할 것이며, 청소년이 스스로 결정할 수 있도록 도와줄 것이며, 청소년이 행복할 수 있도록 기회를 제공하는데 최선을 다할 것이며, 청소년의 아픔과 슬픔에 대해 청소년 상담사로서의 책임을 가슴에 새길 것입니다. 청소년 상담사는 청소년이 사랑하는 가족, 이웃과 더불어 행복하게 살아갈 수 있도록 지원하기 위해 다음과 같이 윤리규정을 숙지하고 준수할 것을 다짐합니다.

가. 목적

1. 청소년 상담사의 책임과 의무를 분명하게 제시하여 내담자를 보호한다.
2. 청소년 상담사가 직무 중에 발생하는 문제를 처리할 수 있는 기준을 제공한다.
3. 청소년 상담사가 자신의 사생활과 인격을 보호하는 근거를 제공한다.
4. 청소년 상담사의 활동이 전문직으로서의 상담의 기능 및 목적에 저촉되지 않도록 기준을 제공한다.
5. 청소년 상담사의 활동이 지역사회의 도덕적 기대에 부합하도록 준거를 제공한다.

나. 청소년 상담사로서의 전문적 자세

1. 청소년 상담사의 책임
   가) 청소년 상담사는 청소년기본법에 따라 청소년의 권리와 책임을 다 할 수 있게 지원해야 한다.
   나) 청소년 상담사는 자기의 능력 및 기법의 한계를 인식하고, 전문적 기준에 위배되는 활동을 하지 않도록 한다.
   다) 청소년 상담사는 검증되지 않고 훈련받지 않은 상담기법의 오·남용을 삼간다.
   라) 청소년 상담사는 현행법이 윤리강령을 제한할 경우는 현행법을 우선적으로 적용하지만 윤리강령이 보다 엄격한 기준을 설정하고 있다면, 윤리강령을 따른다.
   마) 청소년 상담사는 청소년과 관련된 정책, 규칙, 법규에 대해 정통해야 하고 청소년 내담자를 보호하며 청소년 내담자가 최선의 발달을 이루도록 노력해야 한다.
   바) 청소년 상담사는 청소년 상담사 윤리강령에 어긋나는 사실을 알게 된 경우 청소년 상담자의 의무에 준하여 윤리위원회에 보고해야 한다.

2. 품위유지 의무
   가) 청소년 상담사는 전문상담자로서 품위를 손상하는 행위를 하지 않는다.
   나) 청소년 상담사는 동종에 종사하는 자와 협력하여야 한다.

3. 상담관계
   가) 청소년 상담사는 자신의 법적, 도덕적 한계를 벗어난 다중관계를 맺지 않는다.
   나) 청소년 상담사는 청소년 내담자에게 무력, 정신적 압력 등을 사용하지 않는다.
   다) 청소년 상담사는 상담적 배임행위(내담자 유기, 동의를 받지 않은 사례 활용 등)를 하지 않는다.
   라) 청소년 상담사는 외부 지원이 적합하거나 필요할 때 의뢰를 요청할 수 있으며 의뢰에 대해 청소년 내담자와 부모(보호자)에게 알리고 서비스를 받도록 노력한다.
   마) 매체(전화, 인터넷, 모바일 폰 등)를 활용한 서비스 지원에 있어 위해 요소로부터 청소년을 보호하기 위한 신뢰할 수 있는 조치를 취한다.

4. 부모/보호자와의 관계
   가) 청소년 상담사는 부모(보호자)의 권리와 책임을 존중하고, 청소년 내담자의 성장을 최대한 촉진시키기 위해 부모(보호자)에게 상담자의 역할에 대해 설명하여 협력적인 관계를 성립하도록 노력한다.
   나) 청소년 상담사는 내담자의 성장과 복지에 필요하다고 판단된 경우에 한해 부모(보호자)에게 정확하고, 종합적인 정보를 제공한다.

5. 자격과 수련
   가) 청소년 상담사는 자신의 전문성을 유지하기 위해 법적으로 정해진 보수교육에 반드시 참여한다.
   나) 청소년 상담사는 다양한 사람들을 상담함에 있어 상담에 필요한 이론적 지식, 전문적 실습, 연구능력을 향상시키기 위한 교육, 자문, 훈련 등의 지속적인 노력을 추구한다.

다. 비밀보장

1. 사생활과 비밀보장의 의무
   가) 청소년 상담사는 내담자와 부모(보호자)의 사생활과 비밀보장에 대한 권리를 최대한 존중해야 한다.
   나) 청소년 상담사는 고용인, 수퍼바이저, 직원 등 주변인에게도 내담자의 사생활과 비밀이 보호되도록 주지시킨다.
   다) 청소년 상담사는 청소년 내담자 상담 시 사전에 상담에 대한 내담자의 동의를 받고 상담과정에 부모나 보호자가 참여할 수 있으며, 비밀보장의 한계에 따라 정보를 제공할 수 있음을 알린다.
   라) 청소년 상담사는 청소년 내담자 상담 시, 상담 의뢰자(교사, 경찰 등)에게 내담자의 동의를 얻어 정보를 제공할 수 있다.
   마) 청소년 상담사는 비밀보장의 의미와 한계에 대하여 청소년 내담자의 발달단계에 적합한 용어로 알기 쉽게 설명해주어야 한다.

2. 비밀보장의 한계
   가) 청소년 상담사는 상담 시 비밀보장의 1차적 의무를 내담자의 보호에 두지만

비밀보장의 한계에 있어 청소년의 부모(보호자)에게 공개할 수 있다.

나) 비밀보장의 한계가 있는 경우는 다음과 같다.

1) 청소년 상담사는 내담자의 생명이나 사회의 안전을 위협하는 경우 비밀을 공개하여 안전을 확보한다.

2) 청소년 상담사는 법적으로 정보의 공개가 요구되는 경우 내담자의 허락을 득하고 최소한의 정보만을 공개한다.

3) 청소년 상담사는 내담자에게 감염성이 있는 치명적인 질병이 있을 경우 그 질병에 노출되어 있는 제 3자에게 정보를 공개할 수 있다.

3. 기록 및 녹음의 보관과 양도

가) 청소년 상담사는 내담자에게 전문적인 서비스를 제공하기 위해 상담 내용을 기록하고 보관한다.

나) 청소년 상담사는 기록 및 녹음에 관해 내담자의 사전동의를 구한다.

다) 청소년 상담사는 면접기록, 심리검사자료, 편지, 녹음·녹화 테이프, 기타 문서기록 등 상담과 관련된 기록을 보관하고 처리하는 데 있어서 비밀이 보장되어야 한다.

라) 청소년 상담사는 내담자의 동의 없이는 상담의 기록을 제 3자나 기관에 공개하지 않는다.

마) 청소년 상담사는 내담자와 보호자가 상담 기록의 삭제를 요청을 할 경우 법적, 윤리적 문제가 없는 한 삭제하여야 한다. 상담 기록을 삭제하지 못할 경우 타당한 이유를 내담자와 보호자에게 설명해 주어야 한다.

바) 청소년 상담사는 퇴직, 이직 등의 이유로 상담을 중단하게 될 경우 기록과 자료를 적절한 절차에 따라 기관이나 전문가에게 양도한다.

라. 수퍼비전과 심리검사

1. 자문 및 수퍼비전

가) 청소년 상담사는 자신의 사례에 대해 보다 나은 전문적 상담을 위해 내담자의 동의를 구한 후 내담자에 대해 사실적이고 객관적인 정보만을 사용하여 동료나 수퍼바이저에게 자문을 받는다.

나) 청소년 상담사는 비밀보호의 예외 및 한계에 관한 타당성이 의심될 때에 동료 및 수퍼바이저의 자문을 구한다.

다) 청소년 상담사는 내담자를 의뢰할 수 있는 전문가, 협회 및 기타 지지자원을 알고 있으며 이를 활용한다.

2. 심리검사

가) 청소년 상담사는 심리검사를 실시하고 해석할 수 있는 능력을 배양해야 한다.

나) 검사 도구를 선택, 실시, 해석함에 있어서 모든 전문가적 기준을 고려하여 사용한다.

다) 청소년이 이해할 수 있는 언어로 심리검사의 잠재적 영향력, 결과, 목적, 성격에 대한 설명을 제공한다.

라) 심리검사 결과 해석의 사용을 감독하고 다른 이들이 그 정보를 오용하지 않도록 적합한 절차를 취한다.

마. 지역사회 참여 및 제도 개선에 대한 책임

1. 지역사회를 돕는 전문가 역할

가) 청소년 상담사는 경제적 이득이 없는 경우에도 청소년의 최선의 유익을 위하여 지역사회의 기관, 조직 및 개인과 협력하고 사회공익을 위해 전문적 활동에 헌신함으로써 사회에 공헌하도록 한다.

나) 청소년 상담사는 자문을 요청한 내담자나 기관의 문제 혹은 잠재된 사회문제를 규명하고 해결하는 데 도움을 준다.

다) 청소년 상담사는 내담자가 다른 정신건강 전문가와 상담을 받고 있음을 알게 되면, 내담자의 동의하에 그 전문가와 긍정적이고 협력적인 관계를 맺도록 노력한다.

2. 제도 개선 노력

가) 청소년 관련 법과 정책 개선의 노력
청소년 상담사는 청소년 및 복지관련 법령, 정책 등의 적용과 개선을 위해 노력한다.

나) 청소년 상담사 자격 제도 개선의 노력
청소년 상담사는 자격검정 및 연수 등 청소년 상담사 자격제도 개선을 위해 노력한다.

바. 상담기관 설립 및 운영

1. 상담기관 운영자의 역할

가) 상담기관 운영자는 직원이나 학생, 수련생, 동료 등을 교육, 감독하거나 평가 시에 착취하는 관계를 가져서는 안 된다.

나) 상담기관 운영자는 자신과 현재 종사하고 있는 직원의 발전에 책임이 있다.

다) 상담비용을 책정할 때 내담자의 재정상태와 지역성을 고려하여야 한다.

2. 상담기관 종사자의 역할

가) 청소년 상담사는 자신이 종사하는 기관의 목적과 운영방침을 따라야 하며, 기관의 성장 발전을 위해 노력해야 한다.

나) 청소년 상담사는 고용기관에 손해를 끼칠 수 있는 상황이나 기관의 효율성에 제한을 줄 수 있는 상황에 대해 미리 알려주어야 한다.

사. 연구 및 출판

1. 연구 활동

가) 청소년 상담사는 청소년 문제 해결을 위해 윤리적 기준에 따라 과학적인 방법으로 연구를 계획하고 수행한다.

나) 청소년 상담사는 연구 대상자를 심리적, 신체적, 사회적 불편이나 위험으로부터 보호하여야 하며, 연구대상자의 요구가 있을 경우 연구 결과나 결론

등을 제공하여야 한다.

2. 출판 활동
   가) 청소년 상담사는 연구 결과를 출판할 경우에 자료를 위조하거나 결과를 왜곡해서는 안 된다.
   나) 청소년 상담사는 투고논문, 학술발표원고, 연구계획서를 심사할 경우 제출자와 제출내용에 대해 비밀을 유지하고 저자의 저작권을 존중한다.

아. 청소년 상담사 윤리위원회

1. 윤리위원회의 구성은 윤리위원회 규정에 따른다.
2. 윤리위원회 기능
   가) 청소년 상담사 윤리강령 보급
   나) 청소년 상담사 윤리강령 심의 · 수정
   다) 윤리강령 위반 행위에 대한 접수 · 처리 · 의결
   라) 윤리위원회는 청소년기본법과 윤리위원회 규정이 정한 절차에 따라 자격의 박탈, 정지 등의 징계를 할 수 있다.
3. 청소년 상담사는 윤리위원회의 조사, 요청, 소송절차에 협력한다.
4. 윤리위원회의 활동에 대해서는 윤리위원회 규정을 제정하여 이에 따른다.

자. 청소년 사이버 상담

1. 사이버 상담에서 비밀보호의 한계
   가) 사이버 상담자는 상황들이 내담자의 사적인 정보 공개를 요구할 때 오직 기본적인 정보만을 밝힌다. 더 많은 사항을 밝히기 위해서는 사적인 정보의 공개에 앞서 내담자와 보호자에게 알린다.
   나) 운영 특성 상, 한 명의 내담자가 여러 명의 사이버 상담자를 만나게 되는 경우 상담자들 간에 정보를 공유할 수 있음을 내담자에게 알린다.
   다) 사이버 상담자는 해킹이나 사이트를 통해 들어오는 바이러스는 컨트롤할 수 없으므로 인터넷 상에서 완벽하게 보안을 유지하는데 한계가 있음을 내담자에게 알리고, 이에 대한 대안적인 서비스 방법에 대해 논의해야 한다.

2. 사이버 상담기록의 보존 및 활용
   가) 사이버 상담 운영기관은 상담기록의 보관여부와 보존연한에 대해 알릴 필요가 있다.
   나) 사이버 상담 운영기관이나 연구단체는 상담기록 및 보관에 관한 규정을 작성해야 하며, 그렇지 않을 경우 상담기록은 사이버 상담자가 속해 있는 기관이나 연구단체의 기록으로 간주한다. 사이버 상담자는 내담자 혹은 보호자가 기록에 대한 열람이나 상담기록 인쇄물을 요구할 경우, 그 기록이 내담자에게 잘못 이해될 가능성이 없고 내담자와 상담자에게 해가 되지 않으면 응하는 것이 원칙이다.
   다) 기타 사이버 상담기록에 관한 규정은 청소년 상담사 윤리규정에 따른다.

3. 사이버 상담에서의 내담자 신분확인
   가) 사이버 상담자는 만약에 있을지 모르는 위기개입 등의 상황을 대비하기 위해서 내담자의 신분을 확인할 방법을 가지고 있어야 한다.
   나) 사이버 상담운영기관에서는 이용자가 다른 사람의 신분을 도용하지 않도록 절차를 마련해야 한다.
4. 사이버 상담에서의 위기개입
   가) 사이버 상담자는 내담자가 자해, 자살, 폭행, 살인 등 자신 및 타인에게 심각한 위험을 끼칠 가능성이 있는 경우, 내담자(또는 타인)의 안전 확보를 위해 다음과 같은 조치를 취해야 한다.
      1) 사이버 상담자는 내담자의 보호자에게 해당 사실을 신속히 알리고, 협조체제를 구축하여 합리적인 조치를 취해야 한다.
      2) 사이버 상담자는 내담자가 언제든지 도움을 요청할 수 있는 긴급연락망(상담자, 1388, 112,119, 지역사회 전문가 등)을 구축하여 긴급 지원이 필요한 경우, 유관기관 전문가의 도움을 구할 수 있다.
   나) 사이버 상담자는 내담자의 안전 및 안녕을 위해 만 19세 미만 내담자의 성범죄와 아동학대 피해 또는 가해 사실을 알게 될 경우, 해당 사실을 수사기관에 신고해야 한다.
5. 사이버 상담의 지속
   가) 사이버 상담이 내담자에게 부적절하다고 간주될 경우, 상담자는 대면 상담 연계 등 이에 적합한 서비스 연계를 고려한다.
   나) 사이버 상담자의 개인적인 문제(기관 이전, 이직 등)로 내담자를 적절하게 도와줄 수 없을 때에는 다른 상담자나 정신건강 전문가에게 의뢰하는 등 내담자를 도와줄 수 있는 방법을 강구한다.

출처: 한국청소년상담복지개발원 청소년 상담사 홈페이지.

PART III

청소년 상담이론

각 상담이론은 각기 다른 인간관을 지니고 있으며 주요 개념, 목표와 과정 및 기법 또한 다르다. 이 part에서는 청소년 상담의 주요 이론들을 살펴볼 것이다. 각 상담이론을 살펴보기에 앞서 상담이론의 역사적 맥락을 간단히 살펴보고, 정신분석, 행동주의, 인간중심, 인지행동(합리적 정서행동치료, 인지치료), 현실치료, 게슈탈트, 해결중심, 다문화 상담이론에 관하여 살펴보고자 한다.

CHAPTER 07

상담이론의 역사

학습주제

1. 상담이론은 어떻게 발전해 왔는가?
2. 청소년 상담의 주요 이론은 무엇인가?

인간의 성격, 인간이 겪는 갈등과 해결에 대해 연구하는 상담심리학은 인간의 행동과 마음의 근원을 찾고자 하는 학문적 노력에서 시작되었다. 심층심리학이라 하는 프로이트(Freud, 1856~1939)의 정신분석이론과 융(Jung, 1875~1961)의 분석심리학은 인간의 무의식에 대한 탐구를 통해 인간의 마음을 이해하고자 하였다. 프로이트는 인간의 성격을 의식, 무의식, 전의식의 3단계로 나누고, 본능, 자아, 초자아의 역동을 통해 인간의 성격 구조와 문제를 이해하고 자유연상과 꿈의 분석 등을 이용해 억압된 무의식의 의식화를 통해 심리상담과 치료의 문을 열었다. 이후 융은 인간의 무의식을 보다 확대하여 개인과 집단의 무의식으로 연구하였고, 성격의 구조적 분석보다는 무의식과 의식의 확충을 통한 성격의 통합을 강조하였다. 그러나 무의식을 연구하는 사례 위주의 방법은 비과학적이고 검증이 어렵다는 비난을 받았다. 이에 대두된 이론이 행동주의 이론이다. 행동주의 상담이론은 측정 가능한 인간의 행동을 상담에서 다루는 주요 대상으로 정하고, 문제행동을 인간이 겪는 부적응의 원인으로 보고 이를 수정하기 위한 과학적이고 체계적인 방법을 사용하였다. 문제와 환경의 객관적 평가를 바탕으로 이의 수정과 새로운 대안행동의 학습을 위해 혐오기법, 노출법, 체계적 둔감법, 토큰경제, 행동조형, 모델링 등의 심리상담기법을 개발하였고 그 효과를 과학적으로 입증하였다. 그러나 지나치게 과학적 방법론을 강조한 나머지 인간의 심리를 측정 가능한 행동만으로 단순화시키고, 환경에 의해 지배받는 수동적인 존재로 인식했다는 비판과 함께 복잡한 상황에서의 인간행동을 설명하기 어렵다는 비판을 피할 수 없었다. 그 시기에 인간의 존엄성과 내담자와 상담사의 관계의 중요성을 언급하며 새로운 제 3의 상담이론으로 떠오른 것이 로저스(Carl Rogers, 1902~1987)의 인간중심이론이다. 인간중심이론은 내담자의 진솔성, 무조건적 긍정적 존중, 공감적 이해라는 상담자의 태도가 내담자의 자기실현을 도와 그를 충분히 기능하는 사람으로 만들 수 있다고 보았다. 그러나 인간중심이론은 상담관계와 상담자의 태도에 대한 철학적 고민에 몰두한 나머지 상담기법과 상담의 체계적 과정에 대해 소홀하다는 비판을 받게 된다. 이와 달리 인간의 부적응은 그의 비합리적인 사고방식에서 비롯된다고 보는 인지행동주의적 상담이론은 체계적인 평가를 근거로 내담자의 부정적인 사고방식을 긍정적이고 합리적인 사고로 재교육시키는 상담기술을 개발하였다. 엘리스(Albert Ellis, 1913~2007)는 비합리적인 사고방식을 상담자의 논박을 활용한 인지적 중재 기법과 역할연기 등의 정서적 중재기법 및 실험적 행동과제를 이용한 행동적 중재기법을 사용해 합리적인 사고로 변화시키려 했고, 벡(Aron T. Beck, 1921~2007)은 우울증 내담자의 부정적인 사고에 대해 연구하여 자동적 사고, 과잉 일반화, 이분법적 사고, 개인화, 파국화, 정서적 추론 등 우울한 내담자의 인지왜곡을 구체화시켜 소크라테스식의 대화를 통해 정서를 변화시키려 하였다. 이렇듯 인지행동치료는 인지, 행동, 정서적 기법을 이용해 사고를 변화시키려는 시도를 한 반면, 정서에 초점을 두고 억압된 정서를 인식, 표현, 해소해 부적응을 해결하려는 이론이 게슈탈트(Gestalt) 이론이다. 펄스(Fritz Pearls, 1893~1970)는 인간의 부적응은 '미해결된 과제'로 불리우는 해소되지 않은 감정에서

기인된다고 보고, 이를 자각하여 생생하게 표현하고 현실과의 접촉을 통해 인식된 감정 문제를 해소시켜 적응에 이르게 하려고 하였다. 이 과정에서 빈의자기법, 대화하기, 시연하기, 꿈 작업, 과장하기 등의 기법을 사용하였다. 반면, 글라써(William Glasser, 1925~2013)의 현실치료이론은 인간 내면의 성격구조나 갈등의 본질보다는 개인의 주어진 현실 환경 속에서 자신의 욕구를 충족시키기 위해 현실적이고 합리적인 선택을 할 수 있도록 돕고, 그 선택에 책임을 질 수 있도록 내담자를 격려하며, 자기통제력을 강화시킬 수 있도록 지도하는 상담기법을 완성하게 된다.

1950년대와 1960년대 체계이론에 기초한 해결중심 상담은 세이저(Steve De Shazer, 1940~2005)와 김인수(1934~2007)에 의해 개발되었다. 해결중심 상담은 특정 이론에 기초한 상담기법이라기보다는 실용적으로 탄생된 상담기법으로 이루어져 있다. 해결중심 상담은 내담자와의 협력적 관계 속에서 내담자의 성공 경험과 예외에 초점을 맞춰 내담자의 자원을 충분히 활용하면서 내담자가 원하는 해결을 향해 나아간다. 또한 '제 3세력의 심리학'인 인본주의이론에 이은 제 4세력으로 부상하고 있는 다문화 상담이 있다. 다문화 상담은 아직 상담이론으로서 체계를 갖추고 있지 않으며 내담자의 문화에 적합한 상담 방법을 중시한다. 다문화 청소년 내담자가 점차 증가하고 있는 현 시점에서 청소년 상담자는 다문화 상담에도 익숙해질 필요가 있다.

각각의 상담이론은 인간관과 부적응에 대한 이해가 다르며, 그 개념을 바탕으로 고유의 상담기법을 개발해왔다. 각 이론들은 고유한 특성에 따라 인간을 이해하는 이론적 틀의 장단점을 지니고 있다. 현대 상담 장면에서는 이러한 장단점을 바탕으로 내담자의 성격과 부적응의 종류, 처해진 상황 및 상담목적에 따라 절충적인 상담이론을 사용하기도 한다. 이제 각 이론을 구체적으로 설명하고자 한다.

CHAPTER 08

정신분석 상담

학습주제

1. 프로이트 정신분석 상담의 인간관은 어떠한가?
2. 정신분석의 주요 개념은 무엇인가?
3. 정신분석 상담의 목표는 무엇이며 상담과정은 어떠한가?
4. 정신분석 상담에서 사용되는 상담기법들은 무엇인가?

프로이트(Freud, 1856~1939)에 의해 창시된 정신분석(Psychoanalysis)이론은 인간을 이해하는 틀이며 성격 발달 모형이고, 심리상담 및 치료의 한 방법이다. 프로이트는 "우리가 알고 있는 의식의 영역은 빙산의 일각에 불과하다"라며, 무의식의 영역이 인간을 지배하고 있어 인간행동에 많은 영향을 미치고 있다고 보았다. 프로이트의 공헌은 바로 이 무의식의 발견으로 무의식은 인간에 대한 이해를 확장시켰다는 점에서 높은 평가를 받고 있다. 이러한 측면에서 프로이트의 정신분석을 '심층심리학'이라고 부르기도 한다. 또한 성격의 구조를 제시하면서 본능과 현실세계, 내면의 도덕적 규범들 간의 갈등을 다룬다는 점에서 '갈등심리학'이라고 부르기도 한다.

> 정신분석 상담은 프로이트에 의해 창시된 것으로 인간을 이해하는 틀이며, 성격 발달 모형이고 심리상담 및 치료의 한 방법이다.

청소년기를 '질풍노도의 시기'라 불렀던 홀(Hall)과 마찬가지로 프로이트도 청소년기를 격변의 시기로 보았다. 청소년기인 사춘기에는 호르몬

분비의 변화가 생기며 이것이 정신적 균형을 깨뜨려 성적 충동을 자극해 정신적인 갈등을 경험하게 된다고 본 것이다. 정신적인 갈등으로 인해 부모를 비롯한 주변 사람들과의 다툼이 생기게 되므로 청소년기의 주요 과제는 이러한 정신적 갈등을 해결하고 균형감을 얻어 부모로부터 정서적으로 독립을 성취하는 것이다(Steinberg, 2011).

현대 정신분석이론은 프로이트의 생물학적·결정론적 관점에 반대하고 인간행동의 사회적·문화적·대인관계적 요인들의 영향력을 강조한다. 또한 상담자와 내담자의 협력적인 관계를 기초로 프로이트가 생각하지 못했던 개념과 방법들로 확장·변화되었다. 그러나 이 장에서는 심리상담이론에 많은 영향을 준 프로이트의 정신분석에 초점을 맞추어 살펴 볼 것이다.

프로이트의 생애

프로이트(Sigmund Freud, 1856~1939)는 1856년 체코의 유대인 부모 사이에서 3남 5녀 중 맏이로 태어났다. 아버지는 재혼으로 이미 장성한 두 아들이 있었고 어머니는 첫 번째 결혼으로 19세 때 20세 연상인 프로이트의 아버지와 결혼을 한 것이었다. 이러한 그의 개인사는 그가 오이디푸스 콤플렉스를 연구하는 데 영향을 주었을 것이라는 추측도 있다.[1] 프로이트는 25세에 비엔나 대학교에서 의학박사를 취득하고 브로이어 박사를 만나 히스테리병인을 연구하게 된다. 브로이어 박사의 카타르시스법(Catharsis method)을 이용해 히스테리 환자가 자신의 증세에 관해 이야기하는 것만으로도 증상이 완화된다는 것을 발견하고, 브로이어와 함께 「히스테리 연구(Breuer, J. & Freud, S., 1895)」를 출판한다. 프로이트는 29세 때 파리의 살페트리 병원의 샤르코 교수로부터 연수를 받게 되는데, 이때 최면을 통해 환자의 신체가 마비되기도 하고 마비된 신체가 풀리기도 하는 치료 장면을 보면서 정신이 신체를 통제한다는 것에 강한 인상을 받게 된다. 더불어 이런 증상들은 성문제가 결정적인 원인이 된다는 샤르코 박사의 말에 깊은 인상을 받게 된다. 프로이트는 이때부터 정신질환이 심리적인 원인에서 발생된다는 것과 정신기능이 의식과 비의식(무의식)의 두 측면이 있다는 점을 알게 된다. 프로이트는 개업한 후 환자들을 만나면서 최면술로 시작해 자유연상법을 개발하였고, 신경증의 원인을 어릴 때 받은 심리적 손상(특히 성적 트라우마)으로 보게 된다. 프로이트의 나이 40세에서 67세 사이는 성격에 관한 구조이론과 심리성적발달 단계, 리비도의 발견, 꿈의 분석 등 그의 이론의 전성기를 맞이하게 된다. 프로이트는 제 2차 세계대전을 겪으면서 수차례 생명의 위협을 받게 되고, 결국 82세에 영국으로 망명을 하게

1) 이무석(2003). 정신분석으로의 초대, 서울: 이유.

되는데, 이러한 경험은 그가 인간의 '공격성'에 관한 관심을 갖게 만든다. 더불어 턱의 종양으로 35번이 넘는 수술을 견디며 죽음의 본능(tanatos)에 관해 생각하게 된다. 결국 16년간의 투병생활과 반복되는 수술로 영국에 온 1년 후 프로이트는 사망하게 된다. 그러나 프로이트의 이론은 그의 딸 안나 프로이트(Anna Freud, 1895~1982)의 자아 심리학(Ego Psychology), 후 멜라니 클라인의 대상관계이론(Object Relation Theory), 1960년대 코허트의 자기심리학(Self Psychology), 설리반의 대인관계심리학(Interpersonal Psychology) 등으로 발전되었다.

1 인간관

프로이트는 인간에 대해 결정론적(determinism) 관점을 취한다. 즉, 인간의 행동을 비합리적, 무의식적, 생물학적 동기 및 6세 이전에 경험한 중요한 심리성적 사건에 의해 결정된다고 보았다. 비합리적이고 무의식적이며 생물학적인 동기를 리비도(libido)라 하는데, 리비도는 개인과 종족의 생존을 추구하는 힘이다. 프로이트의 초기 이론에서 리비도는 성적 에너지를 일컫는 것이었으나, 후에는 삶의 본능적 에너지로 그 의미가 확장된다. 따라서 리비도는 성적 에너지를 포함하여 성장, 발달, 창조성을 추구하므로 인간 동기의 원천으로 이해할 수 있다.

프로이트의 후기 이론에서는 죽음의 본능적 에너지인 타나토스(thanatos)를 제안하였는데 프로이트는 인간이라면 피할 수 없는 '죽음'이 여러 불안과 근심을 야기한다고 보았다. 또한 죽음의 본능으로 인간의 공격적 욕구를 설명하였으며 인간에게는 공격적 욕구를 다스리는 것이 중요하다고 보았다. 종합해 보면 인간의 행동은 성욕과 공격성이라는 두 가지 기본적인 충동에 영향을 받아 결정되는 것으로 볼 수 있다.

다음으로 프로이트는 인간을 쾌락과 현실, 자아와 외부 세계와의 지속적인 갈등을 경험하는 존재로 보았다. 이 갈등이 적절히 해소되지 않고 무의식적으로 억압되기만 한다면 부적응으로 이어진다. 그러므로 건강

정신분석 상담은 인간에 대한 결정론적 관점을 취한다.

정신분석 상담에서 인간 동기의 원천은 리비도이다.

정신분석 상담에서는 인간을 쾌락과 현실, 자아와 외부 세계와 지속적으로 갈등을 경험하는 존재로 본다.

정신분석 상담에서 건강한 인간이란 다른 사람을 사랑할 줄 알고 생산적인 일을 할 수 있는 능력을 가진 사람이다.

한 인간이란 자신의 본능에 압도되지 않으면서 만족을 얻을 수 있도록 억압을 잘 조절하는 것을 말한다. 정신적으로 건강한 사람은 다른 사람을 사랑할 줄 알고 생산적인 일을 할 수 있는 능력을 가진 사람이다.

2 주요 개념

1) 의식, 전의식, 무의식

정신분석 상담에서 의식과 무의식의 개념은 인간 행동이나 성격을 이해하는 핵심이 된다.

무의식이란 접근할 수 없는 의식 영역의 바깥에 존재하므로 의식적으로 조절될 수 없다.

프로이트의 의식과 무의식의 개념은 인간의 행동이나 성격 문제를 이해하는 핵심이다. 인간의 정신세계는 의식, 전의식, 무의식으로 구성되어 있다. 먼저 의식(conscious)이란 인간의 전체 마음 중 일부에 불과한 것으로 개인이 주의를 기울이면 금방 알아차릴 수 있는 정신세계의 영역이다. 다음으로 전의식(preconscious)이란 쉽게 회상되지는 않지만 지속적으로 노력을 기울이면 의식 가능한 정신세계의 영역이다. 마지막으로 무의식(unconscious)이란 정신세계의 많은 부분을 차지하는 것으로 많은 노력을 기울여야만 부분적으로 의식될 수 있는 영역이다. 흔히 무의식은 직접 알 수는 없고 행동으로부터 추론될 수 있는데 접근할 수 없는 의식 영역의 바깥에 존재하므로 의식적으로 조절될 수 없는 것이다. 인간행동의 대부분이 무의식에 영향을 받고 있기에 정신분석적 상담에서는 무의식을 의식화하는 것이 중요하다.

성격은 원초아(id), 자아(ego), 초자아(superego)로 구성되어 있다. 의식이란 접근할 수 없는 의식 영역의 바깥에 존재하므로 의식적으로 조절될 수 없다.

2) 성격의 구조

프로이트에 따르면 성격은 원초아, 자아, 초자아로 구성되어 있다. 이 3가지는 각각 분리된 것이 아니라 전체로서 기능한다. 프로이트의 전통적인 관점에 따르면 인간을 에너지 체계로 보는데, 인간의 에너지

양은 제한되어 있기 때문에 많은 에너지 양을 가진 것이 행동을 결정하게 된다.

원초아(id)란 생존에 필요한 생물학적 체계로 인간이 태어날 때에는 이 원초아만 우세하다. 원초아는 긴장감이나 고통을 줄이고 쾌락을 추구하기 때문에 쾌락의 원리(pleasure principle)에 의해 지배를 받는다. 비논리적이고 도덕관념이 없으며 만족을 지연시킬 줄 모르는 원초아는 외부 세계는 고려하지 않고 자신의 내적 욕구에만 충실할 뿐이다. 원초아는 대부분 무의식 영역에 속해 있어 의식되기가 어렵다. 자아(ego)는 성격을 통제하고 조절하는 역할을 하므로, 인간으로 하여금 만족을 지연시키고 합리적인 계획을 세울 수 있도록 돕는다. 쾌락의 원리에 의해 지배되는 원초아와는 달리 현실의 원리(reality principle)에 의해 지배되며 의식을 통제하고 검열하는 역할을 담당한다. 또한 원초아와 초자아 사이에서 두 기능을 조절하며 타협과 중재를 한다. 초자아(superego)는 성격의 판사와 같은 기능을 담당하며 이상적이고 완벽을 추구한다. 오이디푸스 콤플렉스 시기를 거치면서 부모의 가치관 및 사회의 가치관을 내면화하여 초자아를 형성한다. 초자아는 도덕의 원리(morality principle)에 의해 지배되며 원초아의 충동을 억제하고 자아의 현실성을 초월하여 인간으로 하여금 이상과 완전을 향해 나아가도록 만든다.

> 원초아란 쾌락의 원리에 의해 지배를 받으며 무의식 영역에 속해 있어 의식되기가 어렵다.

> 자아는 현실의 원리에 의해 지배를 받으며 성격을 통제하고 조절하는 역할을 한다.

> 초자아는 도덕의 원리에 의해 지배를 받으며 성격의 판사와 같은 기능을 담당한다.

3) 불안

불안(anxiety)은 무엇인가를 하도록 인간을 동기화시키는 긴장 상태를 말하는 것으로, 심리적 에너지를 통제할 수 없을 때 발생한다. 정신분석에서 중요한 개념인 불안에는 신경증적 불안, 현실적 불안, 도덕적 불안이 있다.

신경증적 불안(neurotic anxiety)은 원초아와 자아 사이에 힘의 균형이 깨어졌을 때 발생한다. 즉, 쾌락의 원리에 따른 원초아의 본능이 행동으로 표출되어 처벌받게 될 것에 대한 무의식적인 두려움인 것이다. 현실적 불안(reality anxiety)은 자아가 현실을 지각하여 외부 세계로부터의 실제적인

> 불안이란 인간을 동기화시키는 긴장 상태를 의미하는 것으로 신경증적 불안, 현실적 불안, 도덕적 불안이 있다.

위험에 대해 불안을 느끼는 것이다. 이 불안은 그 위험을 피하기 위해 무엇인가 조치를 취하도록 경고한다. 도덕적 불안(moral anxiety)은 자신의 양심(초자아)과 관련된 두려움으로 자신의 도덕적 원칙에 어긋나는 일을 하게 될 때 경험하는 불안이다.

4) 자아방어기제

인간이 불안을 경험하게 될 때 여러 심리적 기제를 동원하여 그 불안을 극복하며 불안에 압도되지 않도록 자아를 보호하게 된다. 이런 심리적 기제를 자아방어기제(ego defense mechanism)라 한다. 모든 자아방어기제가 부적응적인 것은 아니며 생존과 발달을 위해 필요하기도 하다. 그러나 융통성 없게 사용되거나 현실을 부정, 왜곡시키는 방식으로 사용될 때 문제가 될 수 있다. 다음은 자아방어기제에 대한 간략한 설명이다.

자아방어기제란 인간이 불안을 경험하게 될 때 그 불안을 극복하여 불안에 압도되지 않도록 자아를 보호할 수 있게 하는 심리적 기제를 말한다.

① 억압(repression): 정신분석 상담과정에서 가장 중요한 개념으로 다른 자아방어기제의 기초가 되며 신경증을 유발한다. 의식하기에는 너무 고통스럽고 충격적이어서 관련 욕구나 생각 혹은 경험을 의식 밖으로 몰아내는 것이다. 정신분석 상담에서는 억압된 욕구나 생각 혹은 경험은 사라지거나 잊혀지지 않고 향후의 행동에 영향을 미치게 된다고 가정한다.

② 억제(suppression): 억압이 무의식적인 과정인 반면, 억제는 의식적인 과정으로 의식하기에 너무 고통스럽고 충격적인 욕구, 생각 혹은 경험을 의식적으로 피해 스트레스를 처리하는 것이다.

③ 전치(displacement): 부모님에게 혼나고 동생에게 화풀이하는 것처럼 위협적 대상보다는 안전한 상대로 바꾸어 자신의 충동을 해소하는 것이다.

④ 주지화(intellectualization): 불편한 감정을 줄이기 위해 생각과 감정을 분리시켜 과도하게 추상적으로 사고하는 것이다.

⑤ 반동형성(reaction formation): 평소 자신이 미워하던 사람과 마주치자 과도하게 친절하게 대하는 것으로, 용납할 수 없는 생각이나 감정을 반대의 생각이나 감정으로 대치하여 행동하는 것으로 주로 억압과 동시에 일어난다.

⑥ 승화(sublimation): 자신의 성적 에너지를 멋진 예술작품으로 표현하는 것처럼 용납할 수 없는 욕구나 충동을 사회적으로 승인된 방식으로 발산하는 것이다.

⑦ 유머(humor): 갈등이나 스트레스의 유쾌한 혹은 역설적인 측면을 강조하여 긴장을 감소하고 스트레스를 처리하는 것이다.

⑧ 투사(projection): 받아들이기 곤란한 혹은 용납할 수 없는 자신의 욕구나 충동을 타인의 탓으로 돌리는 것이다.

⑨ 합리화(rationalization): 맛있는 포도를 따먹고 싶으나 포도에 닿지 못하는 여우가 그 포도를 보고 '저 포도는 시고 맛이 없을 거야'라고 생각하는 것처럼, 상처 입은 자신을 위로하기 위하여 그럴듯한 이유를 대어 자신의 행동을 정당화하는 것을 말한다.

⑩ 부정(denial): 갑작스럽게 사랑하는 사람을 잃고 그 사람의 죽음을 인정하지 못하는 것처럼, 감내할 수 없는 고통스러운 현실적인 상황에 눈을 감아 버림으로써(부정함으로써) 불안을 방어하려는 것이다.

⑪ 취소(undoing): 맞벌이 부부가 평소 자녀와 함께 시간을 보내지 못하는 것에 대한 미안함으로 어린이날 자녀에게 비싼 선물을 사줌으로써 부모의 죄책감을 씻으려는 것처럼 어떤 의식적 행위나 강박적 행동에 몰두함으로써 자신의 죄의식을 씻어내려 하는 것이다.

⑫ 퇴행(regression): 아이들이 스트레스를 경험한 후 손가락을 빨거나 오줌을 싸는 것처럼, 감내하기 힘든 스트레스 상황에서 생애에 안전했던 시기로 되돌아가고자 하는 소망으로 어렸을 때의 행동을 보이며 자신의 불안에 방어하려는 것이다.

안나 프로이트는 청소년기에 증가하는 성적 긴장에 적응하기 위해 주지화와 금욕주의라는 방어기제가 사용된다고 보았다.

안나 프로이트(Anna Freud, 1895~1982)는 청소년기에 증가하는 성적 긴장에 적응하기 위해 주로 사용되는 방어기제는 주지화와 금욕주의라고 보았다(김춘경 등, 2006). 주지화(intellectualization)는 앞에서 설명한대로 불편한 감정을 줄이려는 시도로 생각과 감정을 분리시키는 것이다. 즉, 성적 갈등과 관련된 혼란스러운 감정 상태에서 벗어나기 위해 정치적·철학적 문제에 관한 지적 토론이나 추상적인 사고에 몰두하는 행동을 말한다. 한편, 금욕주의(asceticism)는 사춘기(period of puberty)에 급격히 증가하는 성욕에 대한 두려움과 이를 통제하려 성적 욕구와 관련된 행동이나 활동에 참여하기를 거절하는 자기부정 행동를 말한다.

5) 성격발달

정신분석 상담이론의 심리성적 발달 단계는 성격이 형성되는 과정을 설명하는 것으로 리비도가 신체의 어느 부위에 집중되느냐에 초점을 맞추어 5단계로 구분한다.

정신분석 상담이론에서는 출생부터 성인기에 이르기까지 인간의 발달을 심리성적 발달 단계로 설명한다. 심리성적 발달 단계는 성격이 형성되는 과정에 대한 설명이기 때문에 정신분석 상담에서는 매우 중요하다. 심리성적 발달 단계에서는 쾌락을 주는 성적 추동 에너지인 리비도가 신체의 어느 부위에 집중되느냐에 주목한다. 음식의 섭취와 배설 그리고 성행위와 관련된 구강, 항문, 성기는 많은 신경이 분포되어 감각적으로 쾌감을 민감하게 느낄 수 있는 부위이다. 아이는 구강, 항문, 성기를 통해 만족과 좌절을 경험하게 되는데 이와 같은 만족과 좌절이 성격발달에 강력한 영향을 미치게 된다.

정신분석 상담에서는 특히 6세 이전의 경험을 중시하는데 그때 경험했던 것을 토대로 형성된 자신 및 세계에 대한 태도가 평생 개인의 삶에 영향을 준다고 보았기 때문이다. 심리성적 발달 단계는 정신 에너지인 리비도의 집중 부위에 따라 구강기, 항문기, 남근기, 잠복기, 생식기라는 5단계로 구분된다.

① 구강기(oral stage): 성격 발달의 첫 단계인 구강기는 출생 후 1세까지의 시기이다. 이 시기에 리비도의 집중이 이뤄지는 곳은 입이다. 출

생 후 아이는 엄마의 젖을 빨면서 외부 대상과의 관계를 경험한다. 이런 경험을 통해 아이는 외부 세계에 대한 기본적인 인식을 형성하게 된다. 이 시기의 욕구가 적절히 충족되면 아이는 외부 세계에 신뢰감을 지니게 되며 안정된 성격을 형성하게 된다. 그러나 이 시기의 욕구가 과도하게 충족되면 의존적, 자기중심적, 요구가 많은 성격을 형성하게 되며, 반대로 욕구가 충족되지 않으면 냉소, 빈정거림, 논쟁적인 행동을 보이는 성격을 형성하게 된다. 탐욕과 욕심은 생의 초기에 충분한 만족감을 얻지 못한 결과로 생겨난 것일 수 있다.

구강기는 출생 후 1세까지의 시기로 리비도의 집중이 이뤄지는 곳은 입이다. 이 시기의 욕구가 적절히 충족되면 외부 세계에 신뢰감을 갖게 되며 안정된 성격을 형성하게 된다.

② 항문기(anal stage): 1세부터 3세까지의 시기로 이때는 리비도의 집중이 입에서 항문으로 이동한다. 즉, 배변을 참거나 배설하면서 긴장감과 배설의 쾌감을 경험하게 된다. 항문기는 배변 훈련(toilet training)과 관련된 시기로 양육자가 배변 훈련 시 보이는 행동이 아이의 성격 형성에 중요한 영향을 미친다. 왜냐하면 배변 훈련을 하는 과정에서 아이는 자신을 통제하는 양육자와 갈등을 경험하면서 스스로 쾌락을 지연하는 법을 배우고, 분노나 공격성과 같은 부정적인 감정의 처리 방식을 알아가기 때문이다. 이 시기의 욕구가 적절히 만족되면 아이는 독립적이고 협동적인 성격을 형성하게 된다. 그러나 부모가 배변 훈련을 너무 엄격히 하면서 아이에게 수치심과 불안을 경험하게 한다면 아이는 실수를 두려워하며 완벽주의적이고 청결이나 질서에 집착하는 강박적인 성격이 형성되거나 지저분하고 자주 분노하는 성격이 형성될 수 있다.

1세부터 3세까지의 시기로 리비도의 집중이 항문으로 이동한다. 이 시기는 배변 훈련이 성격 형성에 중요한 영향을 미치며, 이 시기의 욕구가 적절히 충족되면 독립적이고 협동적인 아이로 성장한다.

③ 남근기(phallic stage): 3세에서 6세까지의 시기로 이때는 리비도의 집중이 항문에서 성기로 이동하는데 성격 발달에 있어 가장 중요한 시기이다. 이 시기 갈등의 주요 초점은 이성 부모에게 향하는 무의식적인 근친상간의 욕구 및 환상이다. 남근기의 소년은 아버지를 경쟁자로 여기며 어머니에 대한 성적 소망을 나타낸다. 그러나 힘 있는 아버지의 보복으로 거세불안(castration anxiety)을 느끼며 어머니에 대

한 자신의 성적 욕망을 억압시키게 되는데, 이것을 오이디푸스 콤플렉스(oedipus complex)라 한다. 거세불안을 느끼게 됨에 따라 남아는 사회적 규범, 도덕적 실체라 할 수 있는 아버지와 동일시함으로써 초자아(superego)를 형성하게 된다. 여아의 경우 아버지가 성적 소망의 대상이 되어 자신의 성적 욕망을 억압시키게 되며 어머니와 동일시하게 되는데, 이것을 엘렉트라 콤플렉스(electra complex)라 한다. 남아의 거세불안과는 달리 여아는 '남근선망(penisenvy)'을 갖게 된다. 한 가지 주의해야 할 것은 프로이트가 언급한 성적 욕망이란 성교만을 의미하는 것이 아니라 유기체가 경험하는 모든 쾌락을 의미하는 포괄적인 의미로 사용되고 있다는 점이다. 이 시기에는 성에 대한 태도와 양심이 발달된다. 오이디푸스나 엘렉트라 콤플렉스가 잘 해결이 된다면 건강한 성정체감을 형성하고 성역할을 학습하게 되어 건강한 이성관계를 맺을 수 있게 된다. 그러나 이러한 콤플렉스가 잘 해결되지 못한다면 성인기의 신경증의 원인이 되며 권위적인 인물과의 관계에서 부적응적인 양상을 보이게 된다.

> 3세에서 6세까지의 시기로 리비도의 집중이 성기로 이동한다. 오이디푸스 콤플렉스와 엘렉트라 콤플렉스를 경험하며 성에 대한 태도와 양심의 발달에 특히 중요한 시기로 욕구가 적절히 충족되면 건강한 성정체감을 갖게 된다.

④ 잠복기(latency stage): 6세에서 사춘기 이전까지의 시기로 리비도가 집중되는 특정 신체 부위 없이 학업, 친구, 스포츠 등에 대한 관심이 증가한다. 자아가 발달하고 초자아가 확립되는 시기이며 사회화되어 외부 세계에도 적극적인 관심을 보이게 되는 것이다. 이 시기를 잘 보내게 되면 대인관계를 위한 적응능력이 발달하나 그렇지 않으면 열등감이 형성되고 외부 세계에 소극적인 태도를 보이게 된다.

> 6세에서 사춘기 이전까지의 시기로 리비도가 집중되는 특정 신체 부위가 없는 것이 특징이다. 이 시기를 잘 보내게 되면 대인관계를 위한 적응능력이 발달한다.

⑤ 생식기(genital stage): 사춘기부터 그 이후의 시기로 성적인 성숙이라는 신체적 변화에 따라 남근기 갈등이 다시 부각된다. 이 시기에는 부모로부터 독립하여 진정한 사랑의 대상을 찾아 성적 욕구를 만족시키려 하며 이성에게 집중한다. 또한 책임감을 갖기 시작하며 사회적으로 승인된 방식으로 성적 에너지를 발산할 수 있다.

> 사춘기부터 그 이후의 시기를 말하며 이성에게 집중하는 시기이다.

3 상담목표 및 과정

정신분석 상담이론에서는 청소년기 혹은 성인기에 경험하게 되는 심리적인 문제는 유아기적 욕구 좌절 경험에서 비롯된다고 본다. 이러한 좌절이나 갈등 경험 등이 상처로 남아 무의식 속에 억압된 채 남아 있는데, 자유연상이나 꿈의 분석 등 여러 가지 정신분석적 상담기법을 통해 내담자의 무의식 속에 존재하는 좌절이나 갈등 경험을 깨닫게 한다.

1) 상담목표

정신분석 상담의 목표는 청소년 내담자가 인식하지 못하는 무의식적 영역의 갈등을 의식화하고 자아를 강하게 하여 내담자로 하여금 현실적이고 합리적인 방식으로 행동하게 하는 것이다. 무의식적 영역의 갈등이란 청소년 내담자가 감내하기 힘들어 억압해 버린 본능적 충동과 관련된 것이다. 자아가 강화되면 내담자는 원초아, 초자아 그리고 현실의 욕구를 효과적으로 조절하여 다룰 수 있게 된다. 정신분석 상담의 목적은 문제해결 혹은 증상 제거나 새로운 행동의 학습이 아니라 청소년 내담자가 자신의 지난 과거를 깊이 있게 탐색함으로써 성격변화에 필수적인 깊이 있는 자기이해와 통찰을 갖게 하는 것이다. 여기서 깊이 있는 자기이해와 통찰이란 단순히 지적인 수준에서 일어나는 것이 아니라 감정적인 수준까지 포함한다.

정신분석 상담의 목표는 무의식을 의식화하고 자아를 강하게 하는 것이다.

정신분석 상담의 목적은 청소년 내담자가 자신의 지난 과거를 깊이 탐색하여 자기 자신을 이해하고 통찰을 갖게 하는 것이다.

2) 상담과정

정신분석 상담은 상담자와 내담자가 치료적 동맹을 맺고 전문적인 상담관계를 통해 내담자의 무의식적 갈등을 파헤쳐 간다. 상담이 진행될수록 내담자는 자신의 문제에 대한 통찰을 얻게 되고 자기이해가 확장됨으로써 변화의 과정으로 나아간다.

정신분석의 상담과정은 상담자와 내담자가 치료적 동맹을 맺고 내담자의 무의식적 갈등을 탐색하여 자기이해를 확장시킨다.

(1) 상담관계

내담자의 무의식적 갈등을 의식 영역으로 떠올리기 위해서 상담자는 익명성의 입장을 취하며 청소년 내담자에게 중립적인 태도를 보인다. 상담자의 중립성은 정신분석 상담에서 매우 중요하다. 태도만 중립적인 것이 아니라 청소년 내담자의 이야기를 중립적으로 이해하고 그 이야기에 반응할 줄 알아야 한다. 상담자는 청소년 내담자의 욕구를 충족시켜 주는 사람이 아니라 청소년 내담자가 자신의 무의식적인 갈등을 이해하고 통찰할 수 있도록 도와줘야 한다. 이를 위해 상담자는 청소년 내담자와 적절한 심리적 거리를 유지해 객관적 거리를 확보해야 한다.

정신분석 상담에서 상담자는 전이 관계 형성을 위해 중립적인 태도로 내담자와 적절한 심리적 거리를 유지해야 한다.

객관적 거리가 확보되면서 상담이 진행되면 정신분석 상담의 핵심인 전이 관계가 형성되는데, 전이는 청소년 내담자가 과거의 관계에서 풀지 못했던 것들을 해결하기 위해 중요하다. 상담자는 청소년 내담자에게 마음속에 떠오르는 것을 자유롭게 이야기하도록 하고, 적절한 때가 되면 정신분석이라는 이론적 틀로 그것들을 해석한다. 해석을 통해 청소년 내담자는 스스로에 대해 알지 못했던 것을 깨닫게 되므로 정신분석가의 전문성이 요구된다. 따라서 정신분석 상담에서는 상담자와 청소년 내담자의 관계가 매우 중요하다.

(2) 청소년 내담자의 경험

정신분석 상담에서 내담자는 자유연상을 통해 통합되지 않은 채로 남아 있는 다양한 내적 정보들을 이야기하게 된다. 상담자와의 작업을 통해 내담자는 자신의 행동이나 감정에 대한 통찰을 얻게 되고 새로운 적응적 방어를 사용할 수 있게 된다.

청소년 내담자는 전문적인 기술과 능력을 지닌 상담자와 장기간의 정기적인 상담을 받을 의지가 있어야 한다. 정신분석 상담이 시작되면 청소년 내담자는 카우치에 누워 자유연상을 함으로써 통합되지 않은 채 분리되어 있는 감정, 기억, 환상 등과 같은 다양한 내적 정보들에 대해 이야기하게 된다. 이 과정에서 저항과 전이가 나타나게 되며 저항과 전이에 대한 상담자의 분석 및 해석을 통해 자신의 행동이나 감정에 대한 통찰을 얻게 된다.

통찰에는 지적 통찰과 정서적 통찰이 있는데 지적 통찰이란 자신의 문제를 지적인 수준에서 이해하게 되는 것을 말한다. 정서적 통찰은 과거의 상처나 감정을 재경험하면서 과거의 경험과 현재의 문제와의 관련성을 깊이 인식하는 것이다. 지적 통찰과 정서적 통찰이 함께 이루어질 때 내담자는 현재의 증상이나 내적 갈등의 의미를 보다 더 잘 이해하게 되고 환경이 자신에게 끼친 영향력을 알게 되며, 그동안 사용해 왔던 미성숙한 방어를 포기하고 새로운 적응적 방어를 사용할 수 있게 된다.

통찰에는 지적 통찰과 정서적 통찰이 있다.

4 상담기법

정신분석 상담의 기법에는 분석적 틀의 유지, 전이와 역전이 분석, 자유연상, 꿈과 저항의 분석, 간직하기, 버텨주기, 해석, 훈습이 있다.

1) 분석적 틀의 유지

정신분석 상담에서 분석적 틀이란 상담자의 상대적 익명성, 만남의 규칙성, 장기간의 만남, 정한 시간에 시작하고 마치는 것과 같은 절차적이고 형식적인 요인을 말한다. 일정한 틀 그 자체가 치료적 요인이라는 것은 정신분석 상담의 가장 강력한 측면 중의 하나로, 이는 유아에게 규칙적으로 주는 정서적 음식에 비유할 수 있다(Corey, 2001; 조현춘, 조현재, 2006에서 재인용). 이러한 절차적이고 형식적인 분석적 틀이 정신분석 상담의 치료 요인에 해당하므로 정신분석 상담자는 기본적으로 이러한 분석적 틀을 유지(maintaining the analytic framework)해야 한다.

절차적이고 형식적인 요인인 분석의 틀은 정신분석 상담에서 중요한 치료 요인에 해당한다.

2) 전이와 역전이 분석

전이는 내담자가 그동안 무의식 속에 억압해 두었던 것들을 자신도 모르게 상담자에게 발산하는 것으로, 청소년 내담자는 전이를 통해 과거의 것을 현재의 관계 속에서 재경험할 수 있는 기회를 갖게 된다.

전이(transference)와 역전이(countertransference)는 정신분석 상담에서 매우 중요한 기법이다. 상담자가 청소년 내담자와의 관계에서 중립적인 태도를 보이는 이유가 바로 전이를 유도하고 이를 해결하기 위해서이기 때문이다. 전이란 청소년 내담자가 인생 초기에 유의미한 타인(주로 부모님)과의 관계에서 생겨났으나, 억압되어 무의식 속에 묻어 두었던 감정, 신념, 소망 등과 관련된 것들을 자기도 모르게 상담자에게 발산하는 것을 말한다. 청소년 내담자의 전이가 시작되면 청소년 내담자는 자신의 초기 경험과 관련된 갈등을 상담자와의 현재 관계에서 재경험할 수 있는 기회를 갖게 된다. 현재 관계에서 재경험은 새로운 관계에서 체험되는 것이기에 의미가 있는 것이다. 따라서 상담자는 청소년 내담자의 전이를 유도하기 위해 중립적인 태도를 취해야 하며, 적당한 시기에 이를 분석해 청소년 내담자에게 해석해 줄 수 있어야 한다.

상담자가 청소년 내담자에게 일으키는 전이로 상담자는 역전이를 막기 위해 자신의 무의식적 갈등을 충분히 이해하고 해결하는 것이 필요하다.

청소년 내담자가 상담자에게 보이는 전이와는 달리 역전이는 상담자가 청소년 내담자에게 일으키는 전이 현상을 말한다. 전통적인 정신분석 상담에서 역전이는 최소화되어야 하는 것으로 상담자로 하여금 청소년 내담자 반응을 왜곡해 받아들이도록 유도하면서 청소년 내담자를 싫어하거나 과잉애착을 보이는 것이다. 역전이를 막기 위해 상담자는 교육 분석을 통해 자신의 무의식적 갈등을 충분히 이해하고 해결하는 것이 필요하다.

3) 자유연상

자유연상(free association)은 청소년 내담자가 카우치(couch)에 편안하게 누워 자유롭게 머릿속에 떠오른 생각을 있는 그대로 솔직하게 이야기하는 것이다. 자유연상은 청소년 내담자의 무의식적 소망, 환상, 갈등 등을 알아보기 위한 기본적인 도구가 된다. 머릿속에 떠오른 생각들이 청소년 내담자가 생각하기에 바보 같고 시시한 것일지라도 걸러내지 말고 이야기하도록 해야 한다. 상담자는 자유연상을 촉진하기 위해 청소년 내담자가 상담자를 보지 못하도록 뒤에 앉아 상담을 한다. 상담자는 청소년 내담자가 이야기하는 것을 주의 깊게 듣고 내용뿐 아니라 감정이나 그 내용 이면의 다양한 청소년 내담자의 반응을 관찰하며, 다른 자료들과 함께 청소년 내담자의 무의식적 갈등을 이해하고 해석하는 데 활용한다.

> 자유연상은 청소년 내담자가 카우치에 누워 마음속에 떠오르는 생각들을 걸러내지 않고 솔직하게 이야기하는 것으로, 청소년 내담자의 무의식적 갈등을 알아보기 위한 기본적인 도구이다.

4) 꿈 분석

수면 동안에는 방어가 약해지고 억압된 감정들이 표면화된다. 따라서 꿈은 무의식의 활동에 관해 중요한 정보를 얻을 수 있는 수단으로, 꿈 분석(dream analysis)은 정신분석 상담에서 매우 중요한 절차이다. 꿈은 현재몽(manifest dream)과 잠재몽(latent dream)으로 구분되는데, 현재몽은 청소년 내담자가 기억하고 있는 꿈의 내용을 말하며, 잠재몽은 청소년 내담자의 꿈에 상징적으로 표현되고 있는 무의식적인 갈등을 말한다. 청소년 내담자는 스스로 꿈의 내용을 분석하기가 힘든데 상담자는 꿈의 내용과 관련하여 자유연상을 하도록 격려함으로써 꿈의 의미를 분석하고 해석한다.

> 꿈은 청소년 내담자의 무의식에 관한 중요한 정보를 얻을 수 있는 수단으로, 꿈 분석은 정신분석 상담에서 매우 중요한 절차이다.

5) 저항의 해석

정신분석 상담에서 저항(resistance)은 청소년 내담자의 무의식적 갈등에 다가가는 것을 방해함으로써 상담의 진행을 가로막는다. 저항은 청소년 내담자 자신의 불안에 대한 방어로 청소년 내담자의 상태를 유지시키고 변화를 방해하는 모든 생각, 태도, 감정, 행동을 의미한다. 예를 들어, 자유연상을 잘 못하거나 상담 시간에 늦거나 상담 날짜를 잊어버리는 등의 행동으로 나타날 수 있다. 저항의 분석과 해석은 청소년 내담자로 하여금 저항의 이유를 깨닫도록 하려는 데 목적이 있다. 상담자는 청소년 내담자의 저항을 지적하고 환기시킨 다음 청소년 내담자가 수용할 수 있는 범위 내에서 해석한다.

> 저항은 청소년 내담자가 자신의 불안을 방어하기 위한 것으로, 정신분석 상담의 진행을 가로막기에 상담자는 청소년 내담자의 저항을 분석하고 해석한다.

6) 간직하기

간직하기란 청소년 내담자가 두려워하는 모든 감정과 충동을 상담자가 간직하여 완화시키는 것이다. 상담자는 청소년 내담자의 강한 감정과 정서를 마음에 간직하여 두었다고 내담자가 준비가 되었을 때 해석을 해 준다.

정신분석 상담에서 상담자는 청소년 내담자와 함께 고통을 나누고 그 고통을 견디어 준다. 즉, 청소년 내담자가 두려워하는 모든 감정과 충동 등을 상담자가 간직하여 완화시키는 것이다.

청소년 내담자들은 투사적 동일시를 통해 상담자에게 강한 감정과 정서를 유발시키는데, 상담자는 이런 감정이나 정서를 마음에 간직하여(containing) 위험하지 않도록 변화시켜 청소년 내담자가 준비가 되었을 때 해석해 준다. 상담자는 심한 좌절을 견뎌낼 수 있고 강한 감정을 통제할 수 있는 능력을 갖추고 있어야 하며, 청소년 내담자의 내적 위협을 청소년 내담자보다 섬세하게 경험하는 동시에 적당한 거리를 유지해 이 경험을 객관화함으로 청소년 내담자가 성장할 수 있도록 해야 한다(유진이, 2014).

7) 버텨주기

버텨주기는 청소년 내담자가 두려워 직면할 수 없는 것들을 상담자가 적절한 시간에 적절한 방법으로 전해 주기 위해 버텨 주는 치료 환경을 조성하는 것이다.

버텨주기(holding)는 '청소년 내담자가 현재 경험하고 있거나 혹은 뭔가 막연하게 느끼기는 하지만 두려워 직면할 수 없는, 끝없이 깊고 깊은 불안과 두려움을 상담자가 잘 알고 있다'는 것을 상담과정 안에서 적절한 순간에 적절한 방법으로 전해 주면서, 청소년 내담자에게 큰 힘으로 의지가 되어 주고 따뜻한 배려로 마음을 녹여 주는 것을 의미한다. 상담자는 청소년 내담자 스스로 자기 자신의 역할을 할 수 있게끔 임시로 그 매개 역할을 하고 청소년 내담자가 그러한 능력을 내재화하도록 적당한 치료 환경을 조성한다. 상담에서 상담자는 아이를 위해서 어머니가 하는 실제 역할을 대신하는 것이 아니라 청소년 내담자를 버텨주는 필수불가결한 환경을 조성하여 청소년 내담자 비위만 맞추는 우매함을 범하지 않고서도 청소년 내담자의 마음을 안정시켜 주는 결과를 낳아야 한다(유진이, 2014).

8) 해석

해석(interpretation)은 청소년 내담자의 증상이나 갈등 유발 원인에 대한 상담자의 평가에 의해 이루어진다. 상담자는 청소년 내담자의 조각난 정보들을 모으고 통합한 후 청소년 내담자에게 그 정보들을 규명하고 명료화해 청소년 내담자가 이해할 수 있도록 설명해 준다. 무엇보다도 해석의 시점이 중요한데 적절하지 못한 시점의 해석은 오히려 상담을 방해한다. 그러므로 상담자는 적절한 시기에 해석을 해야 하는데 적절한 시기란 해석할 내용이 청소년 내담자의 인식에 가까워졌을 때를 말한다. 해석은 청소년 내담자로 하여금 자신에 대한 이해의 폭을 넓혀줄 뿐 아니라 청소년 내담자 속에 있는 더 많은 무의식적 자료를 드러내도록 한다. 해석은 정신분석 상담에서 중요한 상담기법으로 정확한 해석을 위해 정신분석 상담가들은 체계적인 훈련을 받는다.

해석은 정신분석 상담에서 중요한 상담기법에 해당하는 것으로 적절한 시기에 상담자가 청소년 내담자의 증상이나 갈등 유발 원인을 해석해 주는 것을 말한다.

해석의 적절한 시기란 해석할 내용이 청소년 내담자의 인식에 가까워졌을 때를 말한다.

9) 훈습

정신분석 상담을 통해 청소년 내담자는 자신의 증상이나 내적 갈등에 대한 통찰을 얻어 그 의미를 이해하게 된다. 통찰은 청소년 내담자의 변화를 이끌기 위해 필요한 경험인데 한 두 번의 통찰만으로는 쉽게 변화가 일어나지는 않는다. 훈습(working through) 과정은 아동기에 근간한 무의식의 자료와 자아방어기제를 탐색하는 것으로 반복적인 해석과 저항의 탐색을 통해 가능하다. 반복적이고 점진적인 훈습 과정을 통해 청소년 내담자는 자신의 내면세계에 대한 지각이 증가하고 그동안 사용해 왔던 미성숙한 증상이나 방어들을 포기하며 변화를 향해 나아가게 된다. 따라서 효과적인 상담을 위해서는 훈습이 필요하다.

훈습 과정은 아동기에 근간한 무의식 자료와 자아방어기제를 탐색하는 것으로, 반복적인 해석과 저항의 탐색을 통해 이루어진다.

CHAPTER 09

행동주의 상담

학습주제

1. 행동주의 상담의 인간관은 어떠한가?
2. 행동주의 상담의 주요 개념은 무엇인가?
3. 행동주의 상담의 상담목표는 무엇이며 상담과정은 어떠한가?
4. 행동주의 상담에서 사용되는 상담기법은 무엇인가?

1900년대초부터 행동주의 심리학이 과학적 연구를 바탕으로 발전되었고, 1950년대부터 행동주의 상담이론이 발전하였다. 행동주의 상담이론은 과학적인 근거와 경험적인 사례들을 바탕으로 체계적으로 개발되었다. 행동주의 상담이론은 기존의 정신분석적 상담이론이 무의식을 주제로 인간의 심리문제를 이해하고 상담자에 의한 무의식의 분석과 훈습을 통한 일상에서 적응력의 강화를 강조한 것과는 달리, 철저히 의식적이고 행동적인 주제로 인간의 심리문제를 이해하려 했다. 행동주의 상담이론은 과학적이고 체계적인 이론과 상담기법 및 훈련 프로그램의 개발, 문제행동의 구체적인 분석을 토대로 한 사례 개념화, 문제의 평가를 통한 객관적인 이해, 구체적이고 개별적인 목표설정의 측면에서 상담이론에 기여하였다.

행동주의 상담이론은 과학적이고 체계적인 이론과 상담기법 및 훈련 프로그램의 개발, 문제행동의 분석을 토대로 한 사례개념화, 문제의 평가를 통한 객관적인 이해, 구체적이고 개별적인 목표 설정의 측면에서 상담이론에 기여하였다.

행동주의 심리학자의 생애

파블로프(Ivan P. Pavlov, 1949~1936)는 러시아의 생리학자로서 개를 이용한 소화기계 연구 중에 학습이론을 발전시킨 학자이다. 파블로프는 러시아의 한 시골 목사의 10남매 중 장남으로 태어났다. 그는 교회학교와 신학교에 입학해 공부를 시작했으나 21살에 신학을 포기하고 상트페테르부르크에서 생리학, 화학, 의학을 공부하게 된다. 의사자격 취득 후 라이프치히와 브레슬라우에서 2년간 순환계에 대한 유학한 후 41살에 임페리얼 의학 아카데미의 생리학 교수가 되어 34년간 일하였다. 파블로프는 여기에서 소화샘 연구를 위한 개실험을 하던 중 개의 침분비가 불규칙적으로 일어나는 것을 발견함으로써 '조건반사'에 대한 법칙을 발견한다. 1904년, 그는 55세에 조건반사를 발견한 공로로 생리학과 의학 분야의 노벨상을 수상하게 된다. 말년에 그는 자신이 발견한 이론들을 이용해 인간의 정신이상을 설명하려고 하였다. 파블로프는 86세의 나이에 사망했는데, 죽기 일주일 전까지도 정해진 시간에 실험실에 나와 열정적으로 연구했으며 학자로서의 엄격성과 성실성을 그의 제자들에게도 요구하였다고 한다.[1)]

스키너(B. F. Skinner, Sigmund Freud, 1856~1939)는 행동주의 심리치료의 창시자로서 쥐와 비둘기를 이용한 실험을 통해 조작적 조건화를 발견하였다. 스키너는 미국 펜실베이나 주에서 야망이 높은 변호사인 아버지와 옳고 그름이 분명하고 통제적인 어머니 사이에서 태어났다.[2)] 그는 어린 시절 주일학교를 다니며 종교적 권위가 인간의 행동을 통제하는 강화의 기제임을 생각하였다고 한다. 스키너는 해밀턴 대학에서 영문학을 공부했지만 하버드 대학에서 심리학 박사가 된다. 어릴 적부터 기계에 관심이 많았던 스키너는 스키너 상자(Skinner Box)를 고안해 쥐나 비둘기의 행동을 조작하였는데, 말년에는 비둘기에게 책상을 치는 정구를 가르치거나 특정 숫자에 다가가는 행동을 가르치기도 했다. 비둘기 실험의 발전은 미국 정부가 레이더를 사용하는 미사일 원격조정 시스템을 개발하는 데 일조하게 된다. 한편 교육기계(teaching machine)을 개발해 교육공학에도 영향을 미쳤다. 스키너는 급진적인 행동주의자로 환경조건이 인간을 규정한다고 보았다. 스키너는 본래 소설가가 되려고 했던 꿈을 버리지 않고 자신의 이론을 바탕으로 「웰든투」, 「자유와 존엄을 넘어」와 같은 책을 쓰기도 했다. 그러나 스키너의 철학에 따라 자신의 딸을 실험실의 박스와 유사한 '베이비 박스 Baby-Box'에서 키운 결과는 그다지 좋지 못해 구설수에 오르기도 했다.[3)] 스키너의 실험 연구는 일반심리학뿐 아니라 생리심리학, 약리심리학, 교육심리학, 임상심리학, 행동공학, 발달심리학에 광범위하게 활용되었고, 심리학 분야뿐 아니라 교육학에도 큰 영향을 주었다.

반두라(Albert Bandura, 1925~)는 인간의 학습에 있어 인지의 중요성을 강조하는 사회학습이론을 주장하며, 인간을 환경의 영향에 수동적인 존재로 바라보는 급진적 행동주

1) 김춘경, 이수연, 이윤주, 정종진, 최웅용(2010). 상담의 이론과 실제. 서울: 학지사.
2) 아드리안 우어반 저, 조희진 역(2006). 내가 사랑하는 심리학자. 서울: 말글빛냄.
3) B. F. Skinner | Department of Psychology - Harvard Psychology, https://psychology.fas.harvard.edu/people/b-f-skinner.

의자와 다른 입장을 취하였다. 반두라는 1925년 캐나다의 앨버타 주에서 태어나 작은 시골 마을에서 성장하였으며, 브리티시콜롬비아 대학을 거쳐 아이오와 대학에서 심리학 박사학위를 취득하였다. 초반에는 임상심리학에 관심을 갖고 심리치료과정과 아동의 공격성을 연구했으나 스탠퍼드 대학에 재직하면서 보보인형을 이용한 실험실 연구를 바탕으로 사회학습이론(Social Learning Theory)을 발표하였다. 1986년 반두라는 사회학습이론의 이름을 사회인지이론(Social Cognitive Theory)으로 변경하고, 인간행동에 미치는 자기 효능감, 자기 조절, 관찰 학습, 개인과 환경, 인간행동의 상호결정론을 강조하였다. 반두라는 인간의 행동을 직접 경험에 의한 학습과 환경의 영향으로 인한 학습을 강조한 파블로프와 스키너와는 달리 인간이 모델을 관찰하는 것만으로도 학습이 이뤄질 수 있으며, 이는 인간이 지닌 자기조절기제와 동기 등의 인지기능이 관여하며 개인은 환경의 영향을 받기만 하는 존재가 아니라 환경과 상호작용하며 영향을 주고받는 존재임을 강조하였다. 반두라는 사회인지이론을 이용해 아동의 성장과 발달을 설명하면서 발달심리학, 교육학에 큰 영향을 끼쳤으며, 2000년대 들어서 자기효능감 등의 신념을 바탕으로 한 공포증과 심리적 외상 환자 치료에 대한 연구[4]와 일반인의 도덕적 이탈에 대한 연구[5]를 이이가고 있다.

1 인간관

행동주의 상담에서는 인간 내면의 가치, 개인의 자기개념이나 성격, 과거의 경험, 부모-자녀 관계, 무의식 등의 개념은 중요하게 생각하지 않는다. 이보다는 현재의 관찰 가능한 행동에 관심을 갖는다. 또한 환경 속에서 유지되고 반복되는 행동에 초점을 둔다. 행동이란 개인이 처한 환경과의 상호작용 속에서 학습된 결과물이다. 다시 말해 개인이 행하는 행동은 스스로 선택한 것이 아니라 자극의 연합이나 행동의 결과물에 따른 강화와 처벌 등 환경의 통제하에 '학습'된 것이다. 따라서 행동주의 상담에서 인간은 수동적이고 환경에 의해 영향을 받는 존재이다.

행동주의 상담은 인간을 수동적이고 환경에 의해 영향을 받는 존재로 보고 개인이 처한 환경과의 상호작용 속에서 학습된 결과물인 행동에 초점을 둔다.

4) Benight, C. C.; Bandura, A. (2004). "Social cognitive theory of posttraumatic recovery: The role of perceived self-efficacy". Behaviour Research and Therapy. 42 (10): 1129-1148.
5) Bandura, A. (2015). Moral Disengagement: How People Do Harm and Live with Themselves. New York, NY: Worth.

2 주요 개념

주요 학습이론으로는 파블로프의 고전적 조건형성, 스키너의 조작적 조건형성, 반두라의 사회학습이론이있다.

행동주의 상담은 행동주의 심리학에 기반을 두고 있다. 행동주의 심리학은 유기체가 환경과의 상호작용을 통해 행동을 학습하는 원리를 과학적으로 연구하였다. 행동주의 심리학의 근간을 이루는 대표적인 학습이론으로는 파블로프(Pavlov)의 고전적 조건형성, 스키너(Skinner)의 조작적 조건형성, 반두라(Bandura)의 사회학습이론이있다.

1) 고전적 조건화

러시아의 생리학자인 파블로프(Ivan P. Pavlov, 1849~1936)는 개를 이용한 소화연구에서 음식을 주면 침을 흘리는 타액반사실험을 통해 고전적 조건화(classical conditioning)를 연구하였다. 파블로프는 개의 침분비를 측정할 수 있는 장치를 고안해 개의 입에 먹이가 들어갈 때마다 침이 분비되는 것을 발견하였다. 실험을 반복하던 중 파블로프는 개가 먹이가 없는 상황에서 단지 먹이를 주는 조교의 발자국 소리를 듣거나 먹이 그릇만 보고도 침을 흘리는 현상을 발견하였다. 이후 파블로프는 먹이와 함께 종소리를 들려주었더니 개는 종소리만 듣고도 침을 흘리게 되었다.

고전적 조건화란 중성 자극(종소리)이 무조건 자극(음식)과 반복 제시(연합)되면서 조건화되어 조건 반응(침)을 유발하게 된 것이다.

파블로프는 이를 조건화로 설명하였다. 개는 음식(무조건 자극, Unconditioned Stimulus: UCS)을 보거나 냄새를 맡으면 침(무조건 반응, Unconditioned Response: UCR)을 흘리는데, 이때 분비되는 침은 무조건 반응이 된다. 반면 종소리는 중립적인 자극(Neutral Stimulus: NS)이다. 먹이와 함께 종소리가 반복 제시되면서 두 자극은 연합되어 개는 종소리를 듣고도 침(조건 반응, Conditioned Response: CR)을 흘리게 된다. 즉, 음식과 종소리가 함께 반복적으로 제시되면서 개가 종소리만으로도 침을 흘리게 된 것이다. 고전적 조건화에 따르면 이는 중성 자극(종소리)이 무조건 자극(음식)과 반복 제시(연합)되면서 조건화되어 조건 반응(침)을 유발하게 된 것으로 설명할 수 있다. 이렇게 중성 자극과 무조건 자극을 반복 제시하는 과정을 조건화 과정이라고 한다.

2) 조작적 조건화

스키너(B. F. Skinner, 1904~1990)는 스키너 박스라고 하는 실험도구를 고안해 비둘기와 쥐 등 동물을 이용해 조작적 조건형성(operant conditioning)을 연구하였다. 스키너 박스 안에는 지렛대가 설치되어 있는데, 그것을 누르면 먹이가 나오도록 되어 있었다. 박스 안에 담긴 쥐가 우연히 지렛대를 누르자 먹이가 한 조각 나오고 쥐는 이것을 반복경험하면서 점차 지렛대를 누르는 행동을 더 많이 하게 된다. 이것이 '강화'이다. 반면 지렛대를 누르면 바닥에 설치된 철사를 통해 가벼운 전기 자극이 제시되는 박스에서는 쥐의 지렛대를 누르는 행동이 점차 감소하게 되는데, 이것이 '처벌'의 개념이다. 즉, 유기체의 행동은 그 행동의 결과가 보상인지 처벌인지에 따라 행동의 빈도가 증가되거나 감소될 수 있다. 다시 말해 행동의 결과로 보상이 제시되면 그 행동은 증가하고 행동의 결과로 처벌이 따르면 그 행동은 감소하게 된다는 것이 조작적 조건화의 원리이다.

행동의 결과로 보상이 제시되면 그 행동은 증가하고, 행동의 결과로 처벌이 따르면 그 행동은 감소하게 된다는 것이 조작적 조건화의 원리이다.

(1) 강화와 처벌

행동에 대한 결과 중 행동의 발생 비율을 높이는 것이 강화(reinforcement)이고, 행동의 발생 비율을 낮추는 것이 처벌(punishment)이다.

강화와 처벌은 혼동되기 쉬운데 결과적으로 행동의 빈도가 높아지면 강화, 낮아지면 처벌로 볼 수 있다. 즉, 반복 제시로 인한 조건형성 이후 행동의 발생 빈도가 높아졌다면 그것은 강화이고, 반대로 낮아졌다면 그것은 처벌이다. 강화의 목적은 행동의 장려이고, 처벌의 목적은 행동의 억제이다. 여기에 자극을 제시하면 '정적'이 되고, 있던 자극을 제거하면 '부적'의 개념을 추가할 수 있다.

행동에 대한 결과 중 행동의 발생 비율을 높이는 것이 강화이고, 행동의 발생 비율을 낮추는 것이 처벌이다.

표 9-1 강화와 처벌

	정적	부적	목적
강화	선호자극 제시	혐오자극 제거	행동장려
	보너스 급여, 성과급 제시, 포상 휴가, 상장 수여	승강기의 과적신호음, 안전벨트 경고음, 냉장고 경고음	
처벌	혐오자극 제시	선호자극 제거	행동억제
	신호위반벌금, 지각청소, 음주운전면허취소	텔레비전 시청시간 제한, 타임아웃, 외출금지, 스마트폰 사용제한시간	

행동의 결과로 긍정적인 자극을 제시하여 행동을 강화시키는 경우 이를 '정적 강화'라 하고, 행동의 결과로 부정적인 자극을 제거하여 행동을 강화시키는 것을 '부적 강화'라 한다.

따라서 행동의 빈도를 높이기 위해서 그의 결과로 긍정적인 자극을 제시하여 행동을 강화시키는 경우 이를 '정적 강화'라 한다. 예를 들어, 칭찬, 보상, 인정 등 긍정적인 자극을 제시하여 행동을 강화할 수 있다. 더불어 기존에 있던 부정적 자극(혐오 자극)을 제거시켜 행동을 강화시킬 수도 있는데, 이것은 '부적 강화'라 한다. 예를 들어, 승강기에 너무 많은 사람이 타게 되면 경고음이 나게 되는데, 이때 누군가 내리면 경고음이 멈추도록 설계한다면 경고음은 적절한 무게만 적재시키는 행동을 부적 강화시키게 된다. 유사한 예로 자동차의 안전벨트를 착용하지 않았을 때 들리는 경고음과 냉장고 문이 열려있을 때 나는 경고음 등이 있다.

행동의 결과로 혐오자극을 제시하여 행동을 억제하는 경우 이를 '정적 처벌'이라 하고, 행동의 결과로 긍정적인 자극을 제거하여 행동을 억제시키는 것을 '부적 처벌'이라 한다.

한편 행동의 결과에 따라 행동의 빈도가 낮아진다면 이는 처벌이 되는데, '정적 처벌'이란 혐오자극을 제시함으로써 행동의 빈도를 낮추려는 것이다. 예를 들면, 학생이 지각할 때마다 화장실 청소를 시키거나, 신호위반 자동차에 벌점을 부과시키는 것, 음주운전자에게 면허정지를 부과하는 것 등이 이에 해당된다. '부적 처벌'은 기존에 존재하는 긍정적 자극을 박탈함으로써 행동의 빈도를 낮추려는 것이다. 예를 들면, 자녀가 규칙을 어길 경우 텔레비전의 시청이나 스마트폰을 압수하는 것과 장난감을 갖고 서로 싸우는 형제에게 양쪽 모두 장난감을 갖고 놀지 못하게 하는 것 등이 될 수 있다.

(2) 조형(조성)

강화나 처벌을 받게 되는 목표행동이 나타나기 전 목표행동과 유사한 행동이 나타났을 때 강화하는 방법을 이용해 점진적으로 목표행동에 다가가도록 행동을 조작하는 것이 조형(shaping)이다. 스키너 박스에 있는 비둘기에게 목표행동인 레버 누르기를 빠르게 학습시키기 위해 조형을 사용하였다. 처음에는 비둘기가 레버를 바라보기만 해도 먹이를 주고, 점차 레버 근처에 다가갔을 때 먹이를 주면서 최종적으로 레버를 누르는 목표행동을 학습할 수 있었는데 이것이 바로 조형을 이용한 학습이다.

> 목표행동이 나타나기 전 목표행동과 유사한 행동이 나타났을 때 강화하는 방법을 이용해 점진적으로 목표행동에 다가가도록 행동을 조작하는 것이 조형이다.

3) 사회학습이론

고전적 조건화와 조작적 조건화가 유기체의 직접적인 경험을 통한 학습을 바탕으로 이뤄진 조건화였다면, 사회학습이론(social learning theory)은 유기체가 직접 경험하지 않아도 학습이 가능하다고 설명한다. 더불어 학습이 되었어도 행동으로 발현되지 않을 수 있음을 인정하는데, 이는 앞서 두 조건화 과정에서 경시했던 '인지(cognition)'의 역할을 학습과정에 포함시켜 인정했다는 점에서 획기적이다. 다시 말해 학습과 행동의 발현이 다를 수 있다는 것을 인정함으로써 학습기제와 행동의 선택에 미치는 인지기제가 다르다는 체계의 변화를 가져온 것이다.

반두라(Albert Bandura, 1925~)는 보보인형을 이용한 아동의 공격적 행동을 연구하였다. 실험에서 보보인형에게 공격적인 행동을 보인 성인모델을 관찰한 아동은 보보인형에게 공격적 행동을 하였고, 보보인형에게 다정한 행동을 보인 성인모델을 관찰한 아동은 모델과 같은 행동을 하였다. 즉, 아동은 모델을 관찰함으로써 행동을 모방한 것이다. 이러한 행동의 학습은 모방 학습(modeling), 대리 학습(vicarious learning), 관찰 학습(observational learning)으로도 불리운다.

> 반두라는 보보인형을 이용한 아동실험을 통해 유기체가 직접 경험하지 않고 단지 모델을 관찰함으로써 행동을 학습할 수 있다고 하였다. 이는 조건화 과정에서 '인지'의 역할을 포함시킨 사회학습이론으로 모방학습, 대리 학습, 관찰 학습으로 불리운다.

우리는 관찰로 학습한 행동을 반드시 행동으로 옮기진 않는다. 반두라는 이를 관찰 학습의 4단계로 설명한다. 먼저 관찰 대상이 되는 모델의 행동에 관심을 갖고 주목한다(주의과정, attention). 그 다음 모델의 행동을 기억에 담아 저장하고(저장과정, retention), 적절한 상황에서 행동하기로 선택한다(동기화과정, nativational process). 그런 다음 그 행동을 실제 자신의 행동으로 옮기게 된다(운동재생과정, motor reproduction). 반두라는 사회학습이론을 통해 우리가 배웠지만 배운 대로 행하지 않고, 알고 있지만 행하지 않는 행동들을 설명할 수 있었다. 그러한 예로는 형이 동생을 때리는 것을 본 둘째가 부모가 있을 때는 동생에게 잘해주다가 부모가 없는 틈을 타서 동생을 때리는 행동을 하는 경우와 무단횡단을 하는 성인을 본 청소년이 경찰이 있을 때는 횡단보도로 건너고 경찰이 없을 때는 무단횡단을 하는 경우를 들 수 있다.

관찰학습의 4단계는 주의과정, 저장과정, 동기화과정, 운동재생과정으로 구성된다.

3 상담목표 및 과정

행동주의 상담은 과학적이고 능동적이며 현재중심적이다. 또한 학습중심적인 기본 특성을 지닌다(Spiegler & Geuvremont, 2004). 행동주의 상담의 특징을 정리해보면 다음과 같다.

① 행동치료는 객관성, 정확성, 경험적 검증 등 과학적 접근을 강조한다. 행동치료는 문제행동에 대한 평가와 문제행동에 이르는 일련의 상담과정에 대해 구체적인 지침과 평가방법, 기준을 명시하고 이를 따른다. 더불어 이러한 과정에서 기존의 연구와 실험에서 입증된 것들만 사용하기를 권한다.

② 최근의 행동치료는 내담자를 치료자의 지시에 따르기만 하는 수동적인 존재로 보지 않는다. 내담자는 자신의 문제를 평가, 변화시키

고, 그 결과를 평가해 비교하는 과정에 직접 참여한다. 또한 변화된 행동을 실생활에서 검증하고 일반화시키도록 노력하는 자기행동변화의 주체적인 역할을 한다.

③ 행동치료는 과거의 경험이나 무의식, 부모의 양육방법보다 현재 환경에서의 행동에 초점을 둔다. 이렇게 되면 내담자는 자신의 행동에 대한 주도성과 책임감을 더 느낄 수 있게 된다.

④ 행동치료는 모든 행동을 학습된 행동으로 바라본다. 물론 유전적으로나 생물학적으로 발생된 행동도 인정하지만 대부분의 행동은 학습된 것으로 가정한다. 따라서 그 행동이 부적응적이라면 새로운 행동을 학습해 적응적으로 변화시킬 수 있다.

행동주의상담은 과학적 접근을 기반으로 내담자의 적극적인 참여를 강조하며 현재의 행동에 초점을 두고 내담자의 적응을 돕는 새로운 행동의 학습에 관심을 둔다.

그 밖에 행동주의 심리상담은 표준화된 치료 과정과 과학적으로 입증된 치료 방법을 단계적으로 사용하여 진행되고, 개인과 그가 처한 환경에서의 상호작용을 바탕으로 개별화된 치료를 실시하여 치료 방법의 선택과 강도의 조절이 가능하다. 행동주의 심리상담은 기존의 전통적인 상담 방식에 비해 치료 회기가 짧고 치료 방법을 패키지로 사용할 수 있다. 무엇보다 상담 효과의 객관적인 평가가 가능하다는 점에서 독특하다. 이렇듯 상담의 목표를 설정하고 이를 구체화시켜 평가를 가능하게 한 것은 행동주의 상담이론의 주요한 기여점이다.

행동주의 심리상담의 기여점은 표준화된 치료 과정, 과학적인 치료 방법, 개별화된 치료, 짧은 회기, 치료 방법의 패키지화, 상담 치료의 객관적 평가 등이 있다.

1) 상담의 목표

대부분의 문제행동은 그가 처한 환경에서 후천적으로 학습된 것으로 부적응적 행동 역시 학습의 결과물이다. 따라서 상담의 목표는 문제행동을 객관적으로 평가하고 이를 바탕으로 문제행동을 제거하거나 보다 긍정적인 행동(대안행동)을 새롭게 학습하여 적응적인 행동으로 변화시키는 것이다. 이러한 일련의 과정은 과학적이고 객관적인 평가와 과정을 수반한다.

행동주의 상담에서 목표설정과 목표평가는 과학적이고 체계적인 방법으로 개별화되고 이를 통해 상담의 효과를 평가한다.

상담목표는 개인이 처한 환경에서의 적응 수준에 따라 개별화되어야 하지만, 목표를 설정하고 상담을 진행하는 과정은 과학적이고 체계적이어야 한다. 상담목표는 구체적이어야 하고, 관찰이 가능해야 하며 측정할 수 있는 행동용어로 기술되어야 한다. 비록 초기 행동주의는 인간을 수동적인 존재로 보았지만 현대 행동주의 상담에서는 상담목표를 설정하고 진행해 나가는 데 있어 내담자와의 협력과 변화를 위한 능동적인 참여를 강조한다.

상담목표는 내담자와 함께 설정해야 하는데, 내담자가 이해할 수 있도록 상담목표는 분명하고 구체적이며, 이해하기 쉽고 측정할 수 있는 것이어야 한다. 예를 들어, 학교성적이 낮은 문제로 상담을 요청한 청소년의 경우 문제행동은 '수학성적이 50점이다'로 구체적으로 정의하고, 상담목표는 '50점인 수학점수를 중간고사 때까지 60점으로 올리기'로 설정할 수 있다. 상담목표설정은 상담의 진행을 방향짓고 상담 결과를 측정해 상담 효과를 평가해야 하므로 중요하다.

2) 상담의 과정

(1) 상담관계

행동주의 상담에서 변화를 이끄는 것은 정확한 평가와 목표설정, 적절한 행동주의 기법의 체계적인 사용에 있지만, 행동의 변화와 변화된 행동의 유지라는 목표달성을 위해 내담자와 상담자가 상호협력적인 작업관계를 맺는 것이 중요하다.

행동주의 상담자와 내담자는 행동의 변화와 변화된 행동을 유지하는 목표달성을 위해 상호협력적인 작업관계를 맺는 것이 중요하다(Beck, 2005). 행동주의 상담자는 내담자의 부적응을 행동적으로 잘 개념화하고 이것을 객관적으로 평가하여 원하는 만큼의 변화를 이끌어내기 위해 체계적인 계획을 수립한다. 상담자는 계획에 따라 내담자의 행동을 측정, 평가하고 이를 목표치와 비교하여 상담 전략을 수정하는 등 상담목표를 달성하기 위한 체계적인 절차를 따른다. 행동주의 상담자는 상담자의 온정, 공감, 신뢰, 진실성, 수용 등 관계 변인을 행동변화의 필요충분요건으로 보지 않는다. 행동주의 상담에서 변화를 이끄는 것은 정확한 평가와 목표설정, 적절한 행동주의 기법의 체계적인 사용에 있지만, 그럼에도 불구하고 조화로운 상담자와 내담자의 관계는 상담기법의 효과를 강화시키는 데 중요하다.

(2) 청소년 내담자의 경험

청소년 내담자는 행동주의 상담을 시작하기에 앞서 행동주의 상담의 과정, 방법, 목적 및 상담자와 청소년 내담자의 역할에 대한 교육을 받고 상담을 시작한다. 청소년 내담자는 상담에 참여할 때 변화하고자 하는 의지와 동기를 지니고 적극적으로 참여해야 한다. 청소년 내담자는 자신의 부직응을 유발하는 문제행동을 평가받고 이것의 수정과 새로운 대안행동의 학습을 위해 맥락과 상황을 분석받는다. 이후 역할놀이, 모방, 행동시연 등을 학습하고 시도해 본 후 상담자로부터 피드백을 받는다. 상담의 마지막 부분에서는 행동적 과제를 부여받을 수 있는데 이러한 과제를 적극적으로 수행하여 협조해야만 상담의 목표를 달성할 수 있다. 상담의 목표를 달성하는 것은 목표로 한 행동의 변화뿐 아니라 변화된 행동과 생활양식이 상담장면뿐 아니라 일상 생활로 확대되고, 그 효과가 상담 종결 이후까지 지속되어야 성공적이라고 말할 수 있다.

내담자는 자신의 부적응을 유발하는 문제행동을 평가받고 이것의 수정과 새로운 대안행동의 학습을 위해 맥락과 상황을 분석, 역할놀이, 모방, 행동시연 등을 학습하고 상담자로부터 피드백을 받는다.

4 상담기법

1) 고전적 조건화를 이용한 상담기법

고전적 조건화를 이용한 상담기법으로는 혐오기법, 노출법, 체계적 둔감법 등이 있는데, 주로 부정적인 행동의 감소, 증상의 제거 등에 활용되어 왔다.

(1) 혐오기법

혐오기법은 바람직하지 않은 행동이나 제거하고자 하는 행동을 부정적인 자극과 연합시켜 감소시키는 방법으로, 알코올 중독, 흡연, 약물중독, 강박증, 도박 등 행위중독의 증상 억제에 효과적이다.

혐오기법(aversive method)은 바람직하지 않은 행동이나 제거하고자 하는 행동을 부정적인 자극과 연합시켜 감소시키는 방법이다. 즉, 혐오 조건화를 학습시켜 행동의 빈도를 감소시키는 방법이다. 예를 들면, 알코올 중독을 치료하기 위해 알코올에 쓴맛이나 구토제를 넣어 청소년 내담자에게 반복적으로 마시게 하면 내담자는 알코올만 봐도 쓴맛이나 구토를 경험할 때의 혐오스러운 느낌을 느끼게 되어 알코올 섭취를 줄이게 된다. 혐오기법은 주로 알코올 중독, 흡연, 약물중독, 강박증, 도박 등 행위중독의 증상 억제에 효과적이다.

(2) 노출법

청소년 내담자가 싫어하거나 두려워하는 자극을 반복적으로 노출시킴으로써 부정적 감정을 감소시키는 방법이 노출법(exposure)이다. 예를 들어, 강아지를 두려워하는 아이에게 강아지와 관련된 소품을 계속 제시하거나 실제 강아지와 함께 생활하도록 하는 것이다. 만일 실제 자극을 이용한 노출법(in vivo exposure)이 불가능한 경우 상상을 통한 심상적 노출법(imaginary exposure)이 가능하다. 한편 작은 강아지부터 시작해 점차 큰 강아지로 노출을 확대시킬 수 있는데, 이런 경우를 점진적 노출법(graduated exposure)이라 한다. 반면 홍수법(flooding)처럼 강한 불안을 유발하는 자극에 지속적으로 노출시켜 부정적 감정을 해소시키는 급진적 노출법(intensive exposure)이 있다. 예를 들어, 놀이기구를 두려워하는 사람에게 계속해서 놀이기구를 타게 해 불안감을 감소시키는 방법이 있다. 그러나 노출법의 경우 청소년 내담자가 불쾌감을 느끼거나 불안감을 더 증가시킬 수 있기도 하며, 윤리적인 문제도 수반될 수 있어 사용하기에 앞서 충분한 준비와 청소년 내담자와의 상의가 필요하다.

노출법은 내담자가 싫어하거나 두려워하는 자극을 반복적으로 노출시킴으로써 부정적 감정을 감소시키는 방법으로, 실제적 노출법, 심상적 노출법, 점진적 노출법, 급진적 노출법 등이 있다.

(3) 체계적 둔감법

남아프리카공화국의 월피(Wolpe, 1915~1997)가 개발한 기법이 체계적 둔감법(systematic desensitization)이다. 이 기법은 불안장애에 가장 광범위하게 사용되고 실증적으로 연구되어온 행동주의 심리상담기법 중 하나이다. 먼저 청소년 내담자는 자신이 경험하는 불안의 위계를 작성하고, 이를 상상하는 훈련과 함께 신체적 이완을 훈련받는다. 그런 후에 청소년 내담자가 불안을 느끼는 자극에 관한 상상과 신체적 이완상태를 연합시켜 조건학습을 시킨다. 이는 불안자극과 공포반응(신체적 긴장과 가쁜 호흡, 땀 등 불안에 대한 신체적 반응)의 연합을 깨고 불안자극과 이완신체반응을 새롭게 조건화시키는 과정으로 파블로프의 역조건 형성에 해당된다. 역조선형성이 학습되면 청소년 내담자가 불안을 느꼈던 자극을 경험할 때 불안반응이 아닌 이완반응이 조건 반응으로 경험될 것이다. 체계적 둔감법의 절차는 ① 근육이완훈련, ② 불안의 위계작성, ③ 불안의 위계에 따라 낮은 수준의 불안부터 이완상태와 점진적으로 짝지어 경험하기(불안자극과 이완상태를 연합시키기)로 구성된다. 이때 불안의 위계 중 가장 낮은 수준부터 시작해 점차 높은 수준의 불안을 야기하는 자극으로 이동하면서 이완을 연합시키는 것이 중요하다.

> 체계적 둔감법은 불안을 느끼는 자극에 관한 상상과 신체적 이완상태를 연합시켜 조건학습을 시키는 방법으로, 불안의 위계에 따라 낮은 수준부터 시작해 점차 높은 수준의 불안을 야기하는 자극으로 이동하면서 이완을 연합시킨다.

2) 조작적 조건화를 이용한 상담기법

조작적 조건화를 이용한 상담기법으로는 토큰경제, 행동조형이 있는데, 주로 교육장면이나 바람직한 행동의 학습과 훈련, 성과를 올려야 하는 조직체 등에서 활용되어 왔다.

(1) 토큰경제

토큰경제(Token economy)란 바람직한 행동을 강화시키고, 바람직하지 않은 행동은 소거하도록 동기화하는 방법이다. 즉, 청소년 내담자가 목표행동을 하게 되면 토큰을 받게 되고, 그렇지 않을 때에는 토큰을 받지 못하거나 바람직하지 않은 행동을 하게 되면 토큰을 잃게 된다. 모여진 토큰은 청소년 내담자가 원하는 행동을 하거나, 행동의 위계표에 따라 모여진 토큰의 양에 따른 상을 받을 수 있다.

토큰경제는 바람직한 행동을 강화시키고, 바람직하지 않은 행동은 소거하도록 동기화하는 방법으로 강화와 처벌의 원리를 이용한 기법이다.

이는 조작적 조건화의 강화와 처벌의 원리를 이용한 제도로, 우리는 이미 다양한 토큰경제에 대한 경험이 있다. 유치원이나 초등학교에서 바람직한 행동을 보인 학생에게 스티커를 하나씩 주고 이를 모으면 상을 주는 방식, 커피전문점에서 커피를 마실 때마다 도장을 받고 10번의 도장이 모이면 커피 한 잔을 무료로 주는 방식, 배달음식을 시킬 때마다 쿠폰을 나눠주고 이것이 모이면 무료로 음식을 배달받을 수 있는 방식, 기업체에서 성과를 그래프로 표시하고, 이에 따라 성과급을 제공하거나 표창장을 수여하는 방식 등이 이에 해당된다.

(2) 행동조형

행동조형은 목표행동에 도달하기 위해 하위 과정들을 단계적으로 강화시키면서 최종의 목표행동을 학습시키는 방법이다. 행동조형은 차별적 강화(differential reinforcement)와 점진적 접근(successive approximation)을 포함하며, 조형을 시작하기 위해서는 목표행동과 시작행동을 구체화시켜야 한다. 차별적 강화란 특정 행동만을 강화하고 다른 행동은 강화하지 않는 것을 의미하고, 점진적 접근이란 점차 목표행동에 접근해 가는 행동을 강화하는 것이다.

행동조형은 차별적 강화와 점진적 접근을 이용해 하위 과정들을 단계적으로 강화시키면서 최종의 목표행동을 학습시키는 방법이다.

예를 들어, 수학시간에 엎드려 자는 학생에게 수업시간에 질문을 하는 행동(목표행동)을 조형하기 위해서는, 먼저 수학시간에 엎드려 자는 학생을 깨워 눈을 뜨고 앉아있을 때(시작행동) 칭찬을 한다. 그 후로는 앉아있는 행동에는 더 이상 강화를 하지 않고 선생님을 쳐다보는 행동을 할 때 칭찬을 한다(차별적 강화). 점차 선생님을 쳐다보는 행동이 강화되어 집중하는 모습을 보인다면, 이제는 간단한 질문을 해서 학생이 대답을 하도록 유도하고, 대답을 하면 칭찬을 강화한다(점진적 접근). 점차 질문에 적극적으로 대답을 하게 되면 이제 대답하는 행동에 칭찬을 하지 않고 자발적으로 질문을 하는 경우(목표행동)에만 칭찬을 한다. 이렇게 되면 조금씩 목표행동에 접근하는 행동이 강화되어 결국에는 목표행동이 강화되게 된다.

3) 관찰 학습을 이용한 상담기법

관찰 학습을 이용한 상담기법은 모델링이 있다. 모델링 기법은 주로 새로운 적응행동을 학습하고 훈련시키는 데 사용된다.

(1) 모델링

모델링(modeling)은 자신이 직접 경험하지 않아도 모델을 통해 행동을 학습하는 것으로 모델의 행동을 관찰하고 모방함으로써 행동을 학습한다. 더불어 모델 행동 이후 어떠한 결과가 이어지는지를 관찰함으로써 대리적 강화(vicarious reinforcement)나 대리적 소거(vicarious extinction)가 이뤄진다. 즉, 모델이 행한 행동의 결과가 긍정적이었다면 관찰자의 모방 가능성이 증가되고, 반대로 부정적인 행동이 이어졌다면 그 행동에 대한 모방 가능성은 줄어든다.

모델링은 관찰자에게 다섯 가지 기능을 한다(Spiegler & Guevremont, 2004). 즉, 관찰자는 모델을 관찰함으로써 새로운 행동을 학습하고(교수, teaching), 그것을 본 관찰자가 따라하도록 고무시킨다(촉진, prompting). 만일 모델의 행동 결과가 긍정적이었다면 같은 행동을 하도록 하는 동기를 부여하고(동기부여, motivation), 반대로 좋지 않은 결과가 이어진다면 행동을 모방할 가능성을 억제시킬 수 있다(억제, discouraging). 또한 불안을 일으키는 행동을 모델이 안전하게 행하는 것을 보게 되면 관찰자의 불안을 감소시킬 수 있다(불안감소, reducing anxiety).

모델링은 모델의 행동을 관찰하고 모방함으로써 행동을 학습하는 것으로 교수, 촉진, 동기부여, 억제, 불안감소의 기능을 한다.

CHAPTER 10

인간중심 상담

학습주제

1. 인간중심 상담의 인간관은 어떠한가?
2. 인간중심 상담의 주요 개념은 무엇인가?
3. 인간중심 상담의 상담목표는 무엇이며 상담과정은 어떠한가?
4. 인간중심 상담에서 사용되는 상담기법은 무엇인가?

> 인간중심 상담은 로저스의 이론에 근거하여 발전된 상담기법이다.

인본주의를 근간으로 하는 인간중심(Person-Centered) 상담은 로저스(Carl Rogers, 1902~1987)의 이론에 근거하여 발전된 상담기법으로 개인에게 성장할 수 있는 분위기가 제공한다면 그 개인은 자신의 가능성을 개발하고 변화하려 할 것이라고 본다. 또한 인간중심 상담은 실존주의 접근의 기본이 되는 현상학적 관점의 영향을 받았다. 현상학에서는 내담자의 지각, 즉 내담자의 주관적인 세계를 강조하는데, 인간중심 상담에서도 내담자가 자신의 주관적인 세계를 이해하는 것을 중요하게 여긴다. 간략하게나마 인간중심 상담의 발전 과정을 살펴보면 다음과 같다.

1940년대의 인간중심 상담은 지시적인 접근 혹은 전통적인 정신분석적 접근에 반대하고 비지시적인 측면을 강조해 비지시적인 접근(nondirective approach)으로 불렸다. 1950년대에 이르러서는 내담자를 중시하여 상담자나 치료자 중심치료가 아닌 내담자 중심(client centered) 심리상담/치료로 불려졌다. 내담자 중심(client centered) 심리상담/치료에서는 내담자를 의존적인 내담자로 보기보다는 한 사람의 책임감 있는 내담자로 보아야 한다는 점을 강조한다. 1960년대에는 심리상담/치료 과정과 결과에 대한 많은 연구를 통해 내담자 중심 접근을 계속 수정·보완하였고, 1970년대와 1980년대에는 이 상담기법이 일반인뿐 아니라 교육이나 문화 등 광범위한 장면에 적용되었으며 로저스의 이론은 인간중심(person-centered) 접근으로 알려지게 되었다.

로저스의 생애

인간중심 상담의 대표자인 로저스(Carl Rogers, 1902~1987)는 청교도 윤리와 근면성을 강조하는 가정에서 5남 1녀 중 넷째로 태어났다. 그의 부모님은 친밀하고 따뜻했지만 종교적 규범을 엄격하게 따르기를 강요하며 오락은 억제되었다. 로저스가 12세가 되던 해에 가족과 함께 시카고 서부지역에 있는 농장으로 이주하였는데, 그의 부모가 자녀에게 정직한 노동의 가치와 기독교적 신앙을 심어주기 위해 도시생활의 유혹으로부터 벗어난 농촌생활이 더 나을 것이라고 판단했기 때문이다. 친구를 사귈 기회가 거의 없어 외로운 소년 시절을 보내며, 독서와 상상, 성찰 등의 활동으로 혼자 시간을 보내며 지냈다고 한다. 농촌에서 지내면서 농업에 흥미를 갖게 되어 대학에서 농학을 전공했으나 2학년 때 기독교청년협의회에 참석한 후 목사가 되기로 목표를 정하고 전공 분야를 역사학으로 바꾸었다. 이듬해 국제기독학생연합회에 미국 대표로 참석하면서 부모의 종교적 통제에서 벗어나 심리적 독립을 이루게 되었고, 이후 부모의 반대에도 불구하고 헬렌과 결혼을 하였다. 결혼 후 목사가 되기 위해 신학 공부를 시작하였으나 자신이 목사라는 직업에 어울리지 않는다는 것을 알게 되었고, 임상심리학 과목을 수강하게 되면서 전공을 신학에서 심리학으로 바꾸었다.[1)]

로저스는 교육, 사회사업, 상담, 심리치료, 집단상담, 편화, 대인관계 등 다양한 분야에서 학문적 권위를 갖고 있으며 심리치료에서 인본주의 운동을 시작하고 발전시켰다. 내담자와 상담자 관계가 성장과 변화의 도구의 핵심이라는 그의 생각은 상담 및 심리치료 분야에서 많은 영향을 미쳤다. 로저스는 '심리치료 연구의 아버지'라고도 불리는데, 이는 그가 처음으로 실제 상담 회기 축어록을 분석해서 상담 과정을 심층적으로 연구하였으며, 양적 방법을 사용해 심리치료에 대한 중요한 연구를 수행한 최초의 임상가였기 때문이다.[2)] 내담자 중심 상담의 핵심은 1942년에 발간된 「상담과 심리치료(Counseling and psychotherapy)」에 담겨져 있다. 로저스는 이 책에서 '내담자(client)'라는 용어를

1) 권석만(2014). 현대 심리치료와 상담이론-마음의 치유와 성장으로 가는 길. 서울: 학지사.
2) 천성문, 권선중, 김인규 외 공역(2017). 심리상담과 치료의 이론과 실제 제 10판. 서울: 학지사.

처음 사용하였다. 로저스는 변화와 성장의 기본 과정은 상담자가 내담자로 하여금 자기 탐색을 할 수 있도록 안정적인 분위기를 제공할 때 촉진된다고 보았다.[3] 로저스는 생애 마지막 15년 동안 정책 입안자, 지도자, 갈등 집단을 훈련시킴으로써 정치에 인간중심 접근을 적용하기도 하였다. 가장 힘썼던 분야는 인종 간 긴장완화와 세계평화로 이러한 업적에 힘입어 노벨평화상 후보자로 지명되기도 하였다. 1987년에 낙상하여 허리 골절상을 입은 후 성공적인 수술을 받았음에도 불구하고, 수술 당일 밤 심장이상으로 며칠 뒤 자신이 그토록 원했던 "신을 신고 항상 앞을 바라보면서"의 삶을 마감하였다.

1 인간관

인간중심 상담은 무의식의 영향을 강조하는 정신분석 상담과 수동적인 인간관을 취하는 행동주의 상담에 반대한다. 인간중심 상담이론에서는 청소년 내담자의 성장을 촉진할 수 있는 존경과 신뢰의 분위기만 갖추어진다면 청소년 내담자는 스스로 성장의 방향으로 나아갈 수 있는 잠재력을 지닌 존재로 본다. 인간은 자신을 실현하기 위한 기본적 동기를 지니고 있으며, 자신을 실현하기 위해 스스로를 조절하고 인생의 목표와 행동 방향을 결정하는 능력을 지니고 있다. 또한 인간의 경험은 주관적인 것으로 간주하는데, 똑같은 환경에 처하더라도 그것에 대한 경험은 각자 다를 수 있기 때문이다. 이러한 점에서 인간중심 상담에서는 매 순간에 경험하며 느끼는 감정을 중시한다.

인간중심 상담은 정신분석 상담의 결정론적 입장에 반대하며, 촉진적인 분위기만 형성된다면 스스로 성장해 나갈 수 있는 잠재력을 지닌 존재로 본다.

로저스는 일치성 및 진솔성, 무조건적 긍정적 존중, 공감적 이해가 인간을 앞으로 전진하게 하며 성장 촉진적인 분위기를 형성하게 한다고 보아 이 3가지를 인간 성장을 위한 필요충분조건이라 제안하였다. 진실성, 무조건적 긍정적 관심, 공감적 이해가 잘 전달되면 청소년 내담자는 방어기 약화되어 자신을 더욱 개방적으로 보게 되며 건설적인 방향으로 행동할 것이라 믿었기 때문이다.

인간중심 상담의 성장 촉진적인 분위기란 일치성 및 진솔성, 무조건적 긍정적 존중, 공감적 이해이다.

3) 주은선 역(2017). 칼 로저스의 심리치료-사례와 해설. 서울: 학지사.

2 주요 개념

로저스는 성격발달 그 자체보다는 인간의 발달과 변화에 초점을 두었다. 그러나 유아기나 아동기 초기에 유의미한 타인이 아동을 어떻게 평가했느냐에 따라 긍정적 혹은 부정적 자아상을 발달시킬 수 있음을 강조하였다. 로저스의 상담이론을 이해하기 위한 주요 개념을 살펴보자.

1) 유기체와 자기

> 유기체란 모든 경험의 소재인 전체로서의 개인을 의미한다. 인간중심 상담에서 유기체의 경험은 현상학적 장을 구성한다.

유기체(organism)란 각 개인의 신체, 정서, 인지를 모두 포함하는 전체로서의 개인을 의미한다. 전체로서의 개인은 모든 경험의 소재이다. 인간중심 상담에서는 대상이나 사건 그 자체가 아니라 개인이 대상이나 사건을 어떻게 지각하고 이해하는가에 초점을 두는 현상학적 입장을 취한다. 유기체의 경험은 '현상학적 장'을 구성하므로 인간중심 상담에서는 현상학적 장에서 내담자의 내적 경험을 이해할 것을 강조한다.

로저스 상담이론에서 중요한 또 다른 핵심 개념이 자기(self)이다. 자기는 전체적인 현상학적 장에서 분화된 부분으로 자신의 존재에 대한 각성을 의미한다. 자기가 발달함에 따라 자기와 다른 대상들을 구별할 수 있게 된다. 자기는 유기체의 경험에 따라 끊임없이 형성된다. 그러나 자기는 통합되고, 조직화된 특성을 가진 자아 개념을 유지한다. 자기개념은 타인과의 상호작용에 의해서도 영향을 받아 형성되는데, 자기개념은 '현실적 자기(real self)'와 '이상적 자기(ideal self)'로 구분된다. 현실적 자기는 현재 자신의 모습에 대한 인식이며, 이상적 자기는 자신이 원하는, 개인이 소유하고 싶은 자기의 모습이다. 이상적 자기는 자신의 실제 모습을 토대로 현실적으로 형성되기도 하지만, 주변의 중요한 타인의 기대나 사회적 기대에 의해 형성되기도 한다. 로저스는 현재 경험이 자기개념과 일치할 경우 적응을 잘할 수 있지만, 불일치할 경우 불안을 경험하며 부적응을 경험할 수 있다고 보았다.

> 자기란 통합되고 조직화된 특성을 가진 자아 개념을 유지하며, 유기체의 경험에 따라 끊임없이 형성되는 것으로 자기가 발달함에 따라 자기와 다른 대상들을 구별할 수 있게 된다.

2) 자기실현 경향성

모든 유기체는 자기 자신을 실현하고 유지하며 더 나은 방향으로 나아가고자 하는 실현화 경향을 갖는다. 이러한 유기체의 자기실현 경향성(self actualization)은 타고난 것으로 개인이 가진 모든 생리적 및 심리적인 욕구와 관련되므로 유기체를 유지하고 향상시키는 데 기여한다. 따라서 자기실현 경향성은 자신의 능력을 향상시키고 자기를 실현시키고자 하는 모든 행동의 동기가 된다.

자기실현 경향성은 자신의 능력을 향상시키고 자기를 실현시키고자 하는 행동의 동기가 되는 것이다.

3) 가치의 조건화

인간은 각자의 경험에 의해 가치를 형성해 나간다. 발달과정에서 아동은 유의미한 타인, 즉 부모의 양육 태도에 따라 가치의 조건화를 형성하게 된다. 즉, 아동은 유의미한 타인의 관심을 얻기 위해 노력한다. 그 과정에서 아동은 자신의 진정한 욕구에 충실하기보다는 유의미한 타인이 기대하는 자신의 모습에 충실하게 되는 것이다. 유의미한 타인의 기대에 따라 행동하게 되면 칭찬을 받고 인정을 받게 되는데, 이것을 가치의 조건화(condition of worth)라고 한다. 가치의 조건화는 실현화 경향성을 방해하여 진정한 자기와의 접촉을 차단하고 자기소외를 경험하게 하여 성숙한 인간이 되는 것을 방해한다.

가치의 조건화란 칭찬과 인정을 받기 위해 타인의 기대에 충실하게 살아가게 되는 것으로 자기실현을 방해한다.

4) 충분히 기능하는 사람

충분히 기능한다는 것은 현재 진행되는 경험을 완전히 지각하고 자신의 능력을 발휘하여 경험을 더욱 더 풍요롭게 하는 방향으로 나아가는 것이다. 로저스는 충분히 기능하는 사람(the fully functions person)으로서 경험에의 개방성, 실존적 삶, 자신의 유기체에 대한 신뢰, 자유의식, 창조성을 제안하였다. 이에 대한 각각의 설명은 다음과 같다(김계현 등, 2011).

충분히 기능하는 사람은 현재 자신의 경험을 잘 지각하고 자신의 능력을 발휘하여 경험을 더욱 더 풍요롭게 하는 방향으로 이끌 수 있는 사람이다. 충분히 기능하는 사람은 경험에 개방적이고 실존적인 삶을 살며 자신이라는 유기체에 대한 신뢰와 자유의식, 창조성을 지닌 사람이다.

(1) 경험에의 개방성

경험에의 개방성은 자신의 내면에서 일어나고 있는 것을 그대로 경험함을 의미한다.

경험에 완전히 개방적이라는 것은 자신의 본성, 즉 자신의 내면에서 일어나고 있는 것을 그대로 경험한다는 것을 의미한다. 경험에 개방적인 사람은 자신의 감정을 민감하게 인식하고 억압하지 않으며, 자유롭게 표현하거나 수용할 수 있으며 타인과의 관계에서도 자신을 완전히 개방할 수 있다.

(2) 실존적 삶

실존적 삶은 존재하는 순간에 충분히 삶을 영위하며 순간순간을 충실히 살아가는 것과 관련이 있다.

실존적 삶을 산다는 것은 존재하는 순간에 충분히 삶을 영위하며 삶의 순간순간을 충실히 살아가는 것이다. 로저스는 인생의 매 순간은 기존의 모든 것과 구별되는 새로운 것으로 지각된다고 보았다. 실존적 삶을 사는 개인의 또 다른 특징은 자기의 본질을 스스로 형성해 나간다는 것을 알기 때문에 자신의 경험을 중요하게 여기고 자발성을 갖는다.

(3) 자신의 유기체에 대한 신뢰

자신의 유기체에 대한 신뢰는 타인에게 의존하지 않고 자신의 경험을 판단의 기준으로 삼는 것을 말한다.

유기체적 신뢰를 갖는 사람은 자신이 해야 할 것과 하지 말아야 할 것을 판단하는 의사결정을 해야 하는 상황에서, 다른 사람들의 판단이나 견해에 의존하지 않고 자신의 유기체적 경험을 판단의 기준으로 삼는다.

(4) 자유의식

충분히 기능하는 사람은 자신의 삶에 대한 지배력을 가지고 자신의 미래를 결정한다.

로저스는 인간의 행위와 선택은 과거 경험, 생물학적 신체구조, 사회적 압력 등에 영향을 받는다는 것을 인정한다. 그러나 충분히 기능하는 사람은 자신의 삶에서 선택하고 살아가고 책임지는 것이 자신에게 있다고 믿으며, 그가 원하는 것은 어떤 것이나 실제적으로 행할 수 있다고 느끼므로 자신의 삶에 대한 지배감을 갖고 자신의 미래를 결정한다.

(5) 창조성

충분히 기능하는 사람은 자신의 삶과 관련된 모든 영역에서 독창적인 창작물을 만들어 내고 창의적 삶을 사는 경향이 있다. 그들은 자신이 속한 문화에 구속되거나 수동적으로 동조하는 것이 아니라 자신의 욕구를 만족시키고 삶의 희열을 경험한다.

충분히 기능하는 사람은 자신의 욕구를 만족시키며 창의적인 삶을 살아간다.

3 상담목표 및 과정

1) 상담의 목표

인간중심 상담의 목표는 단순히 현재의 문제를 해결하려는 데 있지 않다. 현재의 문제보다는 내담자 그 존재 자체에 관심을 가지고 내담자의 자기실현 경향성을 막고 있는 장애물을 제거하여 이를 되찾도록 돕는다. 인간중심 상담의 목표는 충분히 기능하는 사람이 되도록 돕는 것이다. 내담자가 충분히 기능하는 사람으로 존재하게 되면 자신의 능력과 개성을 최대한으로 발휘하여 마침내 자기실현이 촉진된다.

인간중심 상담의 목표는 내담자가 충분히 기능하는 사람이 되어 자신의 능력과 개성을 최대한 발휘하도록 돕는 것이다. 이런 과정을 통해 내담자의 자기실현이 촉진된다.

2) 상담의 과정

로저스는 상담의 필요충분조건을 다음의 6가지 과정으로 설명하였다.

① 상담자와 내담자가 심리적 접촉을 한다.
② 내담자는 부조화 또는 불안을 경험하고 있다.
③ 상담자는 내담자와의 관계에서 일치성을 보이며 통합적이다.
④ 상담자는 내담자를 위해 무조건적 긍정적 존중을 보인다.

⑤ 상담자는 내담자의 내적 참조 틀을 바탕으로 한 공감적 이해를 경험하고 내담자에게 자신의 경험을 전달하려 시도한다.

⑥ 내담자는 의사소통의 과정에서 상담자의 무조건적 긍정적 존중 및 공감적 이해를 지각하고 경험한다.

(1) 상담관계

인간중심 상담에서는 다른 어떤 것보다 상담관계가 중요한데 기법보다는 상담자의 태도를 강조하기 때문이다.

인간중심 상담에서는 기법보다는 상담자의 태도를 강조하므로 무엇보다도 상담관계가 중요하다. 인간중심 상담에서는 상담자가 자기 자신을 변화의 도구로 사용한다. 자신을 변화의 도구로 사용하여 내담자의 성장에 도움이 되는 분위기를 조성하는 것이다. 이런 분위기 아래 청소년 내담자는 방어가 감소하여 그동안 억압하거나 부정해 왔던 자기의 경험을 탐색할 수 있게 되며, 자신의 경험에 대해 개방적인 태도를 보이게 된다. 상담자는 진실한 보살핌, 이해, 존중, 수용의 태도로 청소년 내담자의 주관적인 세계로 들어가야 한다.

(2) 청소년 내담자의 경험

부조화 상태에 놓여진 내담자는 상담이라는 안전한 상황 아래 자기를 재조직하는 경험을 하며 본연의 자기의 모습을 찾아가게 된다.

청소년 내담자는 자기 지각과 현실 속 경험 간의 괴리상태, 즉 부조화 상태에 놓여 있다. 따라서 상담자의 지도를 받아 '길'을 찾게 되길 바라며 상담을 받으러 온다. 그러나 상담이 진행될수록 청소년 내담자는 그동안 인식하지 못했던 자신의 감정을 인식하게 될 뿐 아니라 자신의 감정에 대해 깊고 넓게 탐색할 수 있게 된다. 청소년 내담자는 상담자가 자신을 이해해 주고 수용해 준다고 느끼면서 그동안의 방어를 풀고 자신의 경험에 대해 개방적인 태도를 보이기 시작한다. 즉, 안전한 상황 아래에서 청소년 내담자들은 현실적인 사고가 가능해지며 타인을 더 정확하게 지각하고 이해할 수 있게 되는 것이다. 이러한 과정은 자기를 재조직하는 경험으로 본연의 자기가 되어 가는 과정이다. 이제 청소년 내담자는 더 이상 상담자에게 의존하지 않고 자기 자신을 있는 그대로 받아들이고, 자유로운 의사 결정을 하게 되며 이에 따라 생산적인 방식으로 행동하게 된다.

4 상담기법

1) 일치성 및 진솔성

일치성(congruence)은 상담자가 가져야 할 3가지 태도 중 가장 중요한 태도로, 상담자가 진실한 것을 의미한다. 즉, 상담자가 상담 시간에 진실한, 통합된 그리고 솔직한 모습을 보여 주는 것을 말한다. 상담자가 자신의 직업적인 모습을 벗어던지고 내적 경험과 외적인 표현이 일치하는 모습을 보여 주며, 청소년 내담자와의 관계에서 지금 여기에서 느껴지는 생각, 감정, 반응 및 태도들을 개방적으로 표현할 수 있어야 한다. 상담자의 이러한 진솔한 태도는 청소년 내담자로 하여금 상담자와 상담과정을 신뢰할 수 있게 하며, 청소년 내담자도 상담자처럼 숨김없이 상담에 임하므로 자신을 수용할 수 있는 가능성을 증가시킨다. 또한 상담자의 진실한 모습을 경험하면서 자신도 신실한 사람이 되려고 노력하게 되므로 결과적으로 상담자는 청소년 내담자의 긴장한 모델이 된다.

일치성 및 진솔성은 상담자가 진실해야 함을 의미하는 것으로, 가장 중요한 상담자의 태도이다.

2) 무조건적 긍정적 존중

무조건적 긍정적 존중(unconditional positive regard)이란 청소년 내담자를 한 인간으로서 진정으로 관심을 가져 주는 것을 의미한다. 이러한 관심은 무조건적인 것으로 청소년 내담자를 판단하는 행동을 하지 않는 것이다. 상담자는 청소년 내담자를 존중하고 조건을 달지 않으며 있는 그대로의 모

무조건적 긍정적 존중(unconditional positive regard)이란 내담자의 행동을 판단하지 않고 있는 그대로 따뜻하게 수용하는 것을 말한다.

습을 따뜻하게 수용한다. 수용은 청소년 내담자가 자신만의 신념과 감정을 가질 권리가 있음을 승인해 주는 것이다. 이를 경험한 청소년 내담자는 자유롭게 자신의 감정을 인식하고 표현할 수 있게 된다.

3) 공감적 이해

공감적 이해란 상담자가 내담자의 내적 참조 틀을 정확히 이해하여 내담자가 경험하고 있는 것에 민감해지는 것이다.

로저스에 따르면 공감적 이해(empathic understanding)란 상대방이 지각하고 있는 세계로 들어가 완전히 거기에 익숙해져, 그가 경험하고 있는 감정, 변화의 흐름에 순간순간 민감하게 되는 것이다. 인간중심 상담에서 상담자는 상담 회기 동안 모든 순간의 상호작용에 드러나는 청소년 내담자의 경험과 감정을 민감하게 탐지하고 정확하게 이해하는 것이 중요하다. 무엇보다도 정확한 공감적 이해를 위해서는 청소년 내담자만의 내적 참조 틀(internal frame of reference)을 정확히 이해해야 한다.

CHAPTER 11

인지행동치료

학습주제

1. 인지행동치료란 무엇인가?
2. 합리적 정서행동치료와 인지치료의 인간관은 어떠한가?
3. 합리적 정서행동치료와 인지치료의 주요 개념은 무엇인가?
4. 합리적 정서행동치료와 인지치료의 상담목표는 무엇인가?
5. 합리적 정서행동치료와 인지치료에서 사용되는 상담기법은 무엇인가?

인지행동치료는 정신분석에 반하여 시작된 행동치료가 그 당시 시대적 흐름인 '인지혁명'을 받아들이면서 시작되었다. 본래 행동치료는 관찰 가능한 행동을 중시하며 사고나 인지에는 크게 관심을 두지 않았다. '인지혁명'은 인간의 행동을 이해하는데 있어 인지적 요인의 중요성을 강조하는 흐름이었는데, 비록 행동치료가 인지치료와 이론적으로 다르지만, 구체적인 증상 개선이나 '지금-여기'에 초점을 두는 점이 유사하여 행동치료와 결합할 수 있었다.

> 인지행동치료는 인지를 강조하는 상담으로 합리적 정서행동치료(REBT), 인지치료(CT), 인지행동치료(CBT) 등이 있다.

현재까지 다양한 인지행동치료들이 개발되어 왔는데 인지행동치료들은 다음과 같은 특성을 강조한다는 점에서 행동치료와 유사점이 있다(천성문 등, 2017). ① 내담자와 상담자의 협력적 관계, ② 심리적 어려움은 주로 인지 과정의 혼란으로 인해 발생한다는 관점, ③ 감정과 행동의 적응적 변화를 생성하기 위한 인지적 변화 강조, ④ 현재를 강조하고 단기 상담을 지향하는 것, ⑤ 상담자의 적극적이고 능동적인 태도, ⑥ 구조화된 구체적인 표적 문제에 초점을 맞추는 교육적 개입 등이 있다.

대표적인 인지행동 상담으로는 엘리스의 합리적 정서행동치료(Rational Emotive Behavior Therapy: REBT), 벡의 인지치료(Cognitive Therapy: CT), 마이켄바움의 인지행동치료(CBT)이다. 이 책에서는 엘리스의 합리적 정서행동치료(REBT), 벡의 인지치료(CT)에 초점을 맞춰 살펴볼 것이다.

엘리스의 생애

엘리스(Albert Ellis, 1913~2007)는 1913년 미국 펜실베이나 주 피츠버그에서 유대인 부모의 2남 1녀 중 장남으로 태어났다. 그는 가난한 집안 형편과 좋지 않은 건강으로 인해 입원과 퇴원을 수차례 반복했고, 극히 내성적인 성격으로 대인관계에 어려움이 있었다. 청소년기에는 부모의 이혼으로 어린 두 동생을 돌봐야 했다. 그러나 그는 도서관에서 책을 보는 낙에 의지해 학령기를 보냈을 정도로 독서에 몰두하였다. 그는 사람들 앞에서 말하는 데 두려움이 심했고, 무엇보다 여성에게 다가가지를 못했는데 스스로 이를 치료하기 위해 브롱스식물원 앞에서 100여명의 여성에게 데이트 신청을 하는 실험을 하게 된다. 안타깝게도 단 한 명의 여성만 이에 응했고 이 여성 역시 제시간에 오지 않았다고 한다. 그러나 이러한 에피소드를 통해 엘리스는 100여명의 여성에게 거절당해도 자신이 크게 달라지는 것은 없다는 것을 깨닫고, 경험하는 사건보다는 그에 대한 자신의 생각이 중요하다는 것을 알게 된다. 엘리스는 자신이 지닌 정서적 어려움을 인지행동기법을 이용해 극복했다고 고백하였다.[1] 엘리스는 경영학을 전공하고 짧은 시간 사업을 하기도 했고, 작가가 되려고도 했으나 모두 성공적이지 못했다. 인간의 성욕에 관련된 연구를 위해 1947년 콜롬비아 대학에서 임상심리학 박사를 마쳤고 정신분석 수련을 받았으며, 병원에서 근무하기도 했으나 정신분석기법에 대한 회의를 느끼고 자신만의 이론을 개발하게 된다. 초기에는 인본주의와 행동주의를 기반으로 한 '합리치료(rational therapy)'를 고안했으나 이후 합리정서치료(rational emotive therapy)로 변경하고 최종적으로 합리정서행동치료(Rational Emotive Behavioral Therap: REBT)로 바꾸게 된다.[2] 엘리스는 1959년 비영리기관인 Rational Living Institute를 설립해 자신의 이론과 치료기법을 활발히 연구하고 적용하였다. 엘리스는 자신의 건강상의 문제와 공포증과 내성적인 성격을 스스로 잘 조절하여 93세까지 살았으며, 당뇨와 신장병, 폐렴과 청력상실 등의 질병에도 평생 80여 권의 책과 1,200편 이상의 기사[3]를 쓸 정도로 열정적으로 살았다.

---

1) Ellis, A. (1962). Reason and emotion in psychotherapy. New York: Kensington.
2) Ellis, A. (1995). Changing rational-emotive therapy (RET) to rational emotive behavior therapy (REBT). Journal of Rational-Emotive & Cognitive- Behavior

벡의 생애

벡(Aaron T. Beck, 1921~)은 미국에서 러시아계 유대인 이민자였던 부모에게서 5남매 중 막내로 태어났다. 5남매 중 두 명이 유아기에 사망을 했는데 벡 또한 백일해와 천식을 앓았고, 사고로 부러진 팔로 인해 패혈증으로 발전하기도 하였다. 이로 인해 성실한 학교생활이 어려웠으며 성적도 부진하였으나 스스로 노력하여 결국 또래 아이들보다 1년 빠르게 졸업하였다. 어려운 상황 가운데에서도 또래 아이들보다 빠르게 졸업했던 경험은 스스로를 무능하고 어리석다고 생각했던 것에서 벗어나 자신감을 갖게 만들었다. 벡은 계속 공부하여 브라운 대학에서 영어와 정치학을 전공한 후 예일 대학 의과대학에 입학하였다. 처음엔 신경학에 관심을 가졌지만 정신의학으로 전공을 바꾸었고, 1953년 펜실베이니아 대학에서 근무하며 정신분석 수련을 받았으며, 프로이트의 '우울증은 자기에게로 향하는 분노'라는 가설을 입증하려 연구를 수행하였으나 연구 결과는 프로이트의 가설이 틀렸음을 입증하는 것이었다. 벡은 환자를 치료하면서 얻게 된 경험을 통해 우울한 사람들은 인지적 왜곡이라는 논리적 오류와 역기능적인 사고가 작동함을 발견하였다. 벡은 우울증에 대한 인지이론을 개발하여 논리적 오류와 역기능적 사고를 수정함으로써 심각한 우울증 환자들을 치료하는 데 노력을 기울였다. 1979년에는 「우울증의 인지치료」를 발간하여 인지치료를 알렸으나 정신분석가들과 행동치료자들에게 심한 저항을 받았다. 그러나 이후 심리학계에 인지혁명이 확산되었으며 인지치료는 불안과 공포, 알코올중독과 약물 남용, 섭식장애와 성격장애 등 다양한 장애에 적용하게 되었다.

1 합리적 정서행동치료

엘리스(Albert Ellis, 1913~2007)는 1947~1953년에 정신분석 훈련을 받고 심리치료에 정신분석 기법들을 적용하였으나, 치료를 진행하면서 정신분석 치료에 대한 회의를 품게 되었다. 정신분석 치료 과정에서 내담자가 아무리 많은 통찰을 얻고 초기 아동기의 사건을 아무리 잘 이해해도 증상이 사라지지 않을 뿐 아니라 사라진다 하더라도 새로운 증상이 다시 나타나는 경향성이 지속됨을 발견하였다. 엘리스는 이것이 내담자가 단

Therapy, 13(2), 85-89.

3) https://en.wikipedia.org/wiki/Albert_Ellis

합리적 정서행동치료(REBT)는 Ellis에 의해 창안된 것으로 최초의 인지행동치료이다.

순히 어린 시절에 자신의 무가치성에 대한 잘못된 생각을 주입받았기 때문이 아니라, 자신과 다른 사람에 대한 역기능적인 요구를 스스로 구축하고 이러한 당위적 명령을 스스로에게 적극적으로 재주입하기 때문이라는 것을 깨닫게 되었다. 따라서 내담자의 비합리적인 신념을 변화시키기 위해서는 적극적인 지시 개입이 필요하다고 보고, 자신만의 새로운 심리치료의 이론적 체계와 기법을 구축하였다(권석만, 2014).

엘리스의 합리적 정서행동치료는 최초의 인지행동치료이다. 엘리스는 에픽테투스(Epictetus)의 "인간을 당황하게 하는 것은 사건 그 자체가 아니라 사건을 바라보는 관점"이라는 말을 자주 인용하였다. 이는 사건 그 자체라기보다는 그 사건에 대한 개인의 해석이 고통을 야기함을 의미하는 것이다. 엘리스의 REBT에서도 개인의 생각, 즉 인지적인 측면을 강조하는데 이러한 인지적인 측면이 개인의 정서와 행동에 영향을 주므로 부적응 행동이나 부정적인 정서를 경험하게 된다. 즉, 우리가 경험하는 정서는 우리의 신념, 평가, 해석, 생활 자극에 대한 반응에서 유발된 것이다.

REBT가 인지의 중요성을 강조하는 이유는 다음과 같다(Ellis & MacLaren, 1995; 권석만, 2014에서 재인용).

① 문제를 유발하는 비합리적 신념은 대부분 쉽게 의식적인 접근이 가능하다.
② 비합리적 신념은 정서, 행동문제에 영향을 미치는 핵심 역할을 한다.
③ 비합리적 신념을 변화시킴으로써 역기능적 감정과 행동을 효과적으로 변화시킬 수 있다. 이러한 인지적 변화는 다른 영역으로 확산될 수 있는 반면, 정서나 행동만의 변화는 영향력이 제한적이다.
④ 신념체계의 변화는 특정한 심리적 문제를 완화시킬 뿐만 아니라 미래에 겪을 수 있는 고난과 역경에 건강하게 대처할 수 있게 해준다.
⑤ 인지적 변화는 비교적 단기간에 빨리 일어날 수 있는 반면, 정서나 행동의 변화는 인지보다 더 많은 시간과 노력을 필요로 한다.

그러므로 엘리스의 REBT의 핵심은 청소년 내담자가 지니고 있는 부적응적인 생각을 합리적인 생각으로 변화시키는 것이다. 이를 위해 엘리스는 ABC 모형을 개발하였다. REBT 상담자는 '교사'의 역할을 하며 청소년 내담자에게 과제를 내고 점검하며, 적응적인 사고 방식을 가르치는 역할을 수행한다. 또한 청소년 내담자의 비합리적인 신념을 합리적인 신념으로 변화시키기 위해 적극적으로 논박(Disputing)해 나간다.

REBT의 핵심은 비합리적인 생각을 합리적인 생각으로 변화시키는 것이다.

REBT는 대부분의 청소년 내담자에게 적용 가능하나 현실 접촉이 안 되는 청소년 내담자나 지적인 능력이 떨어지는 청소년 내담자에게는 적절하지 않을 수 있다.

1) 인간관

엘리스의 합리적 정서행동치료는 인지·정서·행동의 상호작용을 강조한다. 엘리스가 그의 이론을 명명할 때 사용한 '합리적'이라는 단어는 인지적인 측면을 의미하는데 경험적이고 논리적인 인지뿐만 아니라 효율적이고 자신에게 도움이 되는 인지를 말한다. 그러나 인간이란 존재는 행복해지려 노력하면서도 자기 파괴적이며, 성공하기 위해 애를 쓰면서도 꾸물거리면서 과제를 회피하기도 한다. 인간은 합리적인 방식으로 사고할 뿐 아니라 비합리적인 방식으로도 사고할 수 있기 때문이다. 즉, 합리적인 사고로 인하여 자신을 성숙하게 하거나 실현시킬 수 있지만, 비합리적인 사고로 인하여 스스로의 성숙을 방해하거나 파괴할 수도 있는 것이다.

REBT에서는 인간이 합리적으로 사고할 뿐 아니라 비합리적으로 사고할 수 있다고 보았다.

인간의 심리적인 문제는 비합리적인 사고로부터 생거나는데 이러한 비합리적인 사고는 합리적인 사고로 대체될 수 있다. 그러나 비합리적인 사고를 합리적인 사고로 바꾸는 작업은 그리 쉬운 작업이 아니다. 청소년 내담자들은 자신의 비합리적 신념을 포기하도록 압력을 받게 되면 저항하는 경향을 보이는데, 엘리스는 그 이유를 인간이 그러한 경향성을 본성적으로 지니고 있기 때문이라고 보았다. 인간의 합리적인 삶을 이끌기 위한 기본적 원리는 자신의 수행에 의해서 자신을 평가하는 것이 아니라

인간의 심리적인 문제는 비합리적인 사고로부터 발생하므로 상담자는 내담자의 비합리적인 사고를 다뤄주어야 한다.

자신의 실존적 존재를 있는 그대로 수용하는 것이다. 따라서 상담자는 인간으로서 청소년 내담자의 실존적 존재를 수용한 후 논리적인 칼날로 청소년 내담자의 자기 파괴적인 비합리적 신념을 잘라낼 수 있는 예지가 필요하다(노안영, 2014).

2) 주요 개념

(1) 정서장애에 대한 관점

정서장애는 비합리적인 사고로부터 발생한다. 그중에서 대부분의 정서장애의 핵심이 되는 것이 비난으로 상담자는 내담자로 하여금 자기 자신과 타인을 비난하지 않도록 도와야 한다.

사고와 정서는 밀접한 관련을 맺고 있어 어떤 생각에 특정 정서가 자연스럽게 따라오기도 하며, 특정 정서를 경험하면서 관련된 생각이 자연스럽게 따라오기도 한다. 그리고 스스로에게 전하는 말들(자기대화)로 인해 사고나 정서가 생겨나기도 한다. REBT에서는 대부분의 정서장애의 핵심이 비난이라고 제안한다. 그러므로 인간은 인간의 불완전함을 수용하면서 자기 자신과 타인을 비난하지 말아야 한다. 그리고 역기능적 정서를 만들어 내는 "반드시 ~해야 한다"와 같은 당위적인 사고에 주의를 기울여야 한다. 그 이유는 당위적인 사고가 자기 패배적인 신념들을 내면화시키기 때문이다.

(2) 성격의 ABCDEF 모형

성격의 ABCDEF 모형은 내담자의 비합리적인 사고를 다룰 수 있도록 돕기 위한 것으로 여기서 ABC는 부적응 행동을 설명하며, DEF는 개입 과정을 보여 준다.

ABCDEF 모형에서는 앞의 ABC가 부적응 행동을 설명하고, DEF는 개입 과정을 보여 준다. 먼저 ABC에 대한 이해가 필요한데 A는 선행사건, 사실, 개인의 행동 등을 의미한다. C는 정서적·행동적 결과를 의미하는데, 앞에서도 살펴보았듯이 REBT에서는 사건 자체가 정서적·행동적 결과를 직접적으로 일으킨다고 보지 않는다. A에 대한 생각(혹은 신념)이 B가 정서나 행동 반응인 C의 원인이 된다고 보는 것이다. B가 확인되면 DEF라는 개입 과정을 거치게 된다. D는 논박을 의미하는데 청소년 내담자의 비합리적인 신념에 도전하기 위해 상담자가 과학적인 방법을 적용한다.

논박의 과정에는 탐지, 반박, 변별이 있다. 우선 비합리적인 신념을 탐지해야 하며, 그 다음으로 논리적이고 경험적인 질문을 통해 비합리적 신념을 반박하게 된다. 마지막으로 적응에 도움이 되는 합리적인 신념과 자기 패배로 이끄는 비합리적인 신념을 변별할 수 있어야 한다. 여기서 ABCDEF가 의미하는 바를 정리하고 도식화하면 다음과 같다.

- A(Activating event): 활성화된 사건, 우리 삶의 고통이나 문제
- B(Belief system): 신념체계(합리적 신념이나 비합리적 신념)
- C(Consequences): 결과(정서, 행동)
- D(Disputing): 비합리적인 신념과의 논박
- E(Effective): 효과(효과적인 새로운 철학)
- F(Feeling): 새로운 감정

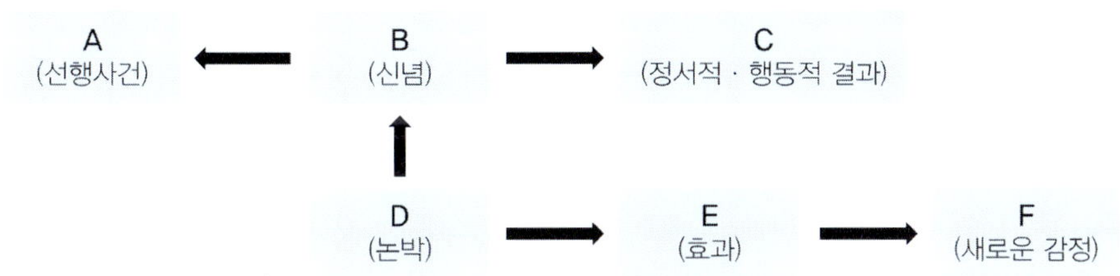

그림 11-1 ABCDEF 도식도

(3) 합리적 신념과 비합리적 신념

엘리스(Ellis, 2014, 2004) 등은 우리가 가진 신념체계를 합리적인 것과 비합리적인 것 두 가지로 구분했다. 서로 간의 우위는 있지만 사람들은 역경에 처했을 때 합리적, 비합리적 신념 모두를 사용하여 반응한다. 엘리스는 사람의 자기 파괴적 행동들이 A × B = C의 공식을 따라 ABC의 상호작용에서 발생한다고 보았다(김성봉 등, 2016).

합리적 신념(rBs)은 건강하고 생산적이며 적응적이고 사회적 현실과 함께 하며 보통 선호, 바람, 기대로 이루어져 있다. 우리의 목표를 방해하고 막는 역경에 대해서 합리적으로 사고할 때 사람들은 선호적인 사고과정

REBT에서는 신념체계를 합리적인 것과 비합리적인 것으로 구분한다.

- 합리적 신념은 건강하고 생산적이며 적응적인 사고이다. 합리적으로 사고할 때 선호적인 사고가 활성화되어 적절한 사고를 경험한다.
- 비합리적 신념은 경직되어 있고 독단적이며 비적응적인 사고이다. 비합리적으로 사고할 때 당위적 사고가 활성화되어 역기능적인 경험한다.

을 경험한다. 선호적 사고는 요구하는 사고와 대조적으로 명백하게 또는 무언으로 현실적인 방법에서 자신의 신념체계에 반응하는 과정에 참여하고 적절한 정서를 경험하며, 목표 지향적인 행동의 결과들을 시연한다.

비합리적 신념(iBs)은 경직되어 있고 독단적이며 건강하지 않고, 비적응적인, 주로 목표를 성취하기 위한 사람들의 노력을 방해하는 것들이며 요구와 당위로 이루어져 있다. 목표를 방해하고 막는 역경에 대해 비합리적으로 사고할 때 사람들은 당위적 사고를 경험하게 된다.

표 11-1 선호적 사고와 요구적 사고의 ABC 비교

선호적 사고	당위적 사고
A. 우리의 목표를 방해하고 막는 역경과 활성화된 사건	A. 우리의 목표를 방해하고 막는 역경과 활성화된 사건
B. 우선적 사고를 수반하는 신념체계로서 "내가 세운 중요한 목표가 막히지 않고 성취될 수 있는 방향을 선택하는 편이 낫겠지!"라고 생각하는 것이다.	B. 요구적 사고를 수반하는 신념체계로서 "나는 절대적으로 나의 목표가 막히지 않고 성취될 수 있게 해야만 해"라고 생각하는 것이다.
C. 결과적으로 정서적으로는 좌절과 불행을 느끼고 행동적인 것은 역경을 피하려고 하거나 그것을 없애려고 하는 시도를 말한다.	C. 결과적으로 정서적으로는 불안 또는 과도한 적개심을 느끼고 행동적인 것은 역경에 대해 자기 파괴적으로 과도하게 행동하거나 또는 아예 행동하지 않게 된다.

출처: Nelson-Jones(2015); 김성봉·황혜리 역(2016).

합리적인 사고는 절대적인 진리와 보편적인 합리성을 따르지 않는 현실에 부합하는 적응적인 사고인 반면, 비합리적인 사고는 현실에 부합하지 않아 역기능적인 감정을 불러오는 부적응적인 사고를 말한다. 비합리적인 사고로 엘리스가 제안한 3가지 핵심 믿음은 다음과 같다.

① 나는 항상 모든 일을 잘 해내야 하고 주변 사람들로부터 사랑과 인정을 받아야 해. 그렇지 않으면 난 나쁜 사람이며 무능하고 무가치해. 내가 고통을 받는 것은 당연한 거지.

② 내 주변의 사람들은 항상 나에게 사려 깊게, 공정하게, 친절하게 대해 줘야 해. 그렇지 않으면 그 사람들은 나쁜 사람들이야. 벌을 받아 마땅해.

③ 내 주변의 환경이나 조건은 언제나 안전하고 즐거워야 해. 그렇지 않으면 나는 견딜 수 없을 것이며 살 가치가 없을 거야.

3) 상담목표 및 과정

(1) 상담목표

REBT의 목표는 청소년 내담자로 하여금 합리적인 방식으로 사고하게 하여 청소년 내담자의 정서장애, 자기 패배적 행동들을 최소화하는 것이다. 또한 자기 및 타인을 수용하여 더 이상 자신이나 타인을 비난하지 않도록 하는 것이다. 상담이 효과적으로 이루어지면 청소년 내담자는 그동안 스스로를 힘들게 했던 비합리적인 사고에서 벗어나 새로운 인생철학을 만들어 자신의 삶을 자신이 원하는 방식으로 영위할 수 있게 된다.

REBT의 목표는 청소년 내담자로 하여금 비합리적인 사고에서 벗어나 합리적으로 사고하게 하여 적응적인 정서를 경험하게 하는 것이다.

(2) 상담과정

① 상담관계

상담자는 교육을 강조하는 설득 방법을 적극적으로 활용한다. 엘리스가 제안한 상담과정에서 상담자의 역할은 다음과 같다.

상담자는 청소년 내담자를 평가하지 않으면서 능동적으로 상담에 참여하며, 청소년 내담자가 논리적인 방식으로 사고할 수 있도록 돕는다.

- 장애 행동을 유발하는 기본적이고 비합리적인 생각들을 찾아내도록 청소년 내담자를 격려한다.
- 자신의 생각이 타당한 것인지를 청소년 내담자가 확인하도록 한다.
- 청소년 내담자가 가진 사고의 비논리적인 속성을 보여 준다.
- 유머를 활용하여 청소년 내담자의 비합리적인 사고에 직면시킨다.
- 논리적인 분석을 통해 비합리적인 신념을 최소화한다.
- 청소년 내담자의 비합리적인 신념이 비생산적이라는 것과 이것이 어떻게 정서나 행동문제를 일으키는지를 보여 준다.
- 비합리적 사고를 합리적인 사고로 대치할 수 있는 방법을 설명해 준다.

- 과학적 접근 방법을 가르쳐 주어 청소년 내담자가 자신의 사고를 관찰할 수 있도록 하고, 자기 파괴적인 방식으로 느끼고 행동하게 만드는 현재나 미래의 비합리적/비논리적 사고를 최소화할 수 있게 한다.
- 인지 · 정서 · 행동기법을 활용하여 청소년 내담자가 자신의 감정을 직접 처리할 수 있도록 돕는다.

상담자는 위와 같은 역할을 수행하면서도 청소년 내담자를 평가하지 않고 불완전한 존재로 온전히 수용하는 태도를 보여 주어야 한다. 또한 필요한 경우 상담자 자신의 신념이나 가치관을 노출시키기도 한다. 상담자는 청소년 내담자가 자신의 변화를 유지할 수 있도록 도와주는 데 최선을 다해야 한다.

② 청소년 내담자의 경험

상담 초기부터 청소년 내담자는 현재 경험하고 있는 구체적인 문제에 집중하게 된다. 청소년 내담자가 열심히 노력하고 연습해야 변화할 수 있고 그 변화가 유지될 수 있다는 것을 인식하여 상담과정에 능동적으로 참여해야 한다. 청소년 내담자는 상담자와 합의한 과제(homework)를 할당받게 되는데 대부분의 과제는 청소년 내담자의 정서나 태도 변화를 가져올 행동을 수행해 보도록 고안된 것이다. 상담실 밖에서 과제를 수행한 후 다음 상담 시간에 상담자와 함께 점검하며, 청소년 내담자는 자신의 비합리적인 신념에 대해 지속적으로 도전한다.

청소년 내담자 또한 상담에 능동적으로 참여하여 변화를 꾀한다.

REBT에서는 청소년 내담자 스스로가 자신의 상담자가 되도록 돕는다. 따라서 청소년 내담자가 자신의 문제를 다루는 능력에 자신감이 생겼을 때 상담이 종결된다.

4) 상담기법

REBT는 통합적인 입장에서 청소년 내담자에게 적합한 다양한 인지·정서·행동적 기법들을 사용하지만, 정서적 기법보다는 인지와 행동적 기법을 강조한다.

> REBT에서는 논박, 논쟁, 도전, 해석, 설명, 교수 등의 인지적 기법들을 사용하여 내담자들이 현실에 기초한 생각을 할 수 있도록 독려한다.

(1) 인지적 중재 기법들

REBT에서 주로 사용하는 인지적 기법들은 논박, 논쟁, 도전, 해석, 설명, 교수 등이다. 상담자는 강력한 인지적 기법들을 통해 청소년 내담자의 비합리적인 사고를 보여 주며 현실에 기초한 생각을 하도록 독려한다.

① 비합리적 신념 논박하기: 청소년 내담자가 비합리적인 신념을 버리거나 그 강도를 약화시키기 위해 청소년 내담자가 지니고 있는 비합리적인 신념을 적극적으로 논박하는 것이다. 구체적인 당위적 사고를 검토한 후 청소년 내담자로 하여금 자신의 당위적 사고에 대해 스스로 질문을 할 수 있도록 안내한다.

> 청소년 상담자는 청소년 내담자의 비합리적 신념을 적극적으로 논박한다.

② 인지 과제 수행하기: 청소년 내담자의 비합리적 사고를 밝혀내고 논박하기 위해 과제를 부여한다. 청소년 내담자는 일상 생활 속에서 경험하는 문제에 ABC 모형을 적용해 보는 것이다. 과제를 통해 청소년 내담자는 일상화되어 있는 자신의 비합리적인 사고를 깨닫고 그 신념에 도전하게 된다.

> 청소년 상담자는 청소년 내담자의 비합리적 사고를 밝히기 위해 과제를 부여한다.

③ 내담자의 언어를 변화시키기: "반드시 ~해야 한다"를 "나는 ~하겠다", "내가 ~하면 좋겠다"로, "만약 ~한다면 정말 끔찍할거야"를 "만약 ~한다면 다소 불편해질 거야"로 바꿔 무력하고 자기 비난을 하는 청소년 내담자들에게 새로운 자기진술을 할 수 있도록 한다.

> 청소년 상담자는 자기 비난을 하는 청소년 내담자에게 새로운 자기진술을 할 수 있도록 돕는다.

④ 유머 사용하기: REBT에서는 청소년 내담자의 사고가 경직되어 있다고 본다. 매사에 진지하고 융통성이 없는 청소년 내담자를 위해 상담자는 청소년 내담자의 과도하게 진지한 측면을 반박할 목적으로

> 유머 사용하기를 통해 청소년 상담자는 진지하고 경직된 사고에서 벗어나 청소년 내담자는 융통적인 사고를 할 수 있게 된다.

유머를 사용한다. 이런 기법을 통해 청소년 내담자는 진지하고 경직된 사고에서 벗어나 덜 진지하고 융통적인 사고를 할 수 있게 된다.

> 정서적 중재 기법들은 인지적 중재를 보충하고 강화하기 위해 사용되는 것으로 합리적 정서 상상하기, 역할연기 등의 기법이 포함된다.

(2) 정서적 중재 기법들

인지적 중재를 보충하고 강화하기 위해 REBT 상담자는 합리적 정서 상상하기, 역할연기 등과 같은 다양한 정서적 기법들을 사용한다.

> 합리적 정서 상상은 청소년 내담자가 새로운 정서 방식을 확립하도록 돕는다.

① 합리적 정서 상상하기: 상담자는 청소년 내담자에게 일어날 수 있는 가장 안 좋은 사건이나 고난을 상상해 보도록 한다. 그리고 그 상상 속에서 느껴지는 부정적인 정서와 접촉하여 적응적인 정서로 바꾸도록 한다. 합리적 정서 상상(Rational Emotive Imagery: REI)은 청소년 내담자로 하여금 새로운 정서 방식을 확립하는 데 필요한 작업이다.

> 청소년 내담자는 역할 연기를 통해 자신의 감정과 관련된 비합리적인 생각들을 논박한다.

② 역할연기: 청소년 내담자의 잘못된 생각이 다른 것들에 어떤 영향을 미치는지를 알아보기 위해 역할연기를 실시한다. 모든 친구들이 자신을 싫어할 것이라 여기고 있는 청소년 내담자의 경우를 가정해 보자. 모든 친구가 자신을 싫어할 것이라는 생각은 '못나고 형편없는 존재'라는 스스로에 대한 부정적인 평가와 함께 강한 수치심을 불러일으킨다. 역할연기를 통해 이러한 감정을 불러온 비합리적인 생각을 논박하게 된다.

> 행동적 중재 기법들도 인지적 중재를 보충하고 강화하기 위해 사용되는 것으로, 수치심 공격연습, 요구에 맞서기, 기술훈련, 보상과 처벌 사용하기 등이 포함된다.

(3) 행동적 중재 기법들

REBT에서는 인지적 중재를 보충하고 강화하기 위해 행동적 중재를 사용한다.

> 수치심 공격 연습을 통해 청소년 내담자는 수치심은 자기가 만든 것임을 깨닫고 덜 억제된 방식으로 행동하게 된다.

① 수치심 공격 연습: 수치심 공격 연습(shame attacking exercises)은 청소년 내담자의 비합리적인 수치심을 감소시키도록 돕기 위한 것이다. 누군가가 나를 싫어하더라도 이것은 참을 수 없는 비극적인 일은 아니라고 스스로에게 말함으로써 청소년 내담자로 하여금 수치심에

저항할 수 있도록 돕는 것이다. 이 작업을 통해 청소년 내담자는 수치심은 스스로가 만든 것임을 깨닫고 덜 억제된 방식으로 행동할 수 있게 된다.

② 요구에 맞서기: 인정받고자 하는 강한 신념으로 누군가의 거절을 재앙으로 받아들이는 청소년 내담자에게 친구에게 말을 걸거나 함께 어울려 보도록 격려한다. 또한 다른 사람에게 작은 해라도 끼치지 않으려 늘 긴장하고 있는 청소년 내담자에게 작은 해를 끼쳐 보도록 한다. 이러한 상황에 노출되면서 청소년 내담자는 자신의 생각만큼 그것들이 심각한 상황이 아님을 깨닫게 되고, 심각한 상황으로 받아들인 것은 자신의 생각에서 비롯되었다는 것을 알게 된다.

> 주변의 요구에 정면 대응해 봄으로써 상황이 자신이 생각한 것만큼 심각하지 않음을 깨닫게 된다.

③ 기술훈련: 이것은 인지적 기법과 함께 사용한다. 가령 다른 사람의 부탁에 거절을 못하는 청소년 내담자에게 자기주장이나 의사소통 기술을 가르칠 때, 거절을 못하는 것과 관련된 비합리적 신념과 자기 진술을 논박하는 것도 함께 훈련시킨다.

> 기술훈련은 인지적 기법과 함께 사용한다.

④ 보상과 처벌 사용하기: 과제를 잘 수행하며 변화 과정에 적극적으로 참여할 경우, 청소년 내담자가 스스로에게 보상을 주거나 처벌을 하게 하는 것이다.

> 과제 수행 여부에 따라 스스로에게 보상 / 처벌을 주도록 한다.

2 벡의 인지치료

인지치료(cognitive therapy)는 벡(Aron T. Beck, 1921~2007)에 의해 개발된 것으로 정신장애, 특히 우울증을 유발하는 인지적 요인을 정교하게 설명하고 효과적인 개입 방안을 제시한 통찰심리치료 이론이다. 벡의 인지치료는 사람들이 느끼고 행동하는 방식은 자신의 경험을 지각하고 구조화시키는 방식에 의해 결정된다는 이론을 바탕으로 한다. 따라서 인지치료에

> 현대 심리치료의 주된 흐름을 이루고 있는 인지치료는 Beck에 의해 개발된 것으로, 인지를 강조하며 효과적인 개입 방안을 제시한 통찰심리치료 이론이다.

있어 인지는 정신장애를 이해하고 치료할 수 있는 중요한 열쇠가 되는 것이다. REBT와 마찬가지로 인지치료도 내담자의 정서적 고통이나 부적응적인 행동에 영향을 미치는 부정적인 자동적 사고나 비합리적 신념체계를 찾아서 변화시키는 데 초점을 맞춘다. 그러나 매우 지시적이고 설득적이며 직면시키는 REBT와는 달리, 인지치료는 협력적 경험주의(collaborative empiricism)를 토대로 소크라테스식 대화를 사용하여 내담자의 잘못된 생각을 발견하게 하며 인지적 타당성을 검토해 나간다. 또한 인지치료는 역기능적 신념이 비합리적인 사고 때문에 문제가 되는 것이 아니라 정상적인 인지과정을 방해하기 때문이라고 본다.

인지치료는 구조화된 단기 상담 및 치료 방법이다.

인지치료는 협력적 경험주의를 강조한다.

인지치료는 구조화된 단기 상담 및 치료 방법이다. 상담자는 내담자와 상호 협동적인 관계 속에서 내담자의 인지 변화를 위해 부정적 사고와 역기능적 신념을 찾아내어 적응적인 인지로 변화시키기 위해 노력한다. 인지치료는 현대 심리치료의 주된 흐름을 이루고 있는 인지행동치료에 있어 중추적 역할을 하고 있으며, 다양한 기법들을 통합하며 발전하고 있다.

1) 인간관

인지치료(CT)는 인간이 복잡한 인지적 창조물이며 인간의 인지가 감정과 행동을 결정한다고 본다.

인간은 복잡한 인지적 창조물로 이러한 인지가 한 개인의 가치와 지각을 형성한다. 한 개인의 가치와 지각은 자신이나 타인, 세상에 대한 견해를 구성하며 다양한 감정을 경험하게 하고 행동을 하게 만든다. 결과적으로 개인의 생각이 개인의 감정과 행동을 결정한다고 본다.

2) 주요 개념

(1) 인지왜곡

심리적인 문제를 발생시키고 지속시키는 인지과정으로 그릇된 가정 및 잘못된 개념화로 이끄는 생각의 체계적인 오류를 말한다. 인지왜곡

(cognitive distortion)은 현실을 왜곡하고 논리적인 오류를 포함하고 있기 때문에 인지오류(errors in thinking)라고도 한다. 인지왜곡은 별다른 노력 없이도 자동적으로 일어나는데 이러한 왜곡된 사고를 제거하는 과정을 '인지 재구조화(cognitive restructuring)'라고 한다. 인지왜곡에는 다음과 같이 다양한 것들이 있다.

> 인지왜곡은 심리적인 문제를 발생시키고 지속시키는 인지 과정을 말하는 것으로 인지오류(errors in thinking)라고도 부른다.
> 왜곡된 사고를 제거하는 과정이 인지 재구조화(cognitive restructuring)이다.

> 인지왜곡에는 과잉 일반화, 자의적 추론, 이분법적 사고, 개인화, 극대화 혹은 극소화, 파국화, 정신적 여과, 정서적 추론, 잘못된 명명이 있다.

① 과잉 일반화(overgeneralization): 하나의 사건에 기초하여 형성된 극단적인 신념을 다른 사건이나 상황에도 적용하는 것이다. 여학생에게 거절당한 남학생이 모든 여자가 자신을 싫어할 거라고 생각하는 것이다.

② 자의적 추론(arbitrary inference): 충분한 근거나 증거 없이 결론에 도달하는 것을 말한다.

③ 이분법적 사고(dichotomous thinking): 행복 아니면 우울로 받아들이려는 극단적인 경향으로 좋은 것 혹은 나쁜 것으로 범주화하여 흑과 백을 구분하는 것을 말한다.

④ 개인화(personalization): 관련이 없는 일임에도 불구하고 외적인 사건을 자기 자신과 관련지어 생각하는 경향을 말한다.

⑤ 극대화(magnification) 혹은 극소화(minimization): 자신의 좋은 점은 최소화하고 자신의 나쁜 점은 극대화하려는 것이나 타인의 문제는 극대화시키고 자신의 문제는 극소화시키는 것을 말한다.

⑥ 파국화(catastrophizing): 걱정이 되는 측면을 지나치게 과장하여 파국적으로 생각하는 것을 말한다

⑦ 정신적 여과(mental filtering): 인물이나 사건의 부정적인 측면에만 초점을 맞추어 그것의 긍정적인 측면을 무시하는 것을 말한다.

⑧ 정서적 추론(emotional reasoning): 객관적인 증거가 아니라 정서적 경험에 근거해 자기 자신, 미래, 세계에 관해 추리하는 것을 말한다.

⑨ 명명(labolling) 혹은 잘못된 명명(mislabelling): 과잉 일반화의 극단적인 형태로 사건이나 행동에 대해 이름을 부여하는 것을 말한다.

(2) 인지모델

인지치료는 사람들의 감정이나 행동이 하나의 사건에 대한 생각에 의해 영향을 받는다는 인지모델(cognitive model)을 토대로 한다. 인지모델에서 중요한 개념들은 다음과 같다(최영희 등, 1998).

① 자동적 사고

> 자동적 사고란 어떤 사건에 대해 심사숙고하거나 합리적으로 판단한 사고가 아니라 자동적으로 튀어나오는 평가적 사고를 말한다.

자동적 사고(automatic thought)는 스키마의 내용을 반영하는 것으로 어떤 사건에 대해 심사숙고하거나 합리적으로 판단한 사고가 아니라 빠르게 이루어지는(자동적으로 튀어나오는) 평가적 사고를 말한다. 프로이트의 전의식과 엘리스의 자기 진술(self-statement)과 유사한 것으로 일상 생활에서 자동적으로 운용되는 자기 판단과 자기평가라 할 수 있다.

② 중간신념

> 자동적 사고를 형성하는 중간신념(intermediate belief)은 핵심신념과 자동적 사고 사이에 존재하며 태도, 규칙, 가정 등으로 구성되어 있다.

중간신념(intermediate belief)이란 핵심신념과 자동적 사고 사이에 존재하는데 핵심신념으로부터 영향을 받아 형성된다. 중간신념은 태도(attitude), 규칙(rule), 가정(assumption)으로 구성되어 있으며, 이것이 자동적 사고를 형성한다.

③ 핵심신념

> 핵심신념(core belief)은 아주 근원적이고 깊은 수준의 신념으로 어릴 적 형성되어 내담자 스스로 인식하기는 어렵다.

인간은 어린 시절부터 자신과 타인 그리고 세상에 대한 신념을 형성해 가는데, 핵심신념(core belief)은 그 신념의 가장 중심이 되는 것으로 아주 근원적이고 깊은 수준의 신념이므로 스스로 인식하기가 어렵다.

④ 스키마

> 스키마는 정보처리와 행동을 지배하는 구체적인 규칙을 말한다.

스키마(schema)란 핵심신념을 수반하는 '정신 내의 인지 구조'로 정보처리와 행동을 지배하는 구체적인 규칙을 말한다.

3) 상담목표 및 과정

(1) 상담목표

인지치료는 현재를 강조하는 시간 제한적인 상담기법이다. 비록 과거가 내담자 문제의 원인이 된다하더라도 현재 문제에 초점을 둔다. 현재에 초점을 둔 인지치료의 목표는 증상의 제거, 문제 해결, 대처 능력 향상이라 할 수 있다.

> 인지치료의 목표는 증상의 제거, 문제해결, 대처 능력 향상 등이다.

(2) 상담과정

① 상담관계

인지치료는 협력적 경험주의(collaborative empiricism)를 원칙으로 상담자의 사려 깊은 질문을 통해 청소년 내담자와 협력하여 청소년 내담자 신념의 타당성을 검증하는 것이다. 이를 위해 소크라테스식 대화라는 개방형 질문을 사용한다. 따라서 인지치료에서는 무엇보다도 상담관계가 중요하다고 볼 수 있다. 인지치료 상담자가 되기 위해서는 인지기법에 대한 기술적 능력과 더불어 공감 능력과 민감성을 키워야 한다. 상담자는 인지 중심의 사례 개념화를 하며 항상 능동적인 자세로 청소년 내담자와 협력하여 검증 가능한 방식으로 청소년 내담자의 생각과 신념을 다루어준다.

> 인지치료는 상담관계가 매우 중요한데 협력적 경험주의를 바탕으로 한다.
> 상담자는 내담자와 함께 구체적이고 측정 가능한 목표를 설정하여 소크라테스식 대화를 통해 내담자의 생각과 신념을 다루어 준다.

상담자는 구체적이고 측정 가능한 목표를 확인하여 내담자의 문제를 다룬다. 그 과정에서 청소년 내담자에게 인지치료에 대한 교육을 실시하면서 생각이 어떻게 정서와 행동에 영향을 미치는지 청소년 내담자로 하여금 알 수 있도록 돕는다.

② 청소년 내담자의 경험

인지치료의 소크라테스식 문답 과정에 참여하며 청소년 내담자 스스로 인지치료의 인지적·행동적 전략에 익숙해지게 된다. 청소년 내담자는 자신의 비현실적인 부정적 사고가 미치는 부정적인 영향력에 대해 인식한 후, 상담자와 함께 부정적인 사고를 지지하거나 반대하는 증거들을 검토하고 평가함으로써 자신의 자동적 사고를 검증해 나간다. 상담 회기가 끝나면 청소년 내담자에게 과제가 할당되는데 과제는 일상 생활 속에서 인지행동 기술을 연습해 볼 수 있는 좋은 기회를 제공한다. 청소년 내담자는 실험 형태로 제시되는 과제를 통해 자신의 생각과 행동 및 정서 간의 관련성을 통찰하게 되면서 구체적인 문제해결 기술이나 대처 기술을 배워 나가게 된다.

> 인지치료에서 내담자는 소크라테스식 문답 과정에 참여하여 자신의 부정적 사고의 영향력을 인식하고 구체적인 문제해결 기술이나 대처 기술을 배운다.

4) 상담기법

(1) 인지모델에 근거한 사례 개념화

> 인지모델에 근거한 사례개념화는 내담자를 이해하는 기본 틀로 내담자의 인지 변화를 위해 필요하다.

청소년 내담자의 인지 변화를 위해서는 인지모델에 근거한 사례 개념화가 필요하다. 상담자는 면담에서 얻은 다양한 청소년 내담자의 정보들을 종합하여 청소년 내담자의 문제를 유발한 자동사고, 중간신념, 핵심신념을 파악하여 가설을 설정한다. 이것은 청소년 내담자를 이해하는 중요한 기본 틀을 제공한다.

(2) 소크라테스식 대화

> 인지치료에서는 소크라테스식 질문을 통해 내담자 스스로 자신의 문제에 대한 해결책을 찾도록 돕는다.

상담자는 청소년 내담자의 인지적 변화를 촉진하기 위해 소크라테스식 질문을 사용하여 대화한다. 소크라테스식 대화(Socratic dialogue)는 질문을 통해 청소년 내담자 스스로 자신의 문제에 대한 해결책을 찾도록 하는데 목적이 있다. 상담자는 이러한 질문을 통하여 청소년 내담자가 자신의 문제를 구체화할 뿐 아니라 명확하게 이해하도록 돕고, 청소년 내담자 자신의 생각, 심상, 신념을 인식할 수 있도록 돕는다. 또한 청소년 내담자 스스로 부여한 사건의 의미를 검토해 보고 그와 관련된 부정적인 사고와 행동의 결과도 평가해 보도록 돕는다.

(3) 인도된 발견

인지치료에서는 청소년 내담자 스스로 자신의 부정적 사고를 깨닫고 대안적 사고를 발견해 나가도록 돕는다. 이를 위해 상담자는 청소년 내담자를 안내하고 인도하는 안내자의 역할을 하는데 청소년 내담자 스스로 자신의 부정적 사고에 있어 논리적 오류와 왜곡을 발견해 가도록 돕는다. 이것은 엘리스가 사용한 논박과는 다르다.

REBT에서 논박을 사용하는 것과는 달리 인지치료에서는 상담자가 청소년 내담자 스스로 자신의 부정적 사고를 깨달아 대인적 사고를 발견해 나가도록 돕는다.

청소년 상담자는 청소년 내담자를 안내하고 인도하는 안내자 역할을 한다.

(4) 역기능적 사고 기록

자동적 사고의 탐색을 위하여 청소년 내담자 스스로 역기능적 사고를 기록하는 것이다. 청소년 내담자를 불쾌하게 만들었던 하나의 상황을 기록하고, 그와 관련된 감정, 자동적 사고, 반응들을 기록할 뿐 아니라 대안적인 합리적 사고와 반응도 모색해 보도록 돕는다.

내담자의 자동적 사고를 탐색하기 위해 내담자 스스로 자신을 불쾌하게 만들었던 하나의 상황을 기록하고, 그와 관련된 반응을 기록하게 한다. 이것이 역기능적 사고 기록이다.

역기능적 사고 기록을 통해 대안적인 합리적 사고와 반응을 모색한다.

(5) 하향 화살표 기법

청소년 내담자의 자동적 사고로부터 그 기저에 있는 사고 내용을 계속 추적해 가는 것을 말한다. 이 기법을 통해 좀 더 심층적인 부적응적 신념 탐색이 가능하다.

내담자의 심층적인 부적응적 신념을 탐색하기 위해 하향 화살표 기법을 활용하여 내담자의 사고 내용을 추적해 간다.

하향 화살표 기법은 자동적 사고 기저에 있는 사고 내용을 계속 추적해 나가며, 부적응적인 신념을 탐색하는 것이다.

(6) 행동실험

직접적으로 청소년 내담자 사고의 타당성을 검증해 보는 기법이다. 예를 들어, 고양이가 달려들까봐 무서워 고양이를 쳐다보지 못하는 소녀에게 고양이를 쳐다보는 행동실험을 하게 하여 자신이 고양이를 쳐다보아도 고양이가 달려들지 않는다는 것을 알 수 있도록 행동실험을 할 수 있다.

행동실험은 내담자가 직접 사고의 타당성을 검증해 보는 기법이다.

(7) 과제할당

인지치료에서 과제는 중요한 것으로 상담자는 내담자에게 과제를 할당하여 상담실 밖에서 과제를 수행해 보도록 한 후 그 내용을 점검한다.

인지치료는 과제를 할당하여 상담실 밖에서 과제를 수행해 봄으로써 청소년 내담자의 적응력을 향상시킨다. 가령 역기능적 사고를 기록해 오도록 하거나 행동실험을 해보고 오게 한다. 과제를 부여한 후에는 다음 상담 시간에 과제에 대한 점검을 실시한다.

CHAPTER 12

현실치료

학습주제

1. 현실치료의 인간관은 어떠한가?
2. 현실치료의 주요 개념은 무엇인가?
3. 현실치료의 상담의 목표는 무엇이며 상담과정은 어떠한가?
4. 현실치료에서 사용되는 주요 상담기법은 무엇인가?

현실치료(Reality Therapy)는 1960년대 글라써(William Glasser, 1925~2013)의 선택 이론을 기반으로 개발된 상담기법이다. 현실치료는 현재 행동에 초점을 두고 그 행동이 원하는 바를 얻는 데 도움이 되는 것인지를 평가하며, 스스로 자신의 행동을 선택하여 환경과 자신을 통제해 그 결과에 대해 책임질 것을 강조한다. 따라서 내담자의 과거나 미래보다 현재를 강조하고, 현실치료에서 욕구, 선택, 행동, 책임의 과정을 강조한다. 인간은 내면의 무의식이나 외부의 자극에 의해 행동하는 수동적 존재가 아닌 자신의 욕구를 인식하고 이를 만족시키기 위해 행동을 선택하는 주체적인 존재이다. 이와 더불어 자신의 욕구 충족을 위해 결코 타인의 욕구가 희생되어서는 안 되는 윤리적인 측면을 강조한다. 이렇듯 개인 내면의 욕구(심리)를 강조하지만 개인이 사회에 미치는 영향력과 도덕을 추가해 자신의 선택과 행동의 책임을 논하는 점은 기존의 상담이론과는 차별되는 독특

현실치료는 글라써의 선택 이론을 기반으로 개발된 상담기법으로, 내담자의 현재 행동에 초점을 두고 그 행동이 내담자가 원하는 바를 얻는데 도움이 되는 것인지를 평가하며, 스스로 자신의 행동을 선택하고 환경과 자신을 통제해 그 결과를 책임지는 것의 중요성을 강조한다. 현실치료는 학교, 교정기관, 교육기관, 사회시설, 종합병원, 기업 등의 공동체 운영에 활용되어 왔다.

한 측면이라고 볼 수 있다.

글라써는 초반에 인간은 하나의 통제체계(Control System)로서 뇌의 작용에 의해 자신의 행동을 통제할 수 있다는 점에서 자신의 이론을 통제이론이라고 하였으나, 이는 타인을 통제한다는 오해를 불러올 수 있어 선택이론(Choice Theory)으로 명칭을 바꾸었다. 선택이론에서 인간은 어떤 행동이든 스스로 선택하고 그에 대한 책임은 자신에게 있다고 본다. 즉, 인간이 다섯 가지 기본 욕구를 충족시키기 위해 자신의 행동을 효과적으로 선택하는 것을 배우고 이것이 자신의 욕구뿐 아니라 타인의 욕구충족을 방해하지 않는다면 우리는 행복하고 건강하며 우리가 원하는 대로 삶을 통제할 수 있게 된다고 본 것이다.

현실치료 상담자는 내담자가 자신의 욕구를 평가하고 자신이 처한 현실 속에서 이를 충족시킬 수 있는 최적의 방법을 강구하며, 타인의 욕구를 침해하지 않는 선에서 이를 선택해 실행하고 그 결과를 책임지도록 돕는다. 특히 내담자가 과거에 어떤 일을 선택하고 경험했는지는 중요하지 않으며, 현재의 상황과 자신의 욕구를 평가하고 목표와 구체적인 계획을 세워 이를 적극 실천하는 데 관심을 가진다. 따라서 현실치료는 청소년 문제, 중독과 물질 남용의 문제에 효과적이며, 학교, 교정기관, 교육기관, 사회시설, 종합병원, 기업 등 공동체 운영에 효과적으로 활용할 수 있다.

글라써의 생애

글라써(William Glasser, 1925~2013)는 1925년 미국 오하이오 클리브랜드에서 태어났다. 그는 19세에 케이스공업전문학교를 졸업하고 화공학 기사가 되었고, 케이스 웨스턴 리저브 대학교에서 화공학 학사과정으로 입학했으나, 심리학으로 바꾸어 1948년 23세에 임상심리학 석사학위를 취득하고, 다시 같은 대학의 의대에 입학해 28세에 졸업하였다. UCLA와 재향군인병원에서 정신분석적 기법으로 정신과 수련을 받고, 1961년 정신과 의사가 되었다.[1] 그 후 글라써는 서부 LA 재향군인병원에 근무하면서 해링턴(G. L. Harrington)과 전통적인 심리치료에 회의를 갖고 현실요법의 근간이 되는 치료이론을 발전시키게 된다. 1956년부터는 벤추라 여학교의 정신과 자문의로 근무하였

1) http://wglasser.com/about-us/development-of-ideas/

는데, 이곳에서의 활동은 그의 이론에 큰 영향을 주게 된다.[2] 벤추라 여학교는 여자 비행청소년의 교육과 재활을 위한 수감시설로, 이곳에 수용된 여학생들에게 자신의 행동에 대한 책임을 지고 건강한 사회인으로서 적응할 수 있도록 돕는 기관이었다. 그는 개인상담 이외에 재활센터와 청소년 감화원에서 상담하였으며 공사립학교를 위한 자문위원으로 활동하면서 현실치료를 교육환경에 적용하였다.
글라써는 이론의 명칭을 3차례 변경하게 되는데, '현실치료(1965)'에서 '통제이론(1984)'로 바꾸면서 책임감을 강조하였고, 이론이 확장되면서 통제라는 개념의 오해를 피하기 위해 '선택이론(1996)'으로 바꾸었으나, 현재는 '현실치료'로 사용하고 있다. 글라써는 1967년 현실요법연구소를 설립하고 1996년 윌리엄 글라써 연구소로 명칭을 변경하면서 상담과 교육장면뿐 아니라 기업운영과 결혼 등 일반인을 대상으로 한 사회적 문제에 자신의 이론을 적용시켰다. 한편 세계 여러 나라의 전문가를 대상으로 지속적인 워크숍과 강연을 하였는데, 2004년 우리나라 경주에서 '행복을 선택한 사람들의 축제'라는 제목의 강연을 통해 정신질환에 대한 약물치료의 허구성을 반박하였다.[3] 글라써는 일반인에게 정신건강에 관한 교육과 더불어 임상장면에서도 병리적인 관점이 아닌 건강한 치료적 방향을 제시하였던 새로운 관점을 지닌 치료자였다.[4]

1 인간관

현실치료에서 인간은 무의식적 본능이나 외부자극에 의해 결정되는 수동적인 존재가 아니다. 현실치료에서 인간은 스스로를 통제하고 결정할 수 있는 적극적인 존재이며, 의식 수준에서 자신이 원하는 바를 지각하고 이를 충족시키기 위해 동기화되는 자기결정적인 존재이다. 자기결정적인 인간은 행복뿐 아니라 불행이나 정신적 고통도 스스로 선택할 수 있고, 이에 대한 책임도 질 줄 안다. 이렇듯 개인의 삶은 선택에 기초하는데 생의 초기에 습득하지 못한 것을 위해 훗날 다른 선택을 할 수 있으며, 이러한 과정을 통해 자신의 정체감과 행동방식을 스스로 변화시킬 수 있다.

현실치료에서는 인간을 무의식적 본능이나 외부자극에 의해 결정되는 수동적인 존재가 아닌 스스로를 통제하고 결정할 수 있는 적극적인 존재로 바라본다.

2) 김춘경, 이수연, 이윤주, 정종진, 최웅용(2010). 상담의 이론과 실제, 서울: 학지사.
3) 김용태(2004). "정신질환 약물치료는 뇌손상만". 문화일보, 11월 8일
4) https://en.wikipedia.org/wiki/William_Glasser

글라써의 인간관을 요약하면 다음과 같다.

- 인간은 자신을 성장시키려는 힘을 지니고 있다.
- 인간은 자기결정이 가능한 존재이다.
- 인간은 자신과 환경을 통제할 수 있다.
- 인간은 자신에 대해 책임질 수 있는 존재이다.
- 인간은 성공적인 정체감을 발전시킬 수 있는 존재이다.
- 인간은 기본적인 욕구를 충족시키려는 존재이다.

2 주요 개념

현실치료의 주요 개념은 다섯 가지 기본 욕구, 현실세계와 지각체계, 좋은 세계, 전행동, 성공적인 정체감과 패배적인 정체감, 3R이 있으며 정신병리에 대해서도 새로운 견해를 지닌다.

글라써는 인간은 타고난 욕구를 바탕으로 자신의 행동을 선택해 인생을 통제해나갈 수 있는 적극적인 존재임을 강조하였다. 생물학적인 근원에서 시작된 욕구지만 이를 충족시키기 위해 개인마다 다양한 청사진을 갖고, 행동을 선택하며 그 결과로 성공적인 정체감을 형성하게 되면 건강하고 행복해질 수 있다고 설명한다. 따라서 건강하지 못한 정신병리 역시 개인의 욕구에 따른 선택이라고 본다.

1) 다섯 가지 기본 욕구

현실치료에서 인간은 기본적으로 생존(survival)의 욕구, 사랑(love)의 욕구, 힘(power)의 욕구, 자유(freedom)의 욕구, 즐거움(fun)의 욕구를 지니고 태어난다고 가정한다(Glasser, 1965). 생존의 욕구는 인간이 살고자 하고 생식을 통한 자기확장을 하고자 하는 기본 욕구로, 이는 유전인자의 속성 중 하나이다. 이것은 호흡, 소화, 땀흘리기, 혈압조절 등 신체를 구성하고 유지하는 데 있어 중요한 욕구로 우리가 의식적인 행동으로 선택할 수 없는 욕구이기도 하다. 그 밖의 욕구는 대체로 인간이 선택할 수 있는 욕구들이다. 사랑의 욕구는 소속의 욕구로 사랑을 주고받고 서로 협력하고 싶어하는 욕구를 말한다. 힘의 욕구는 경쟁하고 성취하며 자신의 힘을 확인하고 인정받고자 하는 욕구이다. 자유의 욕구는 자신의 의사대로 표현하고 선택하고 싶은 욕구로, 이를 충족시키기 위해서는 다른 사람의 자유를 침범하지 않아야 한다. 즐거움의 욕구는 새로운 것에 호기심을 갖고 배우려 하며 즐기고자 하는 욕구를 말한다.

글라써는 다섯 가지 기본 욕구를 인간의 뇌기능과 연결하여 설명한다. 인간의 뇌는 크게 두 개 부분으로 나눠지는데 그것은 구뇌(Old Brain)와 신뇌(New Brain)이다. 구뇌는 크기도 작고 의식기능이 없어 통제가 불가능하다. 신뇌는 의식기능이 활발해 인간의 선택에 따른 자발적인 행동의 원천이 된다(Glasser, 1985). 다섯 가지 기본 욕구 중 생존의 욕구는 구뇌가 담당하지만 나머지는 모두 신뇌가 담당한다. 그러나 구뇌와 신뇌는 서로 끊임없이 상호교류하며 인간의 욕구를 충족시키기 위해 전행동을 통제하게 된다. 인간은 이러한 기본 욕구에 의해 행동한다. 순간순간 최선이라고 판단되는 자기 나름의 방법으로 욕구를 충족시키려 한다. 그러므로 개인은 자기욕구 충족을 위한 다양한 방법과 수단을 자신의 내면세계에 심리적인 사진으로 저장해두었다가 필요할 때마다 꺼내 쓴다.

현실치료에서 인간은 생존의 욕구, 사랑의 욕구, 힘의 욕구, 자유의 욕구, 즐거움의 욕구 등 다섯 가지 기본 욕구를 충족시키기 위해 행동을 스스로 선택한다고 설명한다.

2) 현실세계와 지각세계

인간이 경험하는 현실세계는 실제 인간이 지각하는 지각세계와 다르다. 따라서 같은 현실세계를 경험해도 개인마다 지각체계(Perceptual World)가 다르기 때문에 상담자는 내담자가 어떤 지각체계를 갖고 있는지, 현실세계를 어떻게 지각하는지를 이해해야 한다.

현실세계(Real World)는 감각체계(Sensory System)와 지각체계(Perceptual System)를 거치면서 개인의 지각세계(Perceptual World)로 전달된다. 감각체계는 시각, 청각, 미각, 촉각적인 감각체계로 구성되며, 대부분의 외부 자극을 그대로 전달한다. 그러나 지식여과기(Total Knowledge Filter)와 가치여과기(Valuing filter)는 이렇게 전달된 자극을 필터링하는 역할을 한다. 지식여과기는 모든 현실을 있는 그대로 수용하는 필터로 1차적인 지각체계를 형성하고, 가치여과기는 2차적인 지각체계로서 각자가 이상적이라고 믿고 또한 욕구를 만족시켜 줄 수 있는 수단인지의 여부를 판단하는 역할을 한다. 다시 말해 1차 수준의 지각은 사건이나 상황에 대한 지식 정보를 알려주고, 2차 수준에서의 지각은 그에 대한 개인적 가치와 의미를 부여한다. 이렇듯 우리의 머릿속에서는 현실과는 무관하게 우리가 원하는 대로 사진을 찍는 지각용 카메라를 가지고 있는데, 일단 하나의 현실(상황)이 카메라에 들어오면 우리 자신이 원하는 것인지의 여부에 따라 좋은 것, 나쁜 것, 무의미한 것으로 나누어 인식된다. 분류된 것들 중 개인이 원하고 만족스러운 것은 좋은 세계(Quality World)라는 사진첩 안에 간직하게 된다. 이렇게 전달된 지각세계는 완전한 현실세계가 아니고, 상당히 주관적이고 자기 욕구충족 중심적인 세계이다. 따라서 상담을 할 때 내담자의 감각체계와 지각체계를 이해하는 것은 매우 중요하다. 왜냐하면 내담자는 개인적인 지각세계를 바탕으로 행동하기 때문이다. 더불어 내담자에게 자신이 경험하는 지각세계가 다른 사람들의 지각세계와 다를 수 있음을 이해시키는 것도 중요하다.

개인이 지각하는 지각체계는 현실세계와는 달라 개인마다 지각세계가 다르다. 따라서 상담자는 내담자가 어떤 지각세계를 지니고 있는지 이해하는 것이 중요하다.

3) 좋은 세계

인간은 자신의 욕구에 따라 원하는 바람(Want)을 지니게 되는데, 글라써는 이를 내면세계 혹은 사진첩(Picture Album)이라고 개념화하였다가 훗날 '좋은 세계(Quality World)'라고 하였다. 욕구는 유전적인 속성이 있어 모든 사람이 갖고 태어나지만 그 욕구를 충족시키는 방법은 개인마다 다른데 이것이 바로 바람, 좋은 세계이다. 개인은 각자의 욕구를 충족시켜 줄 수 있는 많은 청사진을 갖고 있고, 각자의 사진첩에 들어있던 사진이라도 만족스럽지 못할 때는 새로운 것으로 교체할 수 있다. 이렇게 일생을 통해

인간의 기본적 욕구에 따라 개인마다 원하는 바람은 다양한데 이것이 '좋은 세계(quality world)'이다.

사진들이 바뀌면서 선택이 달라지고 이로 인해 인생의 방향도 변할 수 있다.

4) 전행동

인간은 기본 욕구를 충족시키기 위해 자신의 행동을 선택해 행동하는데, 전행동(total behavior)은 활동하기(Doing), 생각하기(Thinking), 느끼기(Feeling), 신체반응(Physiology)으로 구성되어 있다. 인간이 행동하는 방식을 자동차에 비유해 설명한 글라써는 인간의 욕구(Needs)는 엔진이 되고, 바람(Want)은 핸들이 되어 자동차를 통제하는데 자동차의 앞바퀴에 해당되는 활동하기는 거의 완전한 통제가 가능하고, 생각하기는 얼마간의 통제가 가능하지만, 뒷바퀴에 해당되는 느끼기는 거의 통제가 어렵고, 신체반응은 통제력이 거의 없다고 한다. 따라서 인간은 통제가 가능한 활동하기, 즉 행동을 변화시킨다면 나머지 세 개의 바퀴(생각하기, 느끼기, 신체반응)가 변해 전행동이 변화될 수 있다고 설명한다.

기본 욕구를 충족시키기 위해 선택하는 전행동은 활동하기, 생각하기, 느끼기, 신체반응으로 구성된다.

5) 성공적인 정체감과 패배적인 정체감

현실치료에서는 자신과 주변 사람들이 자신을 사랑하고 가치있게 여기면 성공적인 정체감(Success Identity)이 발달하고, 그렇지 못할 경우 패배적인 정체감(Failure Identity)이 발달한다고 보았다. 성공적인 정체감을 형성하기 위해서는 자신이 선택한 행동과 그 결과에 대해 책임을 지는 태도가 필요하다. 책임을 지지 않으려고 할 때 패배적인 정체감이 나타나는데, 이는 현실세계에서 심리적 문제나 부적응을 유발한다. 성공적인 정체감을 경험한 사람은 적절한 방식으로 사랑을 주고받을 수 있고, 자신의 욕구 역시 충족되어 만족감을 느끼게 된다. 그러나 최근에 글라써는 인간은 누구나 자신의 좋은 세계를 추구하기 위해 최선을 다하고 있기 때문에 진정한 의미의 패배적 정체감은 없다고 보았다. 즉, 선택이 패배적이거나

성공적인 정체감은 자신이 선택한 행동과 그 결과에 대해 책임을 지는 태도에서 비롯되며, 그렇지 못할 경우 패배적인 정체감이 발달되어 현실세계에서 심리적 문제를 유발한다.

성공적일 수는 있지만 '정체감이 패배적이다'라는 말은 적절하지 않다는 것이다(김인자, 1997).

6) 3R

3R이란 현실에서 바람직한 방법으로 자신의 욕구를 충족시키고 그 결과에 대해 책임을 지는 것으로 현실치료의 치료 목표이다.

현실치료의 상담 목표는 내담자가 현실에서 바람직한 방법으로 자신의 욕구를·충족시키고, 그 결과에 대해 책임을 지는 것이다. 이러한 목표달성을 위해 현실치료에서는 3R을 강조한다. 3R이란 책임감(Responsibility), 현실(Reality), 옳고 그름(Right or Wrong)으로, 이는 서로 연관되어 있는 개념이다.

글라써가 말하는 '책임'이란 다른 사람이 그의 욕구를 충족시키는 것을 방해하지 않으면서 자신의 욕구를 충족시킬 수 있는 능력이다. 자신이 원하는 바를 정확히 인식하고 이를 충족시킬 수 있는 방안을 선택하여 이것이 타인의 욕구충족을 방해하지 않는 범위에서 행한 후, 그 결과에 책임을 질 줄 아는 사람은 책임감이 있다고 하고 이런 사람은 건강한 사람으로 성공적인 정체감을 발달시키게 된다. 이렇듯 자신의 행동에 대한 책임을 수용한다는 것은 현실을 직면하고 수용한다는 것을 의미한다.

'현실'이란 자신이 처한 현재의 상황과 현실세계의 범위 안에서 자신의 행동을 선택해 욕구충족을 해야 한다는 것을 말한다. 현실치료는 내담자가 자신의 현실을 만들어내는 책임있는 행동을 함으로써 자신의 문제를 해결할 수 있도록 돕는다. 현실치료에서는 무책임을 '정신병리'로 간주하는데, 이는 '내가 처한 현실을 거부한다'는 것을 의미한다.

'옳고 그름'은 욕구 충족을 위한 선택들에 대한 가치판단으로 윤리적인 판단에 해당된다. 많은 상담이론은 개인의 생각이나 행동을 이해함에 있어 윤리적인 측면을 강조하지 않지만 글라써는 가치판단을 중요시 여긴다(Elson, 1979). 자신의 욕구충족을 중요시여기지만 더불어 타인의 욕구충족 역시 중시하며 타인에게 해를 끼치지 않아야 함을 강조하는 것이다. 옳고 그름을 판단하지 않고 행동하는 것은 일관성이 없거나 현실성이 결여된 독단적 행동이다. 그러나 자신의 행동에 대한 도덕적 판단과 더불어 자신이 처한 사회제도, 도덕규칙, 윤리적 규범과 같은 현실적 여건을 고려하는 것은 책임있는 행동이다.

7) 정신병리에 대한 이해

현실치료에서 정신병리란 자신의 행동에 대한 무책임으로 자신의 현실을 거부하고 자신의 선택으로 인한 결과를 책임지지 않으려는 행동을 의미한다. 글라써는 개인이 느끼는 불행과 정신병(Mental Illness)조차 그가 선택한 결과라고 간주한다(Glasser, 1998). 더 나아가 우볼딩(1986)은 자기파괴적인 행동을 비롯해 상담실에 내담자들이 안고 오는 모든 문제 역시 개인의 효과적인 선택이라고 보는데, 그 이유는 그렇게 함으로써 타인을 통제하려는 욕구가 충족되고, 일이나 상황에 대한 책임을 지지 않을 수 있기 때문이다.

> 현실치료에서 정신병리란 자신이 선택한 행동에 대해 책임을 지지 않는 것으로, 이 역시 개인에게는 효과적인 선택임을 이해해야 한다.

3 상담목표 및 과정

1) 상담의 목표

현실치료의 상담목표는 내담자가 자신의 욕구를 정확히 인식하고, 이를 충족할 수 있는 합리적인 행동을 선택하는 것을 배우거나 계획함으로써 현실을 성공적으로 살아갈 수 있도록 하는 것이다. 결과적으로 내담자 스스로 자기통제력을 키워가도록 돕는 것이다. 더불어 다른 사람들이 그들의 욕구를 만족시킬 수 있는 기회를 방해하지 않고 존중해주는 것을 배울 수 있도록 돕는다(Glasser, 1992). 이렇듯 자신의 욕구에 근거한 바람을 정확히 인식하고 지각된 현실세계에서 행동을 선택하고 행하여 그것이

> 현실치료의 상담목표는 내담자가 자신의 욕구를 정확히 인식하고, 이를 충족할 수 있는 합리적인 행동을 선택하는 것을 배우거나 계획함으로써 성공적으로 현실을 살아갈 수 있도록 하는 것이다.

다른 사람의 욕구 만족을 저해하지 않고 스스로 그 결과에 대해 책임을 진다면 그 사람은 좋은 대인관계를 경험하고, 사회적으로 인정받으며 성공적인 정체감을 획득하게 된다.

현실치료의 특징은 다음과 같다(Glasser, 1995; 김양현 역, 1995에서 재인용).

- 현실치료는 내담자가 정신질환을 앓고 있다는 것을 용납하지 않는다.
- 내담자의 과거, 미래보다 현재에 관심을 둔다.
- 상담자는 초연한 전이적 대상이 아니라 따뜻하고 인간적인 위치에서 내담자와 친밀한 관계를 맺는다.
- 무의식적 행동의 원인을 배제하고 행동을 진단하기보다는 욕구와 바람을 바탕으로 행동선택을 평가하는 데 관심을 둔다.
- 행동의 도덕성과 책임성을 강조한다.
- 통찰과 허용을 통하여 내담자의 행동변화를 기대하기보다는 적극적이고 효과적인 욕구충족을 위한 새로운 행동실천 선택방법을 교육시키는 것을 강조한다.

2) 상담의 과정

(1) 상담관계

현실치료에서는 내담자와 상담자의 지지적인 관계, 치료적 협력이 효과적인 상담의 기본이 된다.

현실치료에서는 상담자와 내담자의 지지적인 관계, 치료적 협력이 효과적인 상담에 기본이 된다(Wubbolding & Brickell, 2005). 그렇지만 상담관계의 협력이 치료의 성공을 담보하지는 않는다(Wubbolding et al., 2004). 상담자는 언제나 친절하고 침착하며 확신을 갖고 열성적이며 단호하게 진실한 태도로 내담자를 대해야 한다. 또한 내담자의 과거사 이야기나 무책임한 행동에 대한 변명 등 상담에 효과적이지 않는 내용에는 관심을 기울이지 않는다. 우볼딩은 상담환경을 가꾸기 위한 권장사항과 금기사항을 구체적으로 언급하며 효과적인 상담관계를 위한 구체적인 가이드를 제시한다(김인자, 1997).

(2) 청소년 내담자의 경험

청소년 내담자는 과거의 이야기나 증상에 대한 이야기에 몰두하지 않아야 한다. 과거의 개인사나 정서적 갈등이나 문제에 대해 이야기를 할 경우 상담자는 여기에 머물면서 이를 공감하거나 수용하기보다는 진정 청소년 내담자 자신이 현재 원하는 것이 무엇인지 자신의 욕구를 명확히 하고 현재의 상황을 보다 현실적으로 인식하여 자신이 무엇을 선택할 수 있는지에 초점을 두도록 상담을 진행한다. 따라서 청소년 내담자는 자신의 욕구와 지각한 현실에 대한 평가를 하고, 이를 바탕으로 자신의 욕구를 충족시키기 위해 가장 나은 선택이 무엇인지 고민하게 될 것이다. 더불어 자신이 선택한 행동이 사회나 타인의 행복을 해치는 것이 아닌지를 검토해야 할 것이며, 마지막으로 선택의 결과를 받아들이고 책임을 지며 성공적인 정체감을 경험하게 된다.

현실치료에서 내담자는 자신의 욕구와 지각한 현실에 대한 스스로의 평가를 바탕으로 욕구를 충족시키기 위해 가장 나은 선택이 무엇인지 고민하고, 이것이 타인에게 해가 되지 않는지를 검토하며 최종적으로 선택의 결과에 대해 책임을 지는 과정을 경험한다.

(3) 상담진행과정

현실치료의 상담과정은 크게 상담환경 가꾸기와 행동변화로 인도하는 과정의 2가지로 구성되어 있다(김인자, 1997).

① 상담환경 가꾸기

우볼딩(Wubbolding)은 상담자가 내담자와 친밀한 관계를 형성하기 위해 지지적인 환경을 조성할 수 있도록 몇 가지 권장사항을 언급했다.

- 상담자는 친근감을 갖고 내담자의 이야기를 경청하라.
- 내담자에게 도움이 되지 않는 한 과거사 이야기를 허용하지 말라.
- 내담자의 느낌이나 신체반응을 전행동과 분리시켜 말하지 말라. 내담자가 직접 통제가능한 현재의 행동과 생각을 말할 수 있도록 도와라.
- 무책임한 행동에 대한 변명을 허용치 말라.

상담환경 가꾸기는 주의를 기울여 경청하고 과거사가 아닌 현재의 통제가능한 행동과 생각에 집중하고 내담자가 스스로 선택하고 변명하지 않고 결과를 책임질 수 있도록 지지적인 환경을 조성하는 것이다.

- 벌하거나 비판하지 말고 내담자의 행동선택에 따른 필연적인 결과를 스스로 깨닫게 하라.

우볼딩은 상담환경 가꾸기에 대해 구체적으로 13가지 권장사항과 3가지 금기사항을 언급하였다(김인자, 1997).

■ 권장사항

① 주의를 기울이는 행동을 하기: 지지적이고 자유로운 분위기를 형성하기 위해 언어적 행동과 비언어적 행동을 사용한다. 얼굴표정(눈맞춤, 자연스러운 시선 등), 수용적인 자세(열린 마음으로 상대방을 수용하는 태도로 앉아있기), 언어적 행동(경청하며 내담자의 말에 코멘트하고 반영하기 등), 비언어적 행동(목소리, 억양 등) 등 관계 증진을 위한 행동은 다른 상담에서 사용하는 방법들과 동일하다.

② ABCDEFG 따라하기: 이 원칙은 내담자와 지속적이고 우호적인 관계를 유지하기 위해 상담자는 언제나(Always Be), 친절하고 침착하게(Courteous & calm), 확신을 갖고(Determined), 열성적으로(Enthusiatic), 단호하고(Firm), 진실하게(Genuine) 내담자를 대한다.

③ 판단을 보류하기: 상담자는 내담자의 어떠한 행동도 판단하거나 비판하지 않고 내담자의 행동을 내담자 스스로 자신의 욕구를 충족시키려는 최선의 선택으로 이해해야 한다.

④ 예상하지 않은 행동하기: 내담자는 자신의 고통을 안고 상담실을 찾아온다. 상담자는 내담자가 자신의 또 다른 내적 바람을 보게 하여 잠시나마 고통스러운 상황을 제쳐두고 자신의 다른 바람을 탐색할 수 있도록 돕는다.

⑤ 유머 사용하기: 글라써는 유머는 인간의 고통을 치유하는 최상의 묘약이라며, 상담시 수시로 유머를 사용하여 상담자와 내담자가 서로 만남을 기대할 수 있도록 하라고 권장하였다.

⑥ 자기답게 개성있게 상담하기: 상담자가 진취적이면 진취적인 대로, 신중하면 신중한 대로 자신답게 상담하라. 이것이 상담자로 하여금 자신의 진실한 모습으로 내담자를 대하게 한다.

⑦ 자기개방하기: 상담자가 진실하고 개방적인 태도로 내담자를 대할 때 내담자는 자신의 좋은 세계(Quality World)로 상담자가 들어오게 하며, 상담자에 대한 신뢰를 높인다. 그러나 상담자의 지나친 자기개방은 삼가한다.

⑧ 은유적 표현에 귀 기울이기: 내담자의 간접적인 표현이나 은유적 표현에 귀 기울이고 내담자의 표현 이면에 그의 진심이 무엇인지 생각해야 한다. 이렇게 되면 내담자는 자신이 알고 있는 것뿐 아니라 분명치 않은 것들에 대한 통찰이 깊어지고 자신의 감정에 대한 깊이 있는 표현이 가능해진다.

⑨ 주제에 귀 기울이기: 내담자가 말하는 주제를 경청하고 이를 확인하여 다시 반영시켜 준다. 내담자의 지각과 바람을 재확인시킴으로써 주제를 명확하게 하고 내담자가 주제에서 벗어나지 않도록 하여 상담의 방향을 설정해나간다.

⑩ 요약하면서 초점 맞추기: 상담자는 내담자의 이야기를 요약하여 진실로 원하는 것이 무엇인지 초점을 맞출 수 있도록 돕는다.

⑪ 결과를 인정하고 책임지게 하기: 상담자는 내담자의 바람직하지 않은 선택행동에 대해 그 결과가 긍정적이든 부정적이든 스스로 책임질 수 있도록 돕는다.

⑫ 침묵을 허용하기: 내담자는 침묵 속에서 자신의 생각을 정리하고 자신이 가진 내면의 심리적 사진과 지각을 명료화하며, 좋은 세계와 비교하고, 그 결과 문제해결을 위한 행동계획을 수립할 수 있다. 따라서 내담자의 침묵을 방해하지 않고 상담에 활용한다.

⑬ 윤리적으로 행동하기: 상담자는 내담자의 복지와 상담목적 달성을 위해 상담관계에서 윤리적으로 행동해야 한다.

> 상담환경 가꾸기를 위한 13가지 권장사항
>
> 1. 주의를 기울이는 행동하기
> 2. ABCDEFG 따라하기
> 3. 판단을 보류하기
> 4. 예상하지 않은 행동하기
> 5. 유머 사용하기
> 6. 자기답게 개성있게 상담하기
> 7. 자기개방하기
> 8. 은유적 표현에 귀 기울이기
> 9. 주제에 귀 기울이기
> 10. 요약하면서 초점 맞추기
> 11. 결과를 인정하고 책임지게 하기
> 12. 침묵을 허용하기
> 13. 윤리적으로 행동하기

■ 금지사항

① 변명을 받아들이지 않기: 상담자는 내담자의 변명을 수용하지 않는 태도를 지녀야 한다. 특히 상담 중에 내담자의 변명에 대해 '왜'라는 질문을 사용하지 않는다. 이는 연속적인 변명을 가져올 수 있고, 행동에 대한 책임을 내담자에게서 상담자로 옮겨가게 할 수 있기 때문이다. 오히려 내담자의 어떠한 행동에 대해서도 그것이 그 순간에는 자신이 선택한 최선이었음을 이해하고, 내담자가 이에 대해 스스로 인식하여 책임감을 느낄 수 있도록 해야 한다.

② 비판하거나 처벌하지 않기: 상담자는 내담자를 비판하거나 처벌하지 않도록 조심한다. 처벌은 비교육적이며 부정적인 감정을 유발하며 문제해결에 도움이 되지 않는다.

상담환경 가꾸기를 위한 3가지 금지사항

1. 변명 받아들이지 않기
2. 비판하거나 처벌하지 않기
3. 쉽게 포기하지 않기

③ 쉽게 포기하지 않기: 상담자는 내담자가 화를 내고 협조하지 않아도, 내담자를 절대 포기하지 않는다. 그로 인해 최선을 다하는 자로서의 이미지를 내담자의 좋은 세계에 간직하여 내담자가 필요할 때마다 꺼내 쓰기 쉽게 만들어야 한다.

④ 기타 권장사항으로 글라써와 우볼딩은 상담이 종결된 후에도 내담자가 시도하고 있는 변화와 노력을 강화시켜 주기 위해 전화나 추후상담, 방문교류 등 내담자와 지속적인 교류를 권장하였다. 또한 상담자가 자신의 일에 대해 동료상담자로부터 피드백을 얻고 정보를 서로 교환해야 하며, 스스로의 성장을 위해 지속적인 교육을 받고 노력해야 한다고 하였다.

WDEP system을 이용한 행동변화 과정

① 욕구, 바람, 지각 탐색
② 현재의 전행동 탐색
③ 바람-행동-계획 평가
④ 계획 세우기

② 행동변화로 인도하는 과정(Want–Doing–Evaluation–Plan: WDEP)

내담자가 자신의 욕구를 정확히 인식하고 이를 바탕으로 현실세계에서 가능한 최선의 행동을 선택해 행함으로써 그 결과를 책임지고 성공적인 정체감을 획득하기 위한 구체적인 절차를 현실치료에서는 WDEP system으로 설명한다(Wubbolding, 1991).

■ 욕구, 바람, 지각을 탐색하기: Wants

상담자는 질문을 통해 내담자가 진정 원하는 것이 무엇인지, 내담자가 현실세계를 어떻게 지각하는지에 대해 탐색한다. 이렇게 자신이 원하는 바를 정확히 인식하고 표현해 볼수록 상담의 목표는 뚜렷해지고, 원하는 바를 이룰 수 있는 현실적인 방법을 고안해내는 데 도움이 된다. 한편 주변 사람들이 내담자에게 원하는 바가 무엇인지 탐색하도록 하는 것도 중요하다. 내담자가 진정으로 원하는 것을 탐색하는 것이란 그가 가진 좋은 세계 안에서 개인적인 바람을 구체적으로 인식하고, 이를 표현해 봄으로써 자신의 기본적인 욕구를 이해하게 되고, 이를 만족시키기 위해 어떤 방법을 사용할지, 방해가 되는 것은 무엇인지를 구체화시켜 효과적인 행동을 선택하게 하는데 도움이 된다. 다음 질문은 탐색에 도움이 되는 질문들이다.

상담자는 질문을 통해 내담자의 욕구, 바람을 인식하고 이를 내담자가 표현할 수 있도록 돕는다. 그렇게 함으로써 내담자 스스로 자신이 원하는 바를 정확히 인식하고, 이것을 이룰 수 있는 현실적인 방법을 고안해내는 데 도움을 준다.

- 무엇을 원하는가?
- 진정으로 원하는 것은 무엇인가?
- 사람들(가족, 친구, 주변인)이 당신에게 원하는 것은 무엇이라고 생각하는가?
- 어떤 시각으로 사물과 환경(현실세계)을 바라보는가?
- 상담자에게 무엇을 바라는가?

한편 내담자가 상담자에게 바라는 것을 표현해 보도록 하여 상담 상황을 어떻게 지각하는지를 탐색하는 것은 상담관계 및 현실치료에 대한 구조화뿐 아니라 내담자의 상담에 대한 기대와 변화에 대한 열망을 표현하게 함으로써 내적 동기를 향상시키고, 변화를 위해 기꺼이 노력할 것에 대한 다짐을 하게 해 상담의 효과를 증대시킨다. 더불어 현실치료에 대한 기본적인 설명도 이때 이루어진다.

■ 현재의 전행동을 탐색하기: Doing

내담자가 바라는 바를 탐색한 후에는 현재 내담자가 행하고 있는 전행동을 탐색하고 평가하는 것이 중요하다. 이는 내담자가 바라는 바를 얻기 위해 올바르게 행동하고 있는지, 그것이 효과적인지를 평가하는 것이다. 상담자는 내담자의 현재 행동이 행동하기, 생각하기, 느끼기와 신체반응이라는 4가지로 구성되어 있음을 알려주고 자신의 행동을 평가할 수 있도록 돕는다. 더불어 그 4가지 요소 중 자신이 선택해서 완전한 통제가 가능한 행동하기를 변화시킴으로써 생각하기와 감정, 신체반응까지도 변화시킬 수 있음을 알려준다.

내담자가 현재 행하고 있는 행동, 생각, 느낌, 신체반응으로 구성된 전행동을 탐색한다.

전행동을 탐색하기 위한 질문은 다음과 같다.

- 당신은 무엇을 하고 있습니까?

이 질문은 4가지 중요한 의미로 나누어 이해될 수 있다.

- **당신은**: 이는 내담자가 행동 원인을 외부 환경이나 타인에게 돌리거나 변명을 하지 않고 온전히 행동의 책임이 자신에게 있음을 강조한다.
- **무엇을**: 이를 통해 내담자의 내면세계에 들어갈 수 있는데, 행동의 효과성에 대한 판단이나 자기가 통제할 수 있는 것과 그렇지 않은 것을 구분할 수 있도록 돕는다.
- **하고(Doing)**: 이는 특히 현실치료가 강조하는 특징으로 전행동 중 '행동'의 중요성과 '현재'의 중요성을 시사하는 질문이다.
- **있습니까?**: 이는 현실치료에서 강조하는 '현재'의 중요성을 반영하고 있다. 자신의 욕구 충족을 위해 현재 노력하고 있는지, 그 행동을 실행하고 있는지를 평가한다.

■ 자신의 바람-행동-계획을 평가하기: Evaluation

이 단계는 현실치료에서 가장 핵심적인 부분으로 내담자 스스로 자기평가를 하는 단계이다. 즉, 자신의 행동이 자신의 바람과 욕구를 충족시키는 데 효과적인지를 평가하는(Evaluation) 것이다.

이 단계에서 사용하는 질문은 다음과 같다.

- 당신이 지금 행하는 행동이 당신에게 도움이 되는가?
- 당신이 지금 행하는 행동이 진정으로 원하는 것을 얻는 데 도움이 되는가?
- 당신이 행동하는 것이 규칙에 어긋나는가?
- 당신이 원하는 것은 현실적이거나 실현가능한 것인가?
- 그런 식으로 세상을 보는 것이 당신에게 도움이 되는가?

내담자 자신의 행동이 바람과 욕구를 충족시키는 데 효과적인지를 평가한다.

■ 계획 세우기: Planning

이 단계는 새로운 행동에 대한 계획과 실행과정으로 긍정적이고 효과적인 행동계획 수립과 그에 대한 약속, 과정에 대한 마무리 제언으로 구성된다. 지금까지 내담자는 자신이 바라는 바람과 욕구를 인식하고 자신이 행하고 있는 행동이 이를 충족시키는 데 효과적인지를 평가했다. 이를 바탕으로 보다 나은 선택과 변화를 위해 긍정적인 계획을 수립하게 된다. 긍정적인 계획이란 자신의 욕구나 바람을 충족시키기 위해 현실적으로 실현가능하고 다른 사람에게 피해를 끼치지 않는 전행동이다.

자신의 바람과 행동의 효과에 대한 평가를 바탕으로 SAMIC3/P를 고려해 새로운 행동에 대한 계획과 실행 과정을 수립한다.

우볼딩(1991)은 효과적인 계획을 세우는데 고려해야 할 일곱 가지에 대해 SAMIC3/P로 정리했다.

- S: Simple - 단순해야 한다.
- A: Attainable - 달성 가능해야 한다.
- M: Measurable - 측정 가능해야 한다.
- I: Immediate - 즉시 수행될 수 있어야 한다.
- C3: Controlled - 내담자의 통제 하에 있어야 한다.
  Consistent - 지속적이고 반복적이어야 한다.
  Committed - 변화를 위한 노력이 있어야 한다.
- P: Planner - 모든 계획의 수립과 실천의 책임은 내담자에게 있다.

4 상담기법

1) 질문하기

질문하기를 이용해 내담자가 스스로 자신의 욕구와 바람, 현재의 전행동을 탐색하고 평가하게 할 수 있으며 새로운 계획 수립을 도울 수 있다.

현실치료는 상담자와 청소년 내담자의 상담과정에서 적절한 질문을 통해 청소년 내담자가 스스로를 인식하고 현실세계와 지각세계를 평가하도록 한다. 청소년 내담자의 전체행동 탐색, 욕구와 바람의 평가, 구체적 계획수립에 질문이 사용된다. 우볼딩(1988)은 질문하기기법이 내담자의 내면세계로 들어가기, 정보 수집, 정보 제공, 내담자가 보다 효과적인 선택을 하여 자신의 현실을 통제할 수 있도록 도울 수 있다고 보았다. 효과적인 질문을 통해 청소년 내담자는 자신의 욕구와 바람을 인식하고 자신의 전행동을 평가하며 새로운 계획을 수립해 삶을 변화시킬 수 있다.

2) 역설적 기법

역설적 기법은 내담자의 욕구와 모순되는 지시를 내려 내담자가 이에 대해 고민하게 하고 결과적으로 내담자 자신의 선택에 의한 행동의 결과를 직면시킴으로써 내담자 스스로에게 통제감이 있음을 느끼게 하고 책임감을 증가시킬 수 있는 상담기법이다.

역설적 기법은 청소년 내담자가 행동에 대한 통제감이 스스로에게 있음을 느끼고 책임감을 높이는 데 도움을 준다. 역설적 기법은 청소년 내담자에게 모순되는 지시를 내림으로써 청소년 내담자가 이를 고민하고 스스로 내린 선택에 대한 행동의 결과를 직면하여 그것이 자신의 선택에 의한 결과임을 알게 한다. 예를 들어, 발표 시 말을 더듬는 청소년 내담자에게 이번 발표에서 말을 더 더듬으라고 지시를 내린다. 청소년 내담자가 고민을 한 끝에 말을 더 더듬었다면 말더듬는 행동을 선택해 악화시켰음을 인식할 수 있고, 말을 더듬지 않았다면 이 역시 말을 더듬는 행동을 하지 않는 선택을 해 문제를 통제하였음을 인식하게 할 수 있다. 즉, 역설적 지시에 대해 청소년 내담자가 어떠한 선택을 하든 그것의 통제력은 청소년 내담자에게 있음을 알게 한다. 이러한 경험은 청소년 내담자가 문제에 대한 인식을 전환하는 데 도움이 된다.

3) 유머

현실치료에서는 인간의 기본 욕구 중 하나를 즐거움이나 흥미를 추구하는 것이라고 하였다. 그만큼 청소년 내담자와 상담자의 관계에서 유머를 사용하고 즐거움을 공유하는 것은 친밀한 관계를 맺는데 도움이 되고, 청소년 내담자의 소속감을 충족시켜 상담 효과를 증진시킬 수 있다.

> 유머는 친밀한 관계를 맺고 내담자와 상담자 간의 소속감을 충족시켜 상담 효과를 증진시킬 수 있다.

4) 언어표현을 이용하기: 동사와 현재형으로 말하기

현실치료에서는 인간이 자신의 행동을 선택할 수 있기에 선택의 책임이 있으며, 새로운 선택을 통해 삶이 변화될 수 있다는 측면을 강조한다. 인간의 전행동 중 행동은 전적으로 통제할 수 있고 감정이나 생각하기는 어느 정도 통제가 가능하다. 이렇듯 스스로가 자신의 전행동을 통제할 수 있다는 것을 강조하기 위해 언어적 표현을 사용한다. 선택과 통제가 가능한 행동하기로 표현하기 위해 동사형으로 말하고, 현재형의 표현을 사용하기를 권한다. 예를 들어, '우울', '행복' 등의 감정의 단어도 '우울하기를 선택하다', '우울해 하고 있다', '행복하기로 결정하다' 등의 표현을 사용해 말하도록 한다. 이렇게 함으로써 자신의 감정과 생각이 행동과 같이 스스로 선택한 결과임을 인식하고, 자신이 통제할 수 있음을 강조하여 새로운 변화에 대한 책임감으로 이어지게 할 수 있다.

> 동사와 현재형으로 말하기는 내담자 스스로 자신의 전행동을 통제할 수 있다는 것을 강조하기 위해 사용한다.

CHAPTER 13

게슈탈트 상담

학습주제

1. 게슈탈트 상담의 인간관은 어떠한가?
2. 게슈탈트 상담의 주요 개념은 무엇인가?
3. 게슈탈트 상담의 상담목표는 무엇이며 상담과정은 어떠한가?
4. 게슈탈트 상담에서 사용되는 주요 기법은 무엇인가?

게슈탈트 상담은 1940년 펄스(Fritz Perls, 1893~1970)에 의해 개발되었다. 게슈탈트 상담은 현상학적이고 실존적이며 경험적이고 낙관적·인본주의적이다. 즉, 내담자의 현실지각을 강조한다는 측면에서 현상학적이며, 인간은 늘 자신을 창출·개선·재발견하는 과정에 있다고 보는 측면에서 실존적이다. 또한 추상적인 접근보다는 내담자로 하여금 직접 상황을 경험해 보도록 돕는다는 측면에서는 경험적이라 할 수 있고, 인간에 대해 낙관적인 태도를 취하며 인간을 능력이 있는 존재로 보며 자아실현을 중요시한다는 점에서 인본주의적이다. 과거에 주의를 기울이는 것이 아니라 현재에 초점을 맞추는데 펄스는 "바로 지금 외에 존재하는 것은 아무것도 없다. 과거는 지나갔고 미래는 오지 않았다. 우리는 바로 지금, 현재에 살아야 한다"라고 언급하며 현재를 강조하였다. 게슈탈트 상담에서 무엇보다도 중요한 것이 바로 알아차림(awareness)이다. 알아차림은 정서적

> 펄스에 의해 개발된 게슈탈트 상담은 현상학적이고 실질적이며, 경험적이고 낙관적·인본주의적이다.

건강에 핵심적인 요소로 건강한 사람의 특징이기도 하다. 따라서 상담자는 내담자에게 알아차림을 증진시키는 다양한 작업을 수행한다.

펄스의 생애

게슈탈트 상담은 고전적 정신분석 훈련을 받은 치료자들이 하던 고전적 정신분석의 경직성에 대한 반작용으로[1] 펄스(Fritz Perls, 1893~1970)에 의해 시작되었다. 베를린의 유대계 가정에서 태어난 펄스는 누나와 여동생이 있는 외동아들이었다. 청소년 시기에 학교에 잘 적응하지 못하여 퇴학을 당하기도 하였으나, 시와 철학, 연극을 좋아했으며 학업을 지속하여 대학에서 의학을 전공하게 된다. 1차 세계대전 당시에 군의관으로 참전하면서 군대식 권위주의와 인종 편견의 잔인성을 인식하게 되었고, 1920년에 정신과 전문의 자격과 의학박사 학위를 받았다. 정신분석에 흥미를 느껴 정신분석 훈련을 받았는데 만족할만한 결과를 얻지 못하였으며, 1926년에 신경정신의학자인 골드스타인(Kurt Goldstein)을 만나 조수로 일하면서 '전체로서의 유기체'와 관련된 이론을 접하고[2] 인간을 부분들의 합이 아니라 전체로 보아야 함을 깨닫게 된다. 1930년에 로라 펄스와 결혼하였고 1934년 남아프리카로 이주하여 정신분석연구소를 개설해 정신분석과 관련된 이론을 발표하기도 했으나, 프로이트에게는 인정받지 못했다. 이후 프로이트의 이론을 비판하는 책을 발표한 후 정신분석적 전통에서 벗어나게 된다. 미국으로 이주한 펄스는 뉴욕에서 「형태치료연구소」를 열었고, 1950년에 처음으로 '게슈탈트'라는 용어를 만들었다. 후에 에살렌연구소에서 다양한 워크숍과 세미나를 개최하며 명성을 얻게 된다. 펄스는 활달한 성격의 소유자였으며 자극적인 쇼맨십과 의외의 행동으로 사람을 당황하게 만드는 인물이었다. 그는 사람들에게 통찰력 있는 사람, 재치 있는 사람, 명석한 사람, 도전적인 사람, 꾀 많은 사람, 적대적인 사람, 요구하는 것이 많은 사람, 영감이 뛰어난 사람 등으로 다양한 평가를 받았다.[3]

---

1) 김정규 외 공역(2008). 알아차림, 대화 그리고 과정 '게슈탈트 치료에 대한 이론적 고찰'. 서울: 학지사.
2) 권석만(2012). 현대 심리치료와 상담이론. 마음의 치유와 성장으로 가는 길. 서울: 학지사.
3) 조현춘, 조현재 공역(2006). 심리상담과 치료의 이론과 실제 제 6판. 서울: 센게이지러닝코리아.

1 인간관

게슈탈트의 인간관은 현상학과 실존주의, 총체주의 및 장이론을 기초로 한다. 내담자의 현실 지각을 강조할 뿐 아니라 내담자를 자신의 행동에 책임을 질 수 있으며 통합된 인간으로 살아갈 수 있는 충분한 능력을 가지고 있다고 본다. 그리고 전체는 부분의 합 이상으로 총체적인 인간에 관심을 보이며, 유기체를 그가 속한 환경 혹은 맥락 속에서 끊임없이 변하는 장(field)의 일부로 보기 때문에 내담자와 환경 간의 경계에서 일어나는 일들에 주목한다.

게슈탈트에서 전체는 부분의 합 이상으로 총체적인 인간에 관심을 보이며 현상학과 실존주의, 장이론을 기초로 한다.

게슈탈트이론에서 인간을 이해하는 관점은 다음과 같다(Passons, 1975; 김계현 등, 2011에서 재인용).

첫째, 인간은 신체, 정서, 사고, 감각, 지각 등의 부분들로 이루어진 통합된 복합체이며, 이러한 각각의 부분들 중 어느 하나도 전체로서의 인간이라는 맥락을 벗어나 이해될 수 없다.

둘째, 인간은 환경의 한 부분이므로, 한 인간을 이해할 때 그가 속한 환경을 떠나서는 이해될 수 없다.

셋째, 인간은 내·외적 자극에 대해 반응하는 방식을 스스로 선택할 수 있으므로 환경 속에서 행위자이지 반응자는 아니다.

넷째, 인간은 모든 감각, 사고, 정서, 지각을 충분히 인식할 수 있는 잠재력을 가지고 있다.

다섯째, 인간은 인식능력을 통해서 선택할 수 있기 때문에 스스로 선택하고 책임질 수 있다.

여섯째, 인간은 자신의 삶을 효과적으로 살아갈 수 있는 능력이 있다.

일곱째, 인간은 현재에서만 자기 자신을 경험할 수 있다. 과거와 미래는 현재로서의 경험으로서만 의미가 있다.

여덟째, 인간은 근본적으로 선하지도 악하지도 않은 존재이다.

게슈탈트 상담에서는 주어진 상황에서 우리에게 일어난 일을 잘 자각할 수 있다면 그 상황에 필요한 게슈탈트를 형성하게 되므로 주어진 상황에 잘 적응하게 된다고 본다. 즉, 주어진 상황에서 매 순간을 충실히 경험하고 그것을 자각할 때 바람직한 적응이 이루어질 수 있다고 본 것이다.

2 주요 개념

1) 게슈탈트

게슈탈트는 '전체' 혹은 '형태'라는 뜻을 지니고 있으며 동시에 전체를 구성하는 부분들이 어떻게 조직화되는가의 의미로 사용된다. 게슈탈트 상담에서 게슈탈트는 '개체에 의해 지각된 행동의 동기'를 의미한다.

게슈탈트(gestalt)는 '전체' 혹은 '형태'라는 뜻을 지니고 있으며 동시에 전체를 구성하는 부분들이 어떻게 조직화되는가의 의미로도 사용되는 독일어이다. 개체는 어떤 자극에 노출되었을 때 완결성, 근접성, 유사성의 원리에 입각하여 자극을 하나의 의미 있는 전체 혹은 형태로 만들어 지각하는 경향이 있다. 게슈탈트 상담에서 게슈탈트라는 개념은 '개체에 의해 지각된 행동동기'를 의미한다. 예를 들어, 물을 한 잔 마시고 싶은 것, 누워서 쉬고 싶은 것 등 인간의 행동은 모두 게슈탈트가 된다. 개체가 게슈탈트를 형성하는 이유는 인간의 감정이나 욕구를 하나의 의미 있는 행동으로 만들어서 실행하고 완결짓기 위함이다. 여기서 유념해야 할 점은 개체의 욕구나 감정이 바로 게슈탈트가 되는 것은 아니며, 개체가 이들을 자신이 처한 상황과 환경을 고려하여 그 상황에서 실현가능한 행동동기로 지각한 것이 게슈탈트라는 점이다. 개체는 자신의 모든 활동을 게슈탈트를 형성함으로써 조정하고 해결하기 때문에 이것에 실패하면 심리적·신체적 장애를 겪게 된다. 건강한 사람이란 분명하고 강한 게슈탈트를 형성할 수 있는 능력을 지닌 사람이다(박경애, 2014).

2) 전경과 배경

게슈탈트 상담에서 우리가 관심과 주의를 어디에 기울이느냐에 따라 보이는 내용이 달라진다고 본다. 인간은 한순간에 한쪽 측면만을 볼 수 있다. 한순간 관심의 초점이 되는 부분을 전경(figure)이라 하는데, 이때 관심의 초점이 되지 않는 부분을 배경(ground)이라 한다. 게슈탈트 형성과 완결은 전경과 배경의 순환과정이다. 즉, 개체는 어느 한순간에 가장 중요한 욕구나 감정을 전경으로 떠올리게 되는데, 이때 다른 욕구나 감정은 배경이 된다. 전경으로 떠올랐던 욕구나 감정이 해소되면 이것은 다시 배경으로 물러나며 새로운 게슈탈트가 전경으로 떠오르게 된다. 이러한 순환과정을 '게슈탈트의 형성과 완결' 혹은 '전경과 배경의 교체'라고 한다. 건강한 개체는 매 순간 자신에게 가장 중요한 게슈탈트를 선명하게 형성하여 전경으로 떠올릴 수 있으나, 건강하지 못한 개체는 자신의 가장 중요한 욕구나 감정을 자각하지 못하여 전경과 배경을 명확히 구분하지 못한다.

한순간 관심의 초점이 되는 부분을 전경이라 하고 관심의 초점이 되지 않은 부분을 배경이라 한다.

3) 알아차림과 접촉

게슈탈트이론에서는 유기체의 알아차림(awareness)과 접촉(contact)을 중시한다. 접촉은 변화와 성장이 일어나기 위한 필수조건으로 알아차림을 통해 가능해진다. 알아차림이란 유기체가 자신의 욕구나 감정을 알아차리고 게슈탈트를 형성하여 그것을 전경으로 떠올리는 것을 말하며, 접촉은 전경으로 떠오른 게슈탈트를 완성하기 위해 환경과 상호작용하는 것을 말한다. 따라서 전경과 배경의 교체에서 알아차림과 접촉은 매우 중요하다. 알아차림은 게슈탈트 형성에 접촉은 게슈탈트 완성에 관여하기 때문이다.

진커(Zinker, 1977)는 알아차림－접촉주기를 6단계로 나누어 설명하였다. ① 배경에서, ② 유기체의 욕구나 감정이 신체감각의 형태로 나타나

알아차림이란 유기체가 자신의 욕구나 감정을 알아차리고 그것을 전경으로 떠올리는 것을 말한다.

접촉이란 전경으로 떠오른 게슈탈트를 해소하기 위해 환경과 상호작용하는 것을 말한다.

게슈탈트 상담에서는 알아차림과 접촉을 통해 전경과 배경이 교체되고, 게슈탈트가 완성되는 것이 중요하다.

고, ③ 이를 알아차려 게슈탈트를 형성하여 전경으로 떠올리며, ④ 이를 해소하기 위하여 에너지를 동원하여, ⑤ 행동으로 옮기고, ⑥ 마침내 환경과의 접촉을 통해 게슈탈트를 완성한다. 게슈탈트를 완성하게 되면 그 게슈탈트는 배경으로 물러나고 개체는 휴식을 취한다. 앞의 6단계 중 어느 한 단계가 차단되면 유기체는 건강하게 게슈탈트를 완성할 수 없으며, 완결되지 않은 게슈탈트는 미해결 과제로 남게 되는 것이다.

4) 미해결 과제와 회피

분노, 증오, 노여움 등 표현되지 않은 감정으로 나타나는 미해결 과제는 완결되지도 해소되지 않은 게슈탈트를 말한다.

회피는 내담자로 하여금 미해결 과제에 직면하거나 미해결 과제와 관련 있는 불편한 정서 경험을 방해한다.

완결되지 않은 게슈탈트를 미해결 과제(unfinished business)라고 한다. 미해결 과제는 분노, 증오, 노여움, 고통, 불안, 죄책감, 회한과 같은 표현되지 않은 감정으로 나타난다. 미해결 과제는 지속적으로 완결을 요구하며 전경으로 떠오르려고 하면서 전경과 배경의 자연스러운 교체를 방해하기 때문에 적응에 방해가 된다.

미해결 과제와 관련된 개념이 회피(avoidance)이다. 회피는 사람들이 미해결 과제를 직면한다거나 미해결 상황과 관련 있는 불편한 정서 경험을 방해하는 수단으로 작용하여 결과적으로 내담자의 성장을 방해한다. 미해결 과제가 많은 내담자일수록 심리적 · 신체적 장애를 경험할 가능성이 높아진다. 게슈탈트 상담에서는 미해결된 과제에 직면하여 지금-여기에서의 알아차림을 통해 해결하는 데 초점을 둔다.

5) 지금-여기

게슈탈트 상담에서는 현재를 중요시하며 청소년 내담자로 하여금 지금 여기에서 즉각적으로 자신의 경험과 접촉하게 해 자각을 증진시킨다.

게슈탈트 상담에서 가장 중요한 시제는 현재이다. 그러나 아쉽게도 많은 내담자들은 현재에 머무르기보다는 과거에 머무르거나 미래를 위한 계획을 세우는 데 열중하고 있다. 게슈탈트 상담은 내담자가 지금-여기(Here and now)에서 즉각적으로 자신의 경험에 접촉할 수 있도록 돕는다. 이러한 즉각적인 경험과의 접촉을 통해 자각이 증가하게 되는 것이다. 그렇다고 해서 과거와 미래를 버리라는 것이 아니라 현재에 살면서 과거와 미래를 현재로 가져 오도록 현재화해야 한다. 내담자가 지금 여기에 있도록 돕기 위해 "지금 일어나고 있는 일이 무엇입니까?", "지금 무엇을 느끼고 있나요?", "지금 어떤 생각을 하고 있습니까?"라고 묻는다.

6) 접촉 – 경계 혼란

접촉 – 경계 혼란이란 알아차림 – 접촉주기의 각 단계에서 차단이 일어나는 것으로 게슈탈트 형성과 해소과정을 방해하는 정신병리적 현상을 뜻한다. 저항은 게슈탈트 상담에서 개체가 현재를 온전하게 경험하는 것을 방해하는, 즉 접촉을 방해하는 방어기제이다. 5가지 저항이 접촉–경계 혼란을 일으키게 되는데 이 5가지 저항은 내사, 투사, 융합, 반전, 편향이다.

> 접촉 – 경계 혼란이란 게슈탈트 형성과 해소과정을 방해하는 정신병리적 현상을 말한다. 여기에는 내사, 투사, 융합, 반전, 편향이 있다.

(1) 내사

내사(introjection)란 타인의 신념과 기준을 무비판적으로 자신의 것으로 수용하는 것을 말한다. 이렇듯 타인의 신념과 기준을 무비판적으로 받아들이면 자신의 욕구를 잘 알아차리기가 어렵다. 내사된 신념과 기준들은 자신에게 통합되지 못하기 때문에 문제를 일으키게 되는 것이다.

> 내사란 타인의 신념과 기준을 무비판적으로 수용함으로써 자신의 욕구를 알아차리지 못하도록 만든다.

(2) 투사

투사(projection)는 내사와 반대되는 기제로 자신의 생각이나 욕구, 감정을 자신의 것으로 자각하고 접촉하는 것이 두려운 나머지, 그것들에 대한 책임 소재를 타인에게 돌림으로써 발생하는 것이다. 투사는 미움, 질투, 분노, 부드러움, 자신감, 창조성 등 다양한 욕구와 감정, 가치관의 측면에서 발생하는데, 나의 생각, 욕구 및 감정은 싫든 좋든 나의 것이라는 사실을 받아들여야만 병적 투사의 갈등에서 벗어나 실존적 삶을 살 수 있게 된다.

> 투사는 자신의 생각이나 욕구, 감정을 자기 것이 아닌 타인의 것으로 지각하여 접촉을 피하는 것이다.

(3) 융합

융합은 자기와 환경 간 분화가 희미한 것으로, 자신의 내적 경험과 외부 현실을 구분하지 못하는 것이다.

융합(confluence)은 자아와 타인 혹은 환경 간의 차이를 인식하지 못하는 접촉-경계 혼란이다. 즉, 자기와 환경 간 분화가 희미한 것으로 내적 경험과 외부 현실을 명확하게 구분하지 못하는 것이다. 대인관계에서의 융합이란 갈등이 없는 것을 말한다. 인정을 받거나 사랑받고자 하는 욕구가 강한 내담자들의 접촉 양식으로 융합을 사용하고 있는 사람들에게서 대인 갈등이란 불안을 야기하기 때문이다.

(4) 반전

반전은 외부로 향하는 자신의 욕구를 외부가 아니라 자기 자신에게 표출하는 것이다.

반전(retroflection)이란 자신이 타인이나 환경에 대해 하고 싶은 행동 혹은 타인이 자신에게 해주기를 바라는 행동을 자기 자신에게 하는 것을 말한다. 성장과정에서 환경에 의해 자신의 욕구를 스스로 억제하기를 반복한 경우, 아동은 원하는 행동을 스스로 해결하는 것에 익숙해진다. 개체는 타인과의 접촉을 통해 얻게 되는 생생함을 상실하고 타인과의 접촉을 피하며 혼자 내적 대화를 하게 되는 것이다. 우울은 표현할 수 없는 분노를 자신에게 반전한 결과라 할 수 있다.

(5) 편향

편향은 유머나 추상적인 진술을 하거나 감각을 둔화시킴으로써 알아차림이나 접촉을 흐리게 한다.

편향(deflection)은 접촉을 피하거나 감각적 기제를 통해 감각을 둔화시킴으로써 알아차림을 흐리게 하는 것을 말한다. 편향을 사용하는 사람들은 유머나 추상적인 일반화의 과도한 사용, 진술문이 아닌 의문문의 사용으로 접촉을 흐리게 만든다. 편향은 불안과 같은 부적응적인 심리상태를 피하려는 하나의 적응기제로 작용한다. 그러나 지속적으로 사용될 경우 더 이상 현실에 근거하지 않은 부적응적인 행동이 된다.

7) 신경증 층

펄스는 인간의 성격을 양파껍질에 비유하고 인간이 심리적 성숙을 이루기 위해서는 5가지 신경증 층을 벗겨야 한다고 보았다. 따라서 상담은 이 신경증 층들을 벗겨내는 과정이라 볼 수 있는데, 5가지 신경증 층은 허위층, 공포층, 난국층, 내파층, 폭발층이다.

심리적 성숙을 이루기 위해서는 허위층, 공포층 혹은 역할연기층, 난국층, 내파층, 폭발층이라는 다섯 가지 신경층을 벗겨내야 한다.

(1) 허위층

허위층(phony layer)은 상투적으로 다른 사람에게 반응하는 것으로 진실성이 부족한 것이다. 이 수준에서는 우리 또는 타인이 만든 환상에 따라 생활하려고 하기 때문에 자신이 아닌 다른 사람인 것처럼 행동하면서 그 역할에 몰두한다. 규범에 따라 형식적이고 피상적으로 관계하므로 표면적으로는 세련된 행동과 적응적인 행동을 보이지만, 자신을 깊이 개방하지 않으므로 이 수준에 머물게 되면 진정한 변화는 일어나지 않는다. 이 단계는 아직 게슈탈트 형성이 잘 안 되는 단계이다.

허위층은 다른 사람에게 상투적으로 반응하며 자신을 깊이 개방하지 않는 것을 말한다. 이 단계에서는 게슈탈트 형성이 잘 안 된다.

(2) 공포 혹은 역할연기층

거부하고 싶었던 자신의 모습을 직시하지 않으려 한다. 타인들이 자신의 실제 모습을 알아차리게 되면 거부할 것이라는 공포를 가지고 있다. 따라서 자신을 있는 그대로 인정하며 살아가지 못하고 부모나 주위환경의 기대에 따라 행동하며 살아간다. 즉, 자신의 욕구를 억압하고 주위에서 바라는 대로 살아간다. 그들은 그것이 진정한 자기라 믿는다. 이 단계 또한 게슈탈트 형성이 잘 안 되는 단계이다.

공포 혹은 역할 연기층(phobic or role playing layer)은 타인이 자신의 모습을 알아차리게 되면 거부당할 것이라 염려하여 주위 사람이나 주변 환경에 따라 행동하며 살아가는 단계이다. 이 단계 또한 게슈탈트 형성이 잘 안 된다.

(3) 난국층

난국층은 자신의 욕구를 표출하고자 하나 아직 힘이 생기지 않아 실존적 딜레마에 빠져 있는 단계이다. 이 단계는 게슈탈트 형성은 되어 있지만 에너지가 동원되지는 못한 것이다.

성숙이 중단된 지점으로 이제껏 해왔던 역할연기를 중단하고 개인이 자신의 욕구를 표출하고자 하나 불안하여 어찌할 바를 모르는 상태에 있는 것이다. 즉, 아직은 자립할 수 있는 힘이 생기지 않아 실존적 딜레마에 빠져 있는 상태이다. 이 난국층(impasse layer)에서는 무력감과 허탈감 및 공포감을 경험한다. 이 단계는 게슈탈트 형성은 되어 있으나 에너지가 동원되지 못하고 있는 상태이다.

(4) 내파층

내파층에서 청소년 내담자들은 자신이 억압하고 차단해 왔던 욕구와 감정을 인식하게 되나 타인과의 갈등을 피하기 위해 억압한다. 이 단계는 에너지 동원은 되었으나 행동으로 옮겨 실행하지 않아 게슈탈트를 완결하지 못한다.

난국층의 경험들을 피하지 않고 완전히 경험하게 되면 내파층(implosive layer)에 이르게 된다. 즉, 자신이 억압하고 차단해 왔던 욕구와 감정을 알아차리게 되는 것이다. 그러나 자신의 욕구는 인식하지만 이것을 표현하면 타인과 갈등을 경험할지도 모른다는 생각 등의 다양한 이유로 인해 외부로 표출하지 못하고, 안으로 억압하며 반전행동을 보이기도 한다. 이 단계는 에너지 동원은 되었지만 행동으로 옮기는 단계에서 방해를 받아 게슈탈트가 완결되지 않은 상태이다.

(5) 폭발층

폭발층에서는 그동안 억제해 왔던 감정과 욕구를 표출해 게슈탈트를 완결한다.

자신의 감정과 욕구를 알아차려 환경과의 접촉을 통해 해결하므로 그동안 억제되었던 감정과 욕구를 표출하게 되는데, 이것을 폭발층(explosive layer)이라 한다. 미해결 과제도 전경으로 떠올려 해결할 수 있으며 마침내 게슈탈트를 완결짓는 단계이다. 내담자가 이 단계에 도달하게 되면 상담은 종결된다.

3 상담목표 및 과정

1) 상담목표

게슈탈트 상담에서 중요한 목표는 알아차림과 접촉의 증가이다. 알아차림은 그 자체가 치료적인 것으로 알아차림을 통해 억압되었던 자신의 감정이나 욕구에 직면하여 이것을 수용하게 되고 게슈탈트를 완결해 가는 과정을 거치게 된다. 이 과정을 통해 청소년 내담자는 자신의 삶에 책임감을 가지고 삶의 주체로서 살아갈 수 있게 된다. 진커(Zinker, 1978)가 제안한 구체적인 목표는 다음과 같다(박경애, 2014에서 재인용).

게슈탈트 상담의 목표는 알아차림과 접촉 증가이다.

- 내담자는 자신에 대한 자각이 증가한다.
- 내담자는 생각하고, 느끼고, 행동하는 것에 대한 책임을 다른 사람에게 전가시켰던 것과는 반대로 경험의 주체가 자기 자신임을 인정하게 될 것이다.
- 타인의 권리를 침해하지 않으면서 자신의 욕구를 충족시킬 수 있는 기술을 개발하고 가치관을 형성한다.
- 감각의 전체를 보다 잘 자각한다.
- 자신의 행동의 결과를 수용함과 동시에 자신이 한 것에 대해서 책임지는 것을 배우게 될 것이다.
- 외적·환경적 지지에서 내적 지지로 이동하게 될 것이다.
- 다른 사람에게 요구할 수 있고 도움을 청할 수 있으며 다른 사람에게 도움을 줄 수 있게 될 것이다.

2) 상담과정

게슈탈트 상담은 어떠한 정형화된 상담과정이나 절차가 마련되어 있지 않으나 게슈탈트 상담가인 욘테프는 상담자와 청소년 내담자의 관계형성과 심리적 문제를 다루어 내적 경험을 통합하게 하는 두 가지 단계로 게슈탈트 상담과정을 구분한다.

게슈탈트 상담과정은 정형화된 상담과정이나 절차를 지니고 있지는 않다. 그러나 욘테프(Yontef, 1995)는 게슈탈트 상담과정을 크게 두 단계로 구분하였다 첫째 단계에서는 상담자와 내담자가 진솔한 접촉에 근거하여 관계를 형성하고, 내담자로 하여금 현재 무엇이 어떻게 진행되는가를 자각하도록 촉진한다. 둘째 단계는 내담자의 삶을 불편하게 하는 심리적 문제를 실험과 기법을 통해 경험하도록 함으로써 통합하여 균형을 이룰 수 있도록 한다(노안영, 2014). 여기서는 상담자와 청소년 내담자의 관계 형성, 상담에서의 청소년 내담자 경험을 중심으로 살펴볼 것이다.

(1) 상담관계

게슈탈트 상담에서는 상담자와 청소년 내담자 간의 진솔한 인간 대 인간의 신뢰관계를 바탕으로 상담자가 청소년 내담자의 욕구에 민감하게 반응해야 한다.

게슈탈트 상담이 효과적으로 이루어지려면 상담자와 청소년 내담자 간의 진솔한 인간 대 인간의 신뢰관계가 형성되어야 한다. 게슈탈트에서는 내담자의 알아차림을 증가시키는 것이 중요하기에 상담자는 청소년 내담자의 욕구에 민감하게 반응해야 한다. 이를 위해 상담자는 청소년 내담자의 신체언어, 언어표현, 행동 등에 주의를 기울여야 한다.

상담관계에서 상담자는 현재 중심적이며 비판단적인 관계를 형성하고 청소년 내담자를 있는 그대로 수용하면서 상담자 자신이 관찰한 것과 느낀 것들을 솔직하게 표현할 수 있어야 한다. 게슈탈트 상담에서 그 어떤 기법보다 중요한 것이 상담자 자신으로, 상담자는 청소년 내담자와의 상담관계에서 자신을 개방하고 지금-여기에서 자신의 지각과 경험을 청소년 내담자와 공유할 수 있어야 한다. 이 과정을 통해 청소년 내담자는 현재 무엇이 어떻게 진행되고 있는가를 인식하게 된다. 상담자의 경험, 인식, 지각 등은 상담과정의 배경이 되고, 청소년 내담자의 인식은 전경이 되는 것이다.

(2) 청소년 내담자의 경험

게슈탈트 상담에서 청소년 내담자는 스스로 상황을 해석하고 의미를 부여하는 능동적인 참여자로 존재한다. 무엇을 할지, 무엇을 하지 않을지를 결정하는 것도 청소년 내담자 자신이다. 폴스터(Polster, 1987)는 상담과정을 통해 내담자가 성장해 가는 3단계를 제안하였다. 첫 단계는 발견 단계로, 내담자는 이전에는 미처 깨닫지 못했던 자신, 문제, 상황 등을 깨닫게 되고, 새로운 관점으로 그것들을 보게 된다. 이 과정에서 내담자는 놀랍다는 반응을 보일 수 있다. 둘째, 조절 단계이다. 이 단계에서 내담자는 상담이라는 맥락 안에서 새로운 행동을 연습해 보고 세상에 대한 자신의 인식을 확장시켜 나가게 된다. 이 과정에서는 상담자의 치료적 시시가 매우 중요하다고 볼 수 있다. 상담자의 치료적 지지를 바탕으로 내담자는 어려운 상황에 대처하는 기술을 습득하게 된다. 마지막 단계는 동화 단계이다. 동화 단계에서는 내담자들이 새로운 행동을 선택하고 시도함으로써 자신이 환경에 영향을 미치는 방법에 대해 학습을 하게 된다. 더 이상 환경을 수동적으로 받아들이지 않고 내담자 자신의 관점에서 중요한 문제를 다룰 수 있게 되는 것이다.

게슈탈트 상담에서 청소년 내담자는 상담에 능동적으로 참여하여 스스로 상황을 해석하고 의미를 부여하게 된다.
폴스터는 발견, 조절, 동화 단계를 통해 내담자가 성장해 간다고 보았다.

4 상담기법

1) 자각하기

게슈탈트 상담자는 원활한 게슈탈트 형성과 환경과의 생생한 접촉이 가능해지도록 하기 위해 욕구와 감정의 자각, 신체자각, 환경자각, 언어의 자각을 중요시한다.

① 욕구와 감정의 자각: "지금 어떤 느낌인가요?", "잠시 생각을 멈추고 현재의 느낌에 집중해 보세요", "당신이 지금 원하는 것은 무엇인가요?"라는 질문을 통해 지금-여기에서 일어나는 욕구와 감정을 자각하게 한다.

② 신체자각: 정신과 신체는 분리되어 있지 않다. 신체자각을 통해 내담자로 하여금 자신의 신체 상태를 자각하게 함으로써 자신의 감정이나 욕구 혹은 무의식적인 생각들을 알아차리도록 돕는다. 신체자각을 위해 상담자는 "당신의 신체감각을 느껴 보세요", "당신의 어깨가 지금 무엇을 말하고 있습니까?" 등의 질문을 한다. 특히 상담자는 청소년 내담자의 신체 행동이 언어표현과 불일치할 때 그것을 자각하도록 도와야 한다.

내담자의 원활한 게슈탈트 형성과 환경과의 생생한 접촉이 가능해지도록 욕구, 감정, 신체, 환경 및 언어를 자각하게 한다.

③ 환경자각: 청소년 내담자들은 자기 자신에 몰입되어 있기에 주위 환경에서 일어나는 사건이나 상황을 잘 알아차리지 못하는 경우가 있다. 따라서 청소년 내담자로 하여금 주위 환경을 자각하도록 함으로써 접촉을 증가시키도록 돕는다.

④ 언어자각: 상담자는 청소년 내담자로 하여금 간접적이고 모호한 단어 사용을 자각하게 하고, 청소년 내담자 자신과 자신의 성장에 책임감을 주는 단어들을 사용하도록 돕는다. '그것'과 '당신' 대신 '나'로 '내가 ~할 수 없다' 대신 '나는 ~하지 않겠다'로 '내가 ~해야 한다' 대신 '나는 ~하기를 선택한다'로 바꾸어 스스로 책임감을 갖도록 한다.

2) 대화하기

성격 기능의 양극 간 갈등에 원인이 되는 내사와 투사에 대한 자각을 높이기 위해 게슈탈트 상담에서는 개방적인 대화기법이 사용된다.

인간은 내적 갈등으로 인한 양극성(양가감정)을 수용하지 않으려 한다. 성격 기능의 양극 간 갈등은 자신에게 중요한 타인(흔히 부모)의 가치를 자신의 자아에 통합시키는 내사에 뿌리를 두고 있다. 타인의 가치를 무비판적으로 수용하는 것은 성격통합을 방해한다. 내사와 투사에 대한 자각을 높이기 위해 개방적인 대화기법(dialogue)이 사용된다. 게슈탈트치료에서는 내적 갈등과 연관된 양극성을 어떻게 이해할지가 중요하기에 상담자는 청소년 내담자가 지니고 있는 양극성에 주의를 기울여 이것을 인정하고 수용하도록 도와야 한다.

3) 빈 의자 기법

대화하기 기법의 일종으로 빈 의자 기법(empty chair technique)은 인간의 양극성을 통합하려는 목적을 가지고 시행된다. 두 개의 의자를 사용하여 상담자는 청소년 내담자에게 한 의자에 앉아 지배자가 되어 보도록 한 다음, 다른 의자로 옮겨가 피지배자가 되어 보라고 한다. 여기서 지배와 피지배는 통합되지 않은 성격 기능이다. 지배자는 권위적이며 도덕적, 지배적인 성격을 띠고 있으며, 피지배자는 방어적이고 무기력하며 변명을 하는 성격 기능이다. 빈 의자 기법을 통해 지배자와 피지배자의 대화가 이어지며 내사가 표면화된다. 청소년 내담자는 표면화된 내사를 통해 자신의 갈등과 접촉하게 되고 두 측면을 모두 수용하고 통합하여 해결을 향해 나아가게 된다.

빈 의자 기법은 대화하기 기법의 일종으로 청소년 내담자로 하여금 지배자와 피지배자가 되어 보는 과정을 통해 성격을 통합해 가도록 돕는다.

4) 시연하기

사람들은 타인에게 인정받기 위해 자신에게 기대된 역할을 시연(role-play)하는데 몰두한다. 내적인 시연은 많은 에너지를 소모하게 하여 새로운 행동을 실험할 의지나 자발성을 억제한다. 시연 기법은 구성원들이 고요히 생각하고 있는 것을 큰소리로 말하도록 한다. 이를 통해 청소년 내담자는 자신이 타인의 기대를 충족시키기 위해 어떻게 노력하고 있는지, 자신이 어느 정도 인정받고 수용되기를 원하는지, 얼마나 호감을 얻고 싶어 하는지 등에 대한 인식을 하게 된다.

내담자들은 타인에게 인정받기 위해 자신에게 기대된 역할을 시연하는 데 많은 에너지를 소모하고 있다. 시연하기에서는 자신이 내적으로 시연하고 있는 것을 큰소리로 말하게 하여 자신이 타인의 기대를 충족시키거나 인정받고 싶은 욕구를 스스로 인식하게 하는 것이다.

5) 한 바퀴 돌기

한 바퀴 돌기란 집단 구성원 중 한 사람이 모든 구성원들에게 차례로 돌면서 말을 걸거나 행동을 하여 자신의 두려움에 직면해 그 상태에서 빠져 나올 수 있도록 돕기 위한 기법이다.

한 바퀴 돌기란 집단 구성원 중 한 사람이 다른 모든 구성원들에게 차례로 돌아가면서 다가가 말을 걸거나 행동을 하는 것이다. 이것의 목적은 자기와의 직면, 모험하기, 자기개방, 새로운 행동실험, 성장하고 변화하기 등이다. 청소년 내담자가 회피하고 싶어하거나 두려움을 느낄 때 청소년 내담자에게 동의를 구하고 한 바퀴 돌기를 실시하여 자신의 두려움에 직면하고 그 상태에서 빠져나올 수 있도록 돕는 것이다. 또한 더 많은 사람들과 접촉하고 싶은 청소년 내담자나 자신의 장점을 인정하기 어려운 청소년 내담자 등에게도 활용할 수 있다.

6) 반동기법

반동기법은 과도하게 자신의 행동을 억제하고 있는 내담자에게 오히려 자신을 과시하는 역할을 취해 보도록 하여 자신의 일부분과 접촉하게 하는 기법이다.

일부 증상과 행동은 잠재적인 충동의 반동으로 생겨난다. 상담자는 소심하고 과도하게 자신의 행동을 억제하여 고통을 느끼고 있는 청소년 내담자에게 자신을 과시하는 역할을 취해 보도록 한다. 청소년 내담자가 불안해하는 행동을 해보도록 함으로써 그동안 부인해 왔던 자신의 일부와 접촉하게 하여 자신의 특성으로 받아들이도록 돕는다.

7) 과장하기

과장하기는 청소년 내담자로 하여금 자신의 행동 및 언어와 관련된 감정을 보다 강렬하게 경험하고 그것을 표현하게 하여 내적 의미를 보다 잘 자각할 수 있도록 청소년 내담자의 움직임이나 언어를 반복적으로 과장하게 하는 것이다.

청소년 내담자가 자신의 경험과 감정을 약하거나 불분명하게 자각할 경우 사용한다. 청소년 내담자로 하여금 움직임이나 언어를 반복적으로 과장하게 함으로써 자신의 행동 및 언어와 관련된 감정을 보다 강렬하게 경험하고 그것을 표현하게 하여 내적 의미를 보다 잘 자각하도록 돕는다. 예를 들어, 청소년 내담자가 주먹을 꽉 쥐고 있다면 상담자는 청소년 내담자에게 주먹을 더 꽉 쥐어 보도록 한 다음 꽉 쥔 주먹에게 무슨 말이든 하도록 하는 것이다.

8) 꿈 작업

정신분석 상담에서는 꿈을 해석하고 분석하나 게슈탈트 상담에서는 꿈을 현재 생활로 가져와 지금 일어나고 있는 것처럼 재창조하고 재생시킨다. 꿈은 현재에서 행동화되고 꿈을 꾼 사람은 꿈의 일부가 되는 것이다. 꿈의 부분들은 모두 청소년 내담자 자신의 모순적이며 불일치한 측면을 반영하므로 상반되는 측면들이다. 청소년 내담자는 꿈에 대해 생각하거나 분석하지 않고 꿈의 부분 부분들 사이의 대화를 위한 각본이나 실험의 재료로 사용함으로써 상반되는 측면들을 인정하고 수용해 통합되도록 한다. 펄스는 꿈을 '통합으로 가는 왕도'라고 보았다.

게슈탈트 상담에서 꿈 작업은 꿈을 현재에서 재창조하고 재생시킴으로써 청소년 내담자가 자신의 상반된 측면들을 수용하고 통합할 수 있도록 돕는다.

CHAPTER 14

해결중심 상담

학습주제

1. 해결중심 상담이란 무엇인가?
2. 해결중심 상담에서 상담자의 역할과 상담목표는 무엇인가?
3. 해결중심 상담에서 사용되는 상담기법은 무엇인가?

해결중심 상담(Solution Focused Therapy: SFBT)은 1980년대 미국 위스콘신 주의 밀워키 단기가족치료센터(Brief Family Therapy Center: BFTC)에서 드 쉐이저(Steve De Shazer, 1940~2005)와 김인수(InSoo Kim, 1934~2007)에 의해 시작되었다. 해결중심 상담은 이론에 기초한 상담기법이기보다는 실용적인 방법으로 탄생된 상담기법이다. 해결중심 상담은 1950년대와 1960년대의 체계이론에 기초한 가족치료와 밀턴 에릭슨의 저서에 뿌리를 두고 있으며 캘리포니아 Palo Alto에 있는 정신건강연구소(Mental Research Institute: MRI)와 비트겐슈타인의 철학 및 불교사상의 영향을 받았다(de Shazer et al., 2007; 한국단기가족치료연구소 역, 2011에서 재인용). 이들은 문제중심, 치료자 중심이었던 상담을 해결중심, 내담자와의 협력관계 중심으로 변화시켰다. 또한 내담자는 자신의 삶을 향상시킬 자원을 이미 지니고 있고, 내담자가 상담실을 찾아왔을 때 이미 변화는 일어나기 시작했다고 믿었다. 따라서 상담자는 변화시킬 수 없는 과거를 탐색하고 원인을 규명하려는 노력 대신 내담자가 원하는 해결과 그 실현을 위해 미래를 탐색하고 이를 현실에서 실현할 수 있도록 돕고자 하였다.

스티브 드 쉐이저의 생애

드 쉐이저(Steve de Shazer, 1940~2005)는 1940년 미국의 위스콘신 주 밀워키에서 출생하였다. 그 지역은 독일계와 폴란드계의 소수민족이 모여 사는 곳이었고, 그 역시 알자스계와 스페인계, 포르토갈계의 유대인계 그리고 독일계 혈통을 지녀 다문화적인 환경에서 자랐는데[1] 이러한 문화적 배경은 그가 심리치료의 주류가 아닌 제 3의 이론을 연구하는데 영향을 준 것으로 보인다. 그는 위스콘신 대학에서 사회사업학 석사학위를 받고 팰러앨토에 있는 정신건강연구소(MRI: Mental Research Institute)의 단기치료센터 연구하였고, 여기에서 평생의 동료이자 부인이 된 김인수를 만났다. 쉐이저는 헤일리(Jay Haley)의 전략적 접근과 에릭슨(Milton H. Erickson)의 최면요법으로부터 영향을 받아 단기치료적 접근을 발전시켰다. 그는 1978년 미국 위스콘신 주의 밀워키에 단기가족치료센터(Brief Family Therapy Center: BFTC)를 설립하였고, 처음에는 '단기가족치료'라고 불리웠던 치료기법을 1982년부터는 '해결중심단기 상담'으로 이름을 변경하였다. 드 쉐이저는 해결중심 상담의 이론형성과 연구에 몰두하였고, 인수 김 버그와 함께 전 세계를 여행하며 워크숍을 열어 이론을 알렸다.

인수 김 버그의 생애

인수 김 버그(Insoo Kim Berg(한국명: 김인수), 1934~2007)는 한국에서 태어나 이화여자대학에서 약학을 전공하다가 1957년 미국 밀워키로 건너가 위스콘신 대학에서 사회사업학 석사학위를 받았으며, 그 후 시카고 가족연구소와 메닝거재단, 정신건강연구소(MRI)의 단기치료센터에서 훈련받았다.[2] 버그는 매우 열정적으로 일을 하여 10권의 책[3]과 다양한 글을 썼으며, 그녀의 책은 수많은 언어로 번역되었다. 버그는 미국의 해결중심단기치료협회의 창립회원이며 미국 결혼-가족치료협회의 관리자였고, 위스콘신 결혼가족치료협회, 전미 사회복지사협회, 유럽 단기치료협회 등 치료자로서 다양한 활동을 하였다. 미국은 물론 유럽(스칸디나비아, 벨기에, 스페인, 독일, 오스크리아, 체코, 프랑스, 스위스), 아시아(한국, 일본, 중국 등), 뉴질랜드에서 많은 초청강연과 워크샵을 통해 해결중심 상담기법을 전수하였다.[4] 그녀는 해결중심 상담의 임상과 교육 및 훈련에 많은 기여를 하였는데, 이러한 지적활동은 타인을 향한 따뜻한 마음과 겸손함, 낙천적 성격과 균형을 이루어 많은 치료자와 내담자에게 영향을 주었다.

---

1) 김춘경, 이수연, 이윤주, 정종진, 최웅용 (2010). 상담의 이론과실제. 서울: 학지사.
2) 정문자, 송성자, 이영분, 김유순, 김은영 (2008). 해결중심단기치료. 서울: 학지사.
3) https://en.wikipedia.org/wiki/Insoo_Kim_Berg
4) 김춘경, 이수연, 이윤주, 정종진, 최웅용 (2010). 상담의 이론과실제. 서울: 학지사.

1 해결중심 상담에 대한 이해

해결중심 상담의 창시자인 드 쉐이저(Shazer, 1985)가 말하는 해결중심 상담의 몇 가지 원칙을 소개하면 다음과 같다.

- 문제는 해결과 다르다. 해결은 문제를 분석하는 것이 필요하지 않고 내담자의 해결책을 분석하는 것이 필요하다.
- 내담자가 상담자다. '내담자'는 '손님'이며 '환자'가 아니다. 상담에서 목표로 가는 경로뿐 아니라 목표를 결정하는 사람도 내담자이다.
- 효과가 있으면 고치지 마라. 내담자가 긍정적인 것으로 경험하는 것에 대해서 상담자가 비판적이지 말아야 한다.
- 효과가 있으면 그것을 더 많이 하라.
- '변화를 가져오는 차이점'을 찾아라. 문제의 발생에 있어 이례적인 것, 즉 문제가 부재하거나 표면적으로 거의 문제가 없는 순간이 변화를 가져오는 차이점이다. 해결중심 상담은 이 차이점을 주시하여 해결책을 찾을 수 있도록 개입한다.
- 효과가 없으면 다른 것을 하라. 같은 것을 많이 한다고 효과가 있는 것은 아니다.

해결중심 상담은 내담자와의 협력적인 관계 속에서 내담자의 성공 경험과 강점에 초점을 맞추고, 내담자의 자원을 충분히 활용해 내담자가 원하는 해결에 중점을 둔다.

해결중심 상담은 내담자와의 협력적인 관계 속에서 내담자의 성공 경험과 강점에 초점을 맞추고, 내담자의 자원을 충분히 활용해 내담자가 원하는 해결에 중점을 둔다. 따라서 병리적인 것 대신에 건강한 것에 초점을 두고 대화를 이끌어나간다. 즉, 문제중심적이고 과거지향적인 내용의 대화가 아닌 해결중심적이고 현재에 초점을 맞춘 미래지향적인 대화를 중시한다. 이들은 치료자의 권위에 의해 주도되는 상담을 거부하고, 내담자와 상담자의 민주적인 협력관계와 내담자의 견해를 중시한다.

해결중심 상담은 '변화는 불가피하다'고 말한다. 즉, 누구에게나 변화는 삶의 일부이기 때문에 변화를 막을 수는 없다(de Shazer, 1985). 문제가 발생할 때가 있고 발생하지 않을 때가 있으므로 상담에서는 자연스럽게 일어나는 변화를 인식하고 이를 해결책으로 활용할 수 있다. 따라서 상담자는 내담자의 문제가 없는 예외상황이나 성공경험에 민감해야 한다.

또한 해결중심 상담에서는 상담목표를 달성하기 위해 가장 단순하고 최소한으로 내담자에게 개입하기를 권한다(Kral, 1989). 문제가 복잡하기 때문에 해결방법도 복잡하다는 가정은 틀린 것으로 보고, 작은 변화가 큰 변화를 가져오고 이것이 더 큰 변화를 가져올 수 있다는 믿음을 지닌다.

2 해결중심 상담에서 상담자의 역할과 상담목표

1) 상담자의 역할

상담자는 내담자에 대해 어떠한 판단도 하지 않으며, 그들의 소망이나 욕구, 행동의 이면에 있는 의미에 대해 어떤 해석도 하지 않는다(de Shazer et al., 2007, 한국단기가족치료연구소 역, 2011에서 재인용). 치료자의 역할은 선택에 제한을 가하는 것이 아니라, 이를 확대하기 위해 애쓰는 것이다(Berg & Dolan, 2001). 상담자는 상담 장면에서 기존의 권위적인 상담자이기보다는 좀 더 평등하고 민주적인 역할을 한다. 상담자는 상담 회기를 이끌어나가지만 '한 걸음 뒤에서 이끄는(Cantwell & Holmes, 1994)' 부드러운 방법을 사용하고, 해석하고, 유도하거나, 훈계하고, 강요하기보다는 내담자가 다른 방식으로 생각할 수 있도록 '어깨를 가볍게 두드리며(Berg & Dolan, 2001)' 격려한다.

상담자는 내담자에 대해 '알지 못함(Not-Knowing)의 자세'로 내담자를 대한다(Anderson & Goolishian, 1992). '알지 못함'의 자세란 내담자의 이야기에 대해 순수한 호기심을 갖고 내담자에 대해 좀 더 알고 싶다는 욕구를 전달하는 태도이다. 이는 기존의 상담자가 지닌 경험이나 지식에 의해 내담자가 이해되거나 분석되는 것이 아니라, 내담자와 상담자가 함께 문제에 관해 이야기를 나누는 과정에서 새로운 발견을 모색해나가는 과정이다. 상담자는 자신의 이해범주에 한계가 있다는 것을 인정하고 내담자의 이야기를 통해 언제나 내담자에 대해 배우려는 진정한 자세를 지녀야 한다(김유숙, 2006).

해결중심 상담에서 상담자는 내담자에 대해 '알지 못함의 자세'를 지니고 내담자에 대해 판단하거나 해석하지 않는다.

2) 상담목표

해결중심 상담에서는 해결방안과 관련된 상담목표를 내담자 스스로가 설정하도록 돕는 것이 중요하다고 보았다. 바람직한 상담목표를 설정하는데 몇 가지 원칙(Berg & Miller, 1992, 한국가족치료연구모임 역, 1995에서 재인용)이 있다.

해결중심 상담의 목표는 내담자에게 중요한 것이어야 하고, 작고 성취가능한 것으로 현실적이고 구체적이며 명확하고 행동적인 것으로 설정한다. 또한 없는 것보다는 있는 것에 관심을 지니고 내담자에게 목표는 끝이 아닌 시작임을 인식시키며 목표의 달성은 힘든 일임을 인식시킨다.

(1) 내담자에게 중요한 것을 목표로 삼는다.

상담목표가 내담자에게 중요할 때, 내담자는 목표를 성취하기 위하여 훨씬 더 몰두한다. 내담자는 자신의 목표를 어렴풋이 인식하고 있는 경우가 많다. 따라서 이를 정확하고 명료한 언어로써 표현하도록 돕는 것이 상담자의 역할이다.

(2) 작고 성취할 수 있는 것이어야 한다.

목표는 달성할 수 있을 만큼 작은 것이어야 한다. 작은 목표를 성취하는 것은 내담자에게 희망을 갖게 해주며 변하고자 하는 동기를 강화시킨다.

(3) 현실적이고 구체적이며 명확하고 행동적인 것을 목표로 한다.

목표를 명확하게 설명하였을 때 청소년 내담자와 상담자는 진행되고 있는 것을 쉽게 평가할 수 있고 목표 달성을 위해 무엇이 필요한지도 알 수 있다. 목표를 명확하게 언어화하기 위해서는 현실적이고 구체적이며 명확하고 행동적인 것으로 설정해야 한다.

(4) 없는 것보다 있는 것에 관심을 가진다.

청소년 내담자에게 문제시되는 것을 없애기보다는 긍정적이고 새로운 것을 시작할 수 있도록 도와야 한다. 이를 위해 상담자는 있는 것에 관심을 두고, 부정적인 단어보다는 긍정적인 단어를 사용해 목표를 설정해야 한다.

(5) 목표는 끝이 아니라 무언가를 시작하는 첫 단계라는 인식을 준다.

대부분의 청소년 내담자는 상담을 받으러 올 때 상담 목표를 완전히 성취하기를 희망한다. 그러나 이러한 목표를 성취하기 위해서는 청소년 내담자가 목표를 향해 나가도록 단계적으로 도움을 받아야 한다. 상담자는 청소년 내담자가 표현하는 목표에 대한 견해를 수용하는 한편, 원하는 결과를 성취하기 위해 첫 단계에서 필요한 것을 명확하고 구체적으로 설명해야 한다.

(6) 목표를 수행하는 것은 힘든 일이라고 인식시킨다.

내담자는 목표달성이 '힘든 일'이라는 점을 인식해야 한다. 실제로 목표달성은 쉽지 않은 일이다. 이 점을 강조함으로써 목표를 달성했을 때 내담자는 성취감을 느끼고 자부심도 높아질 수 있다. 목표달성이 실패했을 때에는 청소년 내담자가 쉽게 상처받지 않고 다시 도전할 수 있는 기회를 제공해야 한다.

3) 상담기법

(1) 5가지 주요 질문

해결중심 상담에서 사용되는 질문들은 해결책 구축에 목적이 있기 때문에 매우 전략적으로 발전된 질문기법들이다.

① 면담 전 변화에 관한 질문

첫 회기 상담을 시작할 때나 상담 초반에 "상담을 위해 전화한 후 오늘까지 어떤 변화가 있었나요?"라고 질문을 한다. 변화는 이미 시작되었다는 가정을 바탕으로 하는 이 질문을 통해 청소년 내담자의 강점과 레질리언스를 강조하며 해결중심의 대화분위기를 이끌 수 있고, 구체적이고 긍정적이며 변화지향적인 목표를 세우는 데 도움이 된다.

해결중심 상담에서는 면담 전 변화에 대한 질문, 예외질문, 기적질문, 척도질문, 대처질문 등 다양한 질문을 이용해 해결책을 구축하며, 상담 내용을 바탕으로 상담자가 내담자를 위한 메시지를 작성해 전달해준다.

② 예외질문

해결중심 상담자는 내담자들이 이미 효과적인 해결책을 사용했던 성공적인 경험들과 강점을 지니고 있음에도 이를 의식하지 못하기 때문에 해결책을 강구하지 못한다고 하였다(Berg & Miller, 1992; 가족치료연구모임 역, 1995에서 재인용). 따라서 자신이 이전에 성공했던 해결책, 예외, 문제가 발생하지 않았을 때에 관한 질문을 하여 문제중심적 대화를 해결중심적 대화로 바꿀 수 있다. 예외질문으로는 "문제가 발생하지 않았던 때가 있었나요?", "지금과는 다르게 행동했던 적이 있었나요?", "문제가 있었던 상황과 없었던 상황은 어떤 차이가 있나요?" 등이 있다. 추가적으로 "자신의 강점이 뭐라고 생각하나요?"와 같은 강점, 자원에 대한 질문도 이에 해당된다.

③ 기적질문

어떤 내담자는 해결중심적인 목표를 포함해 목표를 설정하는 것 자체를 어려워할 수 있다. 특히 문제가 복잡하거나 문제에 압도되어 있는 경우 목표를 말하는 것조차 힘들 수 있다. 기적질문은 청소년 내담자의 문제가 심각하다는 것을 존중하면서도 청소년 내담자가 원하는 목표를 탐색하는 방법으로 목표가 좀 더 작고 잘 다룰 수 있는 것이 될 수 있도록 이끈다.

기적질문의 대표적인 예는 다음과 같다.

> "제가 지금부터 조금 낯선 질문을 하나 드리겠습니다. 밤에 잠자는 동안 기적이 일어나서 지금 우리가 나누고 있는 문제가 해결되었다고 상상해봅시다. 그렇지만 아직 잠자고 있는 동안이어서 기적이 일어난 줄 아무도 모르지요. …… 이제 아침이 되었습니다. …… 아침에 눈을 떴을 때, 어떤 작은 변화를 발견하면, 와! 정말 무슨 일이 일어난 게 분명해! 문제가 사라졌어!라고 말할 수 있을까요?"

④ 척도질문

청소년 내담자가 구체적인 목표을 설정하거나 기적질문을 통해 가상적인 목표를 설정한 다음에는 척도질문을 이용해 그 정도를 수치화할 수 있다. '0부터 10'까지 또는 '1부터 10'까지의 척도에서 첫 상담약속을 했을 때는 몇 점인지, 현재는 몇 점인지, 기적이 일어난 다음 날 아침, 즉 치료가 '성공적일 때'는 몇 점인지 등을 물을 수 있다. 척도질문을 통해 청소년 내담자 스스로 현재와 목표의 평가 및 그 차이점의 평가 등 중요한 사정(assessment)을 할 수 있다. 더불어 점수의 변화에 따라 상담자는 청소년 내담자를 격려하거나 이를 이용해 구체적인 내용을 폭넓게 질문하고 확장시킬 수 있다.

⑤ 대처질문

문제가 나아지지 않았다고 보고하는 청소년 내담자에게 치료자는 대처질문을 사용할 수 있다. 예를 들어, '문제가 더 나빠지지 않도록 어떻게 하셨나요?' 혹은 '그것 참 힘든 상황이었군요. 그런데 어떻게 현재 상태를 유지할 수 있었나요?'라는 질문은 청소년 내담자가 스스로 대처방안의 기술을 가졌음을 깨닫게 할 수 있고, 문제의 상황을 해결의 상황으로 바꾸어 볼 수 있는 관점을 갖도록 돕는다.

(2) 내담자 유형에 따른 메시지 전달

해결중심 상담의 회기 마지막 부분에서는 회기 내의 상담 내용을 바탕으로 상담자가 청소년 내담자를 위한 메시지를 작성해 전달해준다. 이때 문제의 원인이나 유지 이유, 실패의 원인 등에 대한 언급을 하지 않고 청소년 내담자가 해결을 위해 어떤 노력을 해왔는지, 어떤 예외들이 있었는지, 어떤 강점을 지녔는지 등 긍정적인 측면을 강조하여 메시지를 작성한다. 메시지의 전달은 상담자가 청소년 내담자의 이야기를 주의깊게 듣고 있었고, 청소년 내담자가 스스로 달라지기를 원하며, 자신이 원하는 변화를 위해 노력할 점을 전달하는 기능을 한다.

> 메시지는 내담자가 해결을 위해 어떤 노력을 해왔는지, 어떤 예외들이 있었는지, 어떤 강점을 지녔는지 등 긍정적인 측면을 강조하여 작성하는데, 칭찬－연결문－과제의 세 부분으로 구성한다. 과제는 내담자가 방문형인지 불평형인지 고객형인지에 따라 달라진다.

메시지의 구성은 칭찬－연결문－과제의 세 부분으로 작성할 수 있다(de Shazer et al., 1986). 칭찬은 문제해결을 위한 노력과 열의, 책임감 및 강점이나 자원에 대한 찬사와 지지를 내용으로 한다. 칭찬은 청소년 내담자가 상담에 참여하는 동기를 증신시키고 청소년 내담자의 자존감을 향상시킬 수 있는데, 칭찬의 내용이 면담 중에 언급된 내용을 바탕으로 한 구체적인 것일 때 더욱 효과적이다. 연결문은 문제를 일반화시키거나 청소년 내담자와 연관된 사실이나 이론적 근거를 제시하는 것으로 자신의 문제를 객관화시키고 새롭게 이해할 수 있는 기회를 제공할 수 있다. 더불어 이어지는 과제에 대한 이해에 도움을 주어 과제를 실천할 수 있는 동기를 강화시킨다. 과제는 관찰과제와 행동과제로 부여되는데 과제를 통해 실제적인 변화를 유도해 상담 효과를 향상시킬 수 있다.

과제부여는 내담자의 유형에 따라 달라질 수 있는데 내담자의 유형은 방문형, 고객형, 불평형으로 나눌 수 있다(Berg & Miller, 1992, 가족치료연구모임 역, 1995에서 재인용). 방문형 내담자는 문제에 대한 불평이나 문제제기를 자발적으로 하지 않는다. 그러므로 자신은 상담받을 일이 없다고 말할 수 있다. 이들은 문제를 부정하지만 상담에 참여했으므로 이후 좀 더 적극적으로 변할 수 있다. 따라서 방문형 내담자에게는 치료에 참석한 것에 대해 감사를 전하고 다음에 또 참여할 것을 요청하지만 과제는 부여치 않는다. 고객형 내담자는 문제해결을 위해 변화하려는 동기가 있는 상태로 적극적으로 참여하는 내담자이다. 이들에게는 행동과제를 부여해 기적을 현실로 만들거나 변화할 수 있도록 구체적으로 도울 수 있다. 불평형 내담자는 문제를 인식하고 있지만 문제에 기여하는 자신의 역할을 과소평가하고 자신은 문제해결의 능력도 없다고 인지하고 있다. 따라서 이들에게는 관찰과제를 통해 문제와 목표에 대하여 자신이 기여하는 바를 인지하고 해결에 대해 새로운 관점을 찾아보도록 유도한다.

방문형 내담자에게는 과거를 부여하지 않고, 고객형 내담자에게는 행동과제를 부여하며, 불평형 내담자에게는 관찰과제를 부여한다.

CHAPTER 15

다문화 상담

학습주제

1. 다문화 상담은 무엇인가?
2. 다문화 상담에서 상담자의 역할과 상담목표는 무엇인가?
3. 다문화 상담에서 사용되는 상담기법은 무엇인가?

청소년 상담 장면에서 활동하다 보면 다양한 청소년 내담자를 만날 수 있다. 상담자는 내담자의 성별, 발달 단계의 특성, 인종, 습관 등에 대해 민감해야 한다. 만일 상담자와 내담자의 문화적 배경이 서로 다르다면 상담자는 그 문화적 차이에 대해 세심하게 살펴 상담을 진행해야 한다(현명호 등 공역, 2016).

다문화 상담이란 상담자와 청소년 내담자의 문화가 서로 다를 때 나타나는 어려움과 문제점들을 문화의 개념 안에서 효율적으로 해결해야 함을 강조하는 의미에서 붙여진 이름이다. 다문화적 상담은 무의식적 결정론에 근거한 정신분석이론, 환경결정론에 근거한 행동주의이론 그리고 '제 3세력의 심리학'에 속하는 인본주의이론에 이어 제 4세력으로 부상하고 있다. 아직 상담이론으로서 체계를 갖추고 있지는 않지만 다문화적 상담은 내담자의 문화에 적합한 상담방법을 중시한다(김헌수, 김태호, 2006). 우리 사회에서도 다문화 청소년 내담자 수가 점차 증가하고 있다. 이러한

'제 4세력의 심리학'으로 부상하고 있는 다문화적 상담이란 상담자와 내담자의 문화가 서로 다를 때 나타나는 어려움과 문제점을 문화라는 개념 안에서 효율적으로 해결하기 위한 것이다.

시점에서 다문화 청소년 내담자와의 상담을 효과적으로 이끌 수 있도록 돕기 위하여 이 장에서는 다문화 상담에 관해 다루려 한다.

1 문화와 다문화 상담에 대한 이해

넓은 의미에서 문화란 '비슷한 목표, 욕구, 환경을 기반으로 하여 사람들이 스스로 한 집단이라고 느끼는 연합'으로 정의할 수 있다.

문화의 정의에는 '민족, 국적, 종교, 언어 등이 포함된 민족적 변인과 나이, 성별, 사는 곳 등이 포함된 인구통계학적 변인, 사회적, 경제적, 교육적 배경 및 공식적, 비공식적 조직 등을 포함한 계층적 변인'이 포함된다. 넓은 의미에서의 문화란 '비슷한 목표, 욕구, 환경을 기반으로 하여 사람들이 스스로 한 집단이라고 느끼는 연합'으로 정의할 수 있다(노성덕 등, 2014).

상담 장면에서 상담자와 청소년 내담자의 문화 차이는 상담의 효율성을 떨어뜨리기 쉽다. 다문화 상담이란 상담자와 내담자의 문화가 서로 다를 때 나타나는 어려움과 문제점들을 문화의 개념 안에서 효율적으로 해결해야 함을 강조하는 의미에서 붙여진 이름이다(김헌수 등, 2006). 수에와 토리노(Sue & Torino, 2005)에 따르면 다문화 상담은 다음과 같이 정의할 수 있다(이윤주 등 공역, 2017).

> …내담자의 생활 경험 및 문화적 가치에 맞는 양식들을 사용하고 목표를 정의하며, 내담자의 정체성을 개인, 집단, 보편적 측면들을 포함하여 인식하고, 내담자와 내담자의 환경을 평가하고 진단하며, 개입할 때 개인주의와 집단주의 사이의 균형을 맞추는 역할과 과정 모두로 정의할 수 있다.

2 다문화 상담에서 상담자의 역할과 상담목표

1) 상담자의 역할

상담자는 내담자와 자신의 문화를 정확하게 인식하고 자신의 문화가 내담자에게 해가 되지 않도록 최선을 다해야 한다(김헌수 등, 2006). 이를 위해 상담자는 자신의 삶에서 경험하는 것이 무엇을 의미하는지 알고 있어야 한다. 그리고 자신의 문화가 자신의 행동, 기본 가정, 편견을 형성하는 데 어떻게 영향을 미쳤고, 이러한 요소가 문화적으로 다른 내담자를 상담하는 방식에 얼마나 영향을 미치기 쉬운지를 파악하고 있어야 한다(현명호 등 공역, 2016). 또한 내담자의 문화에 대해서도 정보를 얻으려 적극적으로 노력해야 한다. 문화 전반에 관한 사항뿐 아니라 그 문화 안에서의 내담자의 발달적 측면에 관한 정보도 얻을 수 있어야 한다. 이를 통해 내담자가 속한 문화가 '그 구성원들의 기본적인 삶의 기술과 보다 높은 수준의 잠재력을 개발하는 것에 대해 고무적인지, 억제적인지(김성봉, 황혜리 공역, 2016)' 등을 알 수 있을 것이다. 그러나 상담자는 내담자가 속한 문화도 중요하지만 내담자 개인의 특징을 고려할 수 있어야 하기에 상담자 개인의 문화적 편견에 상담자는 내담자를 끼워 넣지는 말아야 한다는 사실을 기억할 필요가 있다.

> 상담자는 내담자와 자신의 문화를 정확하게 인식하여 내담자에게 해를 끼치지 않도록 해야 한다.

> 상담자는 내담자의 문화 전반에 관한 사항뿐 아니라 내담자가 속한 문화 안에서 청소년 내담자의 발달적 측면에 관한 정보도 알고 있어야 한다.

> 상담자는 상담자 개인의 문화적 편견에 내담자를 끼워 넣지 말고 청소년 내담자 개인의 특징을 고려할 수도 있어야 한다.

특히 다문화 아동과 청소년을 면담할 때 상담자는 언어 유창성, 의뢰 사유, 증상의 외현화와 내재화, 신체 상태에 관해 탐색해야 하며, 아동과 청소년을 보다 깊이 이해하기 위해 과거력 정보를 얻고 아동과 청소년에게 감정적으로 반응해 주어야 한다(강영신 역, 2016).

수에(Sue, 1978)는 다문화 상담에 적용할 수 있는 효과적인 상담을 위한 5가지 지침을 제시하였다(노성덕 등 공역, 2014).

① 상담자들은 자신이 받아들일 수 있고 바람직하다고 생각하는 인간 행동이 무엇인지에 대한 가치와 믿음에 대해 잘 파악하고 있어야 한다. 그래야 적절한 감정과 행동에 대한 자신의 이해를 통합시킬 수 있다.

② 상담자들은 기존의 상담이론과 전통이 갖는 문화적이고 본래적인 가치에 대해 잘 인식하고 있어야 한다. 어떠한 상담도 완벽하게 문화로부터 자유로울 수는 없다.

③ 상담자들은 소수집단 사람들의 삶에 영향을 미치는 사회적이고 정치적인 환경에 대해 이해하고 있어야 한다. 사람들은 자신들이 살아가고 있는 환경의 산물이다.

④ 상담자들은 내담자가 가진 세계관을 공유할 수 있어야 한다. 그 타당성에 대하여 따지지 마라.

⑤ 상담자들은 상담 장면에서는 진정으로 다방면에 능통한 사람이 되어야 한다. 따라서 어떠한 종류의 삶의 방식이나 경험에 대해서라도 그에 걸맞는 상담 방식을 적용할 수 있도록 다양한 상담 기술에 대해 폭넓게 이해하고 있어야 한다.

상담자는 효과적인 상담관계 형성을 위해 청소년 내담자의 관점에 따른 독특한 생활방식을 이해할 수 있도록 교육과 훈련을 받아야 한다.

다문화 내담자와의 상담관계 발전을 위해서는 내담자의 관점에 따른 독특한 생활방식을 이해할 수 있는 교육과 훈련이 필요하다. 다음은 다문화 상담 시 상담자에게 필요한 교육과 훈련의 내용이다(김헌수 등, 2006).

첫째, 내담자의 문화적 배경이 상담자 자신의 문화와 다를 때 그 차이를 민감하게 인식할 수 있는 능력을 갖춰야 한다. 문화차이를 인식할 수 있는 능력에 대하여 상담자에게 요구되는 구체적인 사항은 상담자가 자신의 문화적 가치들을 올바로 인식함으로써 내담자의 문화가 자신의 것과 어떤 점에서 어떻게 다른지 민감하게 인식하고, 내담자의 문화가치를 존중할 수 있어야 하며, 자신의 가치관과 문화적 관점이 내담자에게 영향을 미칠 수 있다는 점을 인식하고 조심하며, 문화차이에서 비롯되는 가치관과 신념의 차이도 부담 없이 수용할 수 있어야 하고, 문화차이가 너무 커서 상담이 어렵다고 판단될 경우 다른 상담자에게 내담자를 의뢰할 수 있어야 한다.

둘째, 내담자의 문화가치에 대한 구체적인 지식을 습득해야 한다. 지식을 습득하는데 상담자에게 요구되는 사항은 현대사회가 다문화적 사회임을 이해하고, 그러한 이해를 바탕으로 내담자의 독특한 문화가치에 대한 구체적 지식과 정보를 가져야 하며, 상담받기를 꺼리게 만드는 내담자의 문화적으로 관련된 제도적 장애들을 이해할 수 있어야 한다.

셋째, 상담자는 내담자의 문화권에서 사용되는 상담기법을 익히고 연마하여 사용할 수 있어야 한다. 그러므로 상담자는 다양한 문화권의 언어뿐만 아니라 내담자 문화권에서 사용되는 비언어적 의사소통 방법도 익힐 수 있어야 하며, 필요하다고 인정될 때에는 내담자의 문화에 맞는 상담기법을 습득하여 활용해야 한다.

2) 상담목표

다음은 문화적 이슈들로 어려움을 겪는 내담자들과의 작업을 위한 목표들을 제시한 것이다(김성봉 등 역, 2016).

(1) 지지

자신의 나라에서 타국으로 처음 왔을 때 문화적으로 민감한 지지가 요구된다. 집도 바뀌고, 사랑하는 사람들과 이전의 지지망들과의 작별, 언어적 어려움, 기후 변화, 달라진 물리적 환경, 향수, 외로움, 경제적인 걱정, 인종주의 사고들과 같은 스트레스를 경험하기 때문이다. 따라서 무엇보다도 정서적 지지가 필요하다고 볼 수 있다.

타국으로 처음 온 청소년 내담자에게 무엇보다도 필요한 것은 정서적 지지라 할 수 있다.

(2) 외상 후 스트레스 다루기

> 상담자는 청소년 내담자가 경험했을 여러 외상 경험을 염두에 두어야 하며, 필요한 경우 외상 후 스트레스 장애 치료를 위한 개입을 한다.

많은 이주자나 난민들은 외상 후 스트레스 장애로 고통을 받고 있을 수도 있다. 만일 내담자가 충격적인 사건들을 반복적으로 경험하면서 괴로워하고 있다면 그의 가족들이나 지지망들과 함께 문화적으로 민감한 외상 후 스트레스 장애 치료를 받도록 안내해야 한다.

(3) 문화변용과 동화 돕기

> 문화변용이란 타 문화와의 교류 결과로 인해 나타난 행동과 심리적 측면에서의 변화를 말하는 것으로, 청소년 내담자들이 타 문화에 적응할 수 있도록 도울 수 있다.

문화변용(acculturation)이란 다른 문화와의 교류 결과로 개인에게 일어나는 행동과 심리적 측면에서의 변화를 말한다. 대부분의 이주자들은 새로운 국가에서 지각되는 혜택이 본국의 혜택보다 훨씬 더 많을 것이라는 기대로 이주한다. 따라서 이주는 기회나 도전의 시간이 될 수 있지만 이러한 기대로 인해 어려움을 경험할 수도 있다. 새로운 문화 속에서 내담자들이 자기패배적인 인지양식들을 활성화시키지 않도록 문화적으로 민감한 심리적 지원을 해야 할 것이다.

(4) 내담자의 비교 문화적 관계 다루기 돕기

> 상담자들은 현지 국가의 기존 구성원들과 1세대 이주자들이 각자의 차이를 받아들여 서로에게 다가갈 수 있도록 도울 수 있다.

상담자들은 현지 국가의 기존 구성원들과 1세대 이주자들이 서로의 차이를 받아들여 서로에게 다가가며, 문화 간 장벽을 만드는 것이 아닌 다리를 놓을 수 있는 기술을 개발하도록 도와야 한다.

(5) 의식 고양과 해방

> 문화와 인종 때문에 차별과 억압을 받고 있는 내담자들이 자신의 문화에 자부심을 가지고 외적 억압에 대항하도록 도울 수 있다.

문화와 인종 때문에 차별과 억압을 받고 있는 내담자들을 위한 상담에서는 문화정체성 발달 관련 이슈들을 다루어야 한다. 소수민족집단 내담자들은 자신들의 문화에 자부심을 가지고 내면화된 부정적인 고정관념으로부터 스스로를 자유롭게 하는데 도움을 받을 수 있을 것이며, 그렇게 되면 이들은 문화와 인종에 의한 외적 억압에 대항하는 보다 큰 투쟁에 참여할 수 있을 것이다.

(6) 주변화의 심화 피하기

만약 상담자가 문화적 이슈들을 제대로 다루지 못한다면 자신이 내담자들에게 해가 될 수 있음을 인식해야 한다. 내담자들이 부당하게 현지 문화를 '악마화'함으로써, 자신들의 삶의 질을 더욱 악화시키고 상황을 변화시키려는 어떤 노력도 하지 않으면서 자신을 주변화시키는 것에 상담자가 공모해서는 안 된다.

상담자는 내담자가 현재 문화에 적응하지 못하고 자신을 주변화시키지 않도록 도와야 한다.

(7) 높은 수준의 발달 달성하기

일부 다문화 내담자들의 목표는 주류문화에의 적응보다는 성장을 지향할 수도 있다. 가령 동양 문화권에서는 정신적 순수, 친절, 연민, 타인의 성취에 대한 공감적 기쁨, 평정, 지혜 그리고 사심 없는 봉사를 강조한다.

일부 다문화 내담자들의 목표는 적응보다는 성장 지향일 수 있다.

(8) 좋은 사회

다문화 상담의 더 넓은 목표는 모든 구성원이 가진 최고의 인간적 잠재력을 발전시키는 데 도움이 되는 사회의 형식적·비형식적 규범을 개발하는 것일 수 있다. 이 목표는 상담자들로 하여금 사회적 엔지니어링과 변화대리인의 역할을 할 것을 요구하는데, 문화인종적 억압 수단인 제도와 소식에 맞서 싸우는 데 특히 더 그러하다.

다문화 상담의 더 넓은 목표는 모든 구성원들로 하여금 자신이 가진 최고의 잠재력을 발진시길 수 있는 규범을 개발하는 것일 수 있다.

위와 같은 상담목표를 향해 상담자는 다음과 같은 역할을 수행할 수 있다.

- 조언자: 내담자가 문제를 어떻게 풀고 예방할 것인가에 대해 조언하고 관련 정보를 제공

- 옹호자: 내담자의 최선의 이익을 위하여 다른 개인, 집단 혹은 조직에게 내담자를 대변하고 변호하기
- 토착 지지체계의 촉진자: 내담자의 확대가족이나 지역사회 연장자들과 같은 지지체계를 잘 알고 적절히 참여시키기
- 토착 치료체계의 촉진자: 내담자를 토착민 상담자에게 의뢰하거나 상담자가 충분한 지식과 숙련된 토착적 치유법을 지니고 있다면 그것을 내담자에게 직접 적용하기
- 고문: 조직의 변화를 포함하여, 제삼자에게 영향을 주거나 변화시키는 데 내담자와 함께 협의하여 작업하기
- 변화촉진자: 내담자를 억압하고 있을 수도 있는 사회적 환경을 변화시키는 데 행동 지향적 접근을 활용하기

PART IV

청소년 상담의 실제

각 상담이론에 따라 상담의 단계와 주요 기법들은 서로 다르다. 그러나 일반적으로 상담의 단계는 접수면접, 상담의 시작, 작업 및 종결단계로 나눌 수 있고, 일반적으로 사용되는 상담기법들도 있다. 이 part에서는 보편적으로 사용되는 상담의 단계들과 기법들에 대해 살펴볼 것이며, 마지막으로 청소년 상담의 유형들을 살펴봄으로써 청소년 상담의 실제에 다가가려 한다.

CHAPTER 16

청소년 상담의 실제

학습주제

1. 상담의 시작 단계에서는 무엇을 하는가?
2. 상담의 중기 단계에서는 무엇을 하는가?
3. 상담의 종결 단계에서는 무엇을 하는가?

청소년 상담은 청소년 내담자와 만나 상담을 시작해 작업하고 종결에 이르는 일련의 단계로 구성된다. 이장호 등(2014)은 상담의 단계를 문제의 제시 및 상담의 필요성에 대한 인식, 촉진적 관계 형성, 목표설정과 구조화, 문제해결의 노력, 자각과 합리적 사고의 촉진, 실천행동의 계획, 실천결과의 평가와 종결이라는 7가지 단계로 나누어 설명한다. 비록 상담자의 접근 방식에 따라 상담 횟수나 상담 단계에서의 구체적인 작업 내용이 달라질 수는 있지만, 일반적으로 상담은 초기, 중기, 후기라는 일반적인 과정을 거친다. 물론 이 단계들의 경계가 모호하고 때로는 서로 중복되는 경우도 있지만 상담에 대한 단계적 이해는 상담을 효과적으로 진행하는 데 필요한 지침이 된다. 이 장에서는 청소년 상담과정에서의 초, 중, 후기로 언급될 수 있는 상담의 시작, 상담 작업, 상담의 종결 단계에 대해 살펴볼 것이다.

상담은 초, 중, 후기라는 일련의 단계로 구성된다. 상담의 단계적 이해는 상담을 효과적으로 진행하는 지침이 된다.

1 상담의 시작

상담은 청소년 내담자가 다양한 방법을 통해 상담 의사를 전해 오면서 시작된다. 그러나 청소년 내담자의 경우 교사나 부모에 의해 상담이 의뢰되는 비자발적인 경우도 많다.

상담은 청소년 내담자가 전화, 인터넷 등 다양한 방법을 통해 상담 의사를 상담실에 전달해 오는 순간부터 시작된다고 볼 수 있다. 청소년 내담자가 자발적으로 상담 의사를 전달해 오는 경우는 그렇지 않은 경우보다 상담 진행이 원활할 것이다. 따라서 용기 있게 상담실을 찾아 온 청소년 내담자를 충분히 격려하며 상담을 진행해 간다. 그러나 중·고등학교 청소년 상담의 특징 중 하나는 교사나 부모가 상담을 의뢰하는 경우도 많다는 것이다. 이 경우 상담자는 학생으로 하여금 상담에 임할 수 있는 동기를 유발시키고 상담 진행을 청소년에게 일임해 진행하는 비지시적인 상담보다는 다소 지시적인 입장에서 상담을 이끌어가는 것도 한 방법일 수 있다. 이 경우라도 상담자는 인내심을 가지고 비자발적인 청소년 내담자를 지지하고 존중해 주면서 상담을 진행해 간다.

상담을 준비하는 과정에서 물리적 환경에 대한 점검을 하여 청소년 내담자가 불편하지 않게 상담에 집중할 수 있도록 한다.

상담을 준비하는 과정에서 물리적 환경에 대한 점검도 필수라 할 수 있다. 타인에 대한 민감성이 커지는 청소년 내담자의 경우 비밀 유지가 잘될 수 있으며 주의 집중이 잘 될 수 있는 장소에서 상담이 진행되어야 한다. 상담 진행 시에는 상담실 문에 '상담 중'이라는 안내판을 걸어 두어 방해받지 않도록 한다. 청소년이 불편하지 않을 탁자와 의자를 준비해 두고 좌석의 위치도 누군가 문을 열었을 때 청소년 내담자가 먼저 보이지 않도록 문을 등지고 앉게 하는 것이 좋다.

이런 물리적 환경이 조성된 것을 확인하면 접수면접을 시작으로 본격적인 상담과정을 시작한다. 다음은 접수면접을 포함하여 상담의 시작 단계를 구성하는 여러 활동들에 대한 설명이다.

1) 접수면접

청소년 내담자가 상담실을 방문하면 가장 먼저 이루어지는 것이 접수면접 혹은 초기면접이다. 접수면접(intake interview)은 상담 시작에 있어 앞으로 행해질 상담에 필요한 많은 중요한 정보들을 얻을 수 있는 기회이기 때문에 매우 중요하다. 접수면접은 흔히 정기적인 상담 회기와는 별개로 행해진다. 우선적으로 청소년 내담자에게 정보를 얻게 되지만 부모나 주변의 중요한 타인에게 정보를 얻을 수 있는 경우, 상담자는 적극적으로 청소년 내담자와 관련된 다양한 정보를 수집해야 한다. 접수면접에서 파악해야 하는 중요한 정보는 다음과 같다.

내담자에게 가장 먼저 시행되는 것이 접수면접이다. 접수면접에서 상담자는 내담자와 관련된 중요한 정보들을 수집한다.

① 청소년 내담자에 대한 기본 정보: 성별, 생년월일, 가족사항, 주소, 연락처, 종교, 신체적·정신적 질병 과거력, 현재 투약 중인 약물, 사회경제적 수준, 이전 상담 경험, 상담 신청 경로 등을 파악한다.

② 외모 및 행동: 청소년 내담자의 복장, 위생상태, 신체적 발육 상태, 얼굴 표정, 억양, 눈맞춤, 접수면접 시 청소년 내담자가 보여 주는 다양한 행동 특징이나 태도 등을 파악한다.

③ 주 호소문제: 무엇 때문에 상담을 받으러 왔는지, 상담을 통해 얻고자 하는 것이 무엇인지 등에 대해 파악한다. 청소년 내담자가 호소하는 문제가 언제부터 시작되었는지, 얼마나 심각한지 등에 관해 묻고 청소년 내담자의 고유한 상황이 반영될 수 있도록 청소년 내담자가 이야기한 그대로 기록해 둔다.

④ 주 호소문제와 관련된 개인력: 청소년 내담자에게 과거에도 유사한 문제를 경험한 적이 있는지 질문한다.

⑤ 현재 기능 상태: 청소년 내담자의 문제가 청소년 내담자의 심리적, 신체적, 사회적 기능에 영향을 미치는 정도를 파악한다.

⑥ 사회적 지원 체계 혹은 대인관계: 주변에 청소년 내담자에게 도움을 주거나 상의할만한 사람이 있는지, 힘들거나 슬플 때 함께 이야기를 나눌만한 또래가 곁에 있는지 등에 관해 파악한다. 여기에는 가족뿐

만 아니라 교사, 친구, 친척, 선후배 등 다양한 사람들이 포함된다. 청소년 내담자는 친구관계가 매우 중요해지는 시기이므로 현재의 또래관계에 대해서도 자세히 파악해야 한다.

⑦ 가족관계: 청소년은 부모와 갈등을 경험하기 쉬운 시기이므로 과거 및 현재, 청소년 내담자와 부모와의 관계를 살피고 형제관계에 대해서도 파악한다.

2) 라포 형성

상담의 시작 단계에서 무엇보다 중요한 것은 라포 형성으로 라포 형성 단계에서 상담자는 청소년 내담자에게 관심을 가지고 내담자를 있는 그대로 받아들인다.

상담 시작 단계에서 무엇보다 중요한 것은 라포 형성이다. 라포(rapport)는 내담자와 상담자 간의 긍정적인 관계 형성을 의미한다. 라포 형성을 위해 상담자는 청소년 내담자에게 순수한 관심을 가지고 청소년 내담자를 있는 그대로 받아들이는 것과 같은 행동을 말한다. 라포를 형성하고 유지하는 것은 정보 공개, 변화의 시작, 상담의 궁극적인 성공에 필수적인 요소이다(노성덕 등, 2014).

3) 상담의 구조화

상담의 구조화란 흔히 상담을 시작할 때 이루어지는 작업으로 '상담에 관한 내용들에 대해 청소년 내담자와 상담자 간에 합의된 이해'를 말한다.

상담의 구조화란 '상담의 특성, 조건, 절차 등 상담에 관한 내용들에 대해 내담자와 상담자 간 합의된 이해'이다(김춘경 등, 2008). 구조화 방식은 상담자의 이론적 배경, 청소년 내담자의 성격, 상담에서 다뤄야 할 청소년 내담자의 문제에 따라 좌우된다.

상담의 구조화는 상담의 모든 단계에서 행해질 수 있지만 상담의 틀을 제공하여 향후 행해질 상담 진행에 영향을 미칠 수 있다는 점에서 상담을 시작할 때의 구조화 작업이 특히 더 중요하다. 심리적 고통으로 인해 자발적으로 상담실에 찾아 온 청소년 내담자라 하더라도 상담이 어떻게 진행되는지에 대한 정보를 가지고 있지는 않다. 따라서 상담의 시작 단계에서 청소년 내담자에게 상담 시간, 상담의 진행 과정, 조건, 절차, 파괴적인 행동의 제한, 상담목표 등에 관해 이야기해 주고 청소년 내담자가 궁금해 하는 것에 대해 충분히 이야기를 나눠야 한다.

구조화에는 일반적인 3가지 원칙이 있다. 첫째, 상담자와 내담자가 서로 편안히 느끼도록 구조화가 최소한으로 설정되어야 한다. 둘째, 구조화는 적절한 시점에서 이루어지되 결코 내담자를 처벌하는 식이 되어서는 안 된다. 셋째, 면담 시간의 약속과 내담자의 행동 규범에 관해서는 구체적으로 정해야 한다(노안영, 2005).

상담의 구조화에는 일반적으로 3가지 원칙이 있다.
① 최소한의 설정
② 적절한 시점에 수행
③ 상담시간과 청소년 내담자의 행동 규범에 관해서는 구체적으로 설정

상담과정에서 상담의 구조화가 꼭 필요한 작업이라 할지라도 이 구조화를 통해 상담을 하나의 엄격한 틀 속으로 가둬버리는 것은 바람직하지 않다. 청소년을 대상으로 하는 상담자라면 더욱 더 융통성 있게 대처하며, 구조화 내용에 대해 청소년 내담자와 함께 지속적으로 협상하는 태도가 필요하다.

4) 청소년 내담자 평가

상담의 시작 단계에서 청소년 내담자를 평가하는 것은 청소년 내담자의 문제를 객관적으로 확인하고 문제의 심각성을 파악하기 위함이다. 뿐만 아니라 청소년 내담자의 강점이나 내적 자원들을 찾는 것도 포함된다. 상담의 이론적 접근 방식에 따라 상담의 시작 단계에서 청소년 내담자 평가의 중요성, 평가 내용과 방법 등이 달라질 수 있다. 예를 들어, 평가의 중요성과 관련하여 정신분석 상담에서는 평가를 성격 역동과 정서장애의 기원을 이해하는 토대로 보고 평가기법을 중요시 한다. 그러나 인간중심 상담에서 상담자가 청소년 내담자의 정보 수집에 집중하는 것은 그 사람을 지적으로만 이해하려는 것이 될 수 있다고 보아 청소년 내담자를 이해하려는 전통적인 평가와 진단이 도움이 되지 않는다고 본다(현명호 등, 2006).

상담의 시작 단계에서 청소년 내담자의 문제를 객관적으로 확인하고 심각성을 파악하기 위해 청소년 내담자를 평가한다.
가장 많이 사용되는 평가방법은 심리검사이다.

가장 흔히 사용되는 평가방법은 심리검사를 활용한 청소년 내담자 평가라 할 수 있다. 심리검사 결과를 활용하여 청소년 내담자 문제의 유형

을 좀 더 구체적으로 확인할 수 있지만 상담자는 청소년 내담자의 심리검사 결과를 맹신해 청소년 내담자에 관한 고정된 상을 형성해서는 안 된다. 상담자는 상담과정 동안 청소년 내담자 문제의 본질을 파악하기 위해 지속적으로 노력을 기울여야 한다.

5) 사례 개념화

사례개념화는 청소년 내담자의 정보를 조직화하며 청소년 내담자의 상황과 부적응 패턴을 이해하고 설명하여 초점을 맞춰 상담이 진행될 수 있도록 안내하는 임상적 전략이다.

사례 개념화(case formulation)는 내담자에 대한 정보를 모아서 조직화하고, 내담자의 상황과 부적응적 패턴을 이해하고 설명하고, 상담을 안내하고 초점을 맞추며, 도전과 장애를 예상하고, 성공적인 종결을 준비하기 위한 방법 및 임상적 전략이다. 이 정의에 따르면 사례 개념화에서는 다음의 다섯 가지 기능을 강조한다(이명우, 2014).

(1) 정보를 모아서 조직화하기

사례개념화는 청소년 내담자의 정보를 모아 잠정적인 가설을 세우는 과정이다.

사례 개념화는 청소년 내담자의 첫 면접으로부터 시작되는 것으로, 청소년 내담자의 호소, 기대 및 역동에 대한 잠정적인 가설을 세우는 과정이다. 잠정적인 가설들은 청소년 내담자의 현재 및 과거의 삶에서 촉발요인, 유발요인 그리고 유지요인에 관한 패턴들을 찾기 위해 종합적인 평가를 수행하면서 계속적으로 검증된다.

(2) 설명하기

사례 개념화에서는 청소년 내담자의 진단적·임상적·문화적 측면을 설명함으로써 청소년 내담자에게 적합한 상담 개입을 수립하는 근거를 마련한다.

청소년 내담자의 부정적인 패턴에 대한 윤곽이 드러나고 가설들이 정립됨으로써 진단적·임상적·문화적 공식화가 구체화된다. 이러한 공식화 안에는 청소년 내담자가 과거, 현재 그리고 상담의 개입이 없다면 미래에 보이게 될 반응의 원인이 되는 요인들에 대한 가능성 있는 설명이 포함된다. 이런 설명은 청소년 내담자의 욕구, 기대, 문화 그리고 성격 역동에 적합한 상담 개입을 수립하는 근거가 될 것이다.

(3) 안내하고 초점 맞추기

앞의 설명을 바탕으로 상담개입이 공식화되는데, 여기에는 상담목표 구체화, 상담개입과 상담 전략의 실행방법이 포함된다.

설명하기를 바탕으로 상담개입 공식화가 구체화된다.

(4) 도전과 장애 예상하기

효과적인 사례 개념화는 상담과정에서 있을 수 있는 장애와 도전을 얼마나 예상하느냐에 달려 있는데, 특히 상담과정에의 적극적 관여와 헌신, 집착, 저항, 양가감정, 동맹의 결렬, 전이 재현, 재발, 종결 등이 포함된다.

효과적인 사례 개념화에서는 상담과정에서 있을 수 있는 장애와 도전을 예상한다.

(5) 종결 준비하기

사례 개념화는 상담자가 가장 중요한 상담목표가 성취된 때를 인식하고, 언제 어떻게 종결을 준비해야 하는지 알 수 있도록 도와준다.

사례 개념화는 상담목표 성취 시점을 인식하고, 상담 종결을 언제, 어떻게 준비해야 할지에 관한 정보를 제공한다.

6) 목표설정

상담목표는 상담의 방향을 결정하는 중요한 지표가 되므로 상담자는 상담 시작 단계에서 내담자와 함께 상담의 목표를 탐색하고 명료화하는 데 노력을 기울여야 한다. 상담의 목표는 구체적이고 명확해야 하며, 현실적으로 달성 가능한 것이어야 한다. 청소년 내담자의 경우 한 가지 문제만 호소하는 것이 아니라 다양한 문제를 호소할 수 있는데, 이런 경우 우선적으로 성취하고 싶은 목표가 무엇인지 논의해야 한다. 다음은 디어와 브리엔드(Dyer & Vriend, 1977)가 제안한 7가지 효과적인 상담목표 준거이다(김춘경 등, 2008).

청소년 내담자와 함께 우선적으로 성취하고 싶은 목표가 무엇인지 논의하여 구체적이고 명확하며 현실적으로 달성 가능한 상담목표를 정한다

- 상담자와 청소년 내담자가 모두 목표에 동의해야 한다. 상호성이 전제되지 않는다면 상담자와 청소년 내담자 모두 상담목표 추구에 전념하지 않을 것이다.

- 목표는 구체적이어야 한다. 목표가 너무 포괄적이고 일반적일 경우 도달하기 어렵다.
- 목표는 자기 파괴적인 행동에 관한 것이어야 한다. 내담자가 자신의 삶에서 추구할 목표는 매우 다양할 수 있다. 그러나 상담에서는 내담자의 자기 파괴적인 행동을 변화시키는 것에 초점을 맞추어 목표를 설정하는 것이 바람직하다.
- 목표는 성취 지향적이어야 한다. 상담목표는 실제적이고 내담자에게 보상적인 결과를 가져다 주는 것이어야 한다.
- 측정 가능한 목표를 설정한다. 내담자와 상담자가 목표 도달점을 확인하는 것은 중요하다. 목표가 양적인 용어로 진술된다면 그 도달 여부를 쉽게 확인할 수 있다.
- 행동적이고 관찰 가능한 목표여야 한다. 효과적인 상담목표란 그것에 도달하였을 때 가시적으로 확인할 수 있는 것이다.
- 목표는 이해할 만하고 분명하게 재 진술될 수 있어야 한다. 내담자와 상담자가 목표를 분명하게 인지하는 것이 중요하다. 목표설정 과정이 성공적이었는지의 여부는 각자가 자신의 용어로 설정된 상담목표를 재진술하는 것을 통해 확인할 수 있다.

2 상담의 작업

상담의 중기에 해당하는 상담의 작업 단계는 청소년 내담자의 문제를 해결하기 위해 구체적인 상담 작업이 이루어진다.

상담의 작업 단계는 상담의 중기에 해당한다. 이 단계에서는 상담의 시작 단계에서 형성된 상담관계, 사례 개념화, 구체화된 목표 등을 바탕으로 청소년 내담자의 문제를 해결하기 위한 구체적인 상담 작업이 진행된다. 상담자는 자신이 지향하는 이론적 접근 방식에 따라 청소년 내담자의 문제해결을 위한 다양한 상담기법들을 적극적으로 활용한다. 이를 통해 청소년 내담자는 자신의 문제에 대한 다른 시각을 갖게 되며 그에 따른 사고, 감정, 행동의 변화를 보이게 된다. 다음은 이 단계에서 행해지는 주요한 작업들에 대한 내용이다.

1) 지속적인 탐색

청소년 내담자는 편안하고 안전한 상담 분위기 속에서 자기 자신의 생각과 감정, 욕구, 문제, 대처방식 등에 관해 지속적으로 탐색할 수 있는 기회를 갖게 된다. 이 탐색 과정을 통해 상담의 시작 단계에서 설정되었던 상담목표가 더욱 더 구체화되거나 명확해진다. 청소년 내담자의 욕구가 분명해지면서 때로는 상담목표가 수정되기도 한다. 탐색 작업에서 상담자가 주의해야 할 점은 청소년 내담자가 취조나 심문받는 느낌이 들지 않도록 하면서 청소년 내담자가 정확하게 자신의 문제를 이해할 수 있도록 도와야 한다는 것이다.

> 안전하고 편안한 상담 분위기 속에서 청소년 내담자는 지속적으로 자신에 관해 탐색한다. 이 탐색의 과정 동안 상담목표가 더욱 더 구체화되거나 명확해진다.

지속적인 탐색 과정은 청소년 내담자로 하여금 자신의 문제를 다양한 관점에서 볼 수 있는 기회를 제공한다. 다양한 관점에는 문제의 부정적인 측면뿐만 아니라 긍정적인 측면도 포함된다. 긍정적인 관점을 인식할 수 있게 되는 것은 사건이나 상황에 대한 재구성(reframing) 과정을 통해 가능한데, 재구성은 내담자의 저항을 감소시킬 뿐 아니라 문제에 대해서도 이전과는 다른 행동을 취할 수 있는 변화 동기를 유발하기도 한다.

2) 직면하기

청소년 내담자는 변화를 위해 그동안 피해왔던 문제 혹은 자신의 모습과 마주해야 한다. 직면은 현재 일어나고 있는 일련의 과정을 보다 명확하게 볼 수 있도록 하며, 보다 효율적인 삶, 타인과의 보다 나은 관계로의 변화를 위해 필요한 행동에 책임지는 방법을 배울 수 있도록 돕는다(Tamminen & Smaby, 1981). 상담자는 청소년 내담자와 확고한 신뢰를 바탕으

> 청소년 내담자는 상담자와의 신뢰를 바탕으로 그동안 피해왔던 자신의 모습과 마주하게 된다.

로 한 상담관계가 잘 형성이 되었다고 판단이 될 때 그리고 적절한 시기에 직면기법을 활용해야 한다. 또한 청소년 내담자의 강점에 초점을 맞춘 직면기법을 통해 청소년 내담자가 자신의 자원을 잘 활용할 수 있도록 도와야 한다.

3) 저항에 대한 이해

청소년 내담자는 의식적이든 무의식적이든 자신의 문제를 해결하는 과정에서 저항을 보이게 된다.

상담 작업 단계에서 청소년 내담자는 저항(resistance)을 보이기도 한다. 청소년 내담자는 자신의 문제를 해결하고 싶어 하면서도 의식적이든 무의식적이든 그 과정에서 경험하는 부담감으로 인해 문제해결을 피하는 모습을 보일 수 있는 것이다. 이 경우 상담자는 청소년 내담자가 이야기한 내용보다는 그 이야기가 전개되어 나가는 과정에서의 문제점을 잘 살피고 그 문제를 해결해 주어야 한다. 이 과정이 잘 이루어진다면 청소년 내담자의 저항이 줄고 더 의미 있는 내용이 드러나게 될 것이다(오윤선 등, 2017).

4) 실행하기

청소년 내담자가 자신의 문제를 이해한 후 변화에 대한 동기를 갖게 되면 문제해결을 위한 실행으로 이어진다.

실행하기는 문제해결을 위한 실행을 의미한다. 청소년 내담자가 적극적인 탐색을 통해 자신의 문제를 이해하고 변화 동기를 갖게 되었다면 문제해결을 위한 실행 과정에 돌입해야 한다. 상담자는 청소년 내담자의 문제해결에 적용해 볼 수 있는 다양한 기법들을 알려 주고 연습해 볼 수 있는 충분한 기회를 제공한다. 이러한 과정을 통해 청소년 내담자는 자신의 문제해결력에 대한 자신감을 얻게 된다.

3 상담의 종결

상담의 후기 단계에 속하는 상담의 종결은 상담을 마무리하는 과정이다. 상담의 시작 단계와 작업 단계가 잘 진행이 되었다면 청소년 내담자와 함께 그동안의 상담 성과에 대해 되짚어 보며 상담목표의 달성 여부를 평가한다. 상담이 성공적으로 이루어졌다면 청소년 내담자는 앞으로 예상되는 유사한 문제에 대해서도 스스로 잘 해결해 나갈 수 있을 것이라는 자신감을 갖게 된다. 그러나 상담의 종결에는 이별이 뒤따른다. 청소년 내담자는 그동안 유지해 왔던 상담자와의 친숙한 관계를 청산해야 하는데, 상담자는 상담 종결에 대한 청소년 내담자의 감정이 잘 정리될 수 있도록 도운 후 상담을 종결해야 한다. 다음은 상담의 종결 단계에서 필요한 작업들에 대한 내용이다.

상담의 종결 단계는 상담을 마무리하는 과정이다.

1) 상담관계의 종결

청소년 내담자가 “이제 힘든 문제가 해결되어 더 이상 힘들지 않아요”와 같은 언급을 하면 상담자는 청소년 내담자와 함께 종결 시기를 의논할 수 있다. 뿐만 아니라 청소년 내담자의 적응이 향상된 증거(예: 문제에 대한 시각이 변화되어 문제를 더 이상 문제로 지적하지 않는 경우, 주변의 새로운 흥미와 즐거움들이 많아져 활력이 증가된 경우 등)가 관찰되는 경우에도 상담 종결에 관해 논의할 수 있다. 상담 종결에 대한 논의는 의미 있는 인간관계를 마무리하는 데 필요한 시간을 확보하는 과정이라 할 수 있다. 종결 여부를 결정할 때 상담자는 청소년 내담자와 함께 다음과 같은 사항을 고려해 보아야 한다(김춘경 등, 2008).

상담자는 청소년 내담자와 함께 종결 시기를 논의하여 종결 여부를 결정한다.

① 청소년 내담자의 초기 문제와 증상이 감소되었거나 제거되었는지를 확인한다.

② 상담 원인이 되었던 스트레스 유발 감정이 제거되었는지를 확인한다.
③ 청소년 내담자의 대처 능력과 자기 및 타인 이해 능력 정도를 평가한다.
④ 청소년 내담자의 생활계획 수립 능력과 생산적인 활동 능력을 평가한다.
⑤ 청소년 내담자의 여가생활 활동 능력을 평가한다.

2) 상담 종결 시 상담자의 과제

다음은 청소년 내담자와의 상담 종결 시 상담자가 수행해야 하는 과제를 정리한 것이다(한국청소년개발원, 2005).

① 상담자는 청소년 내담자의 바람직한 변화를 강화하여 이 변화가 실생활에서 지속될 수 있도록 충분히 격려해 주어야 한다.
② 상담 종결에 대한 의견이 나온 후 2~4회 정도의 상담 회기를 더 진행하며 평가의 기회를 갖는다. 일부 청소년 내담자의 경우 상담 종결에 대한 언급이 있으면 다시 상담실을 방문하기 어려워하거나 종결을 상담자의 거절로 생각하기도 한다. 따라서 상담자는 이런 가능성을 염두에 두고 종결의 날짜와 점진적인 방법 등에 대해 청소년 내담자와 충분히 이야기를 나누어야 한다.

상담자는 청소년 내담자와 상담을 종결할 때 상담자가 수행해야 할 과제에 대해서도 미리 숙지해 두어야 한다.

③ 일반적으로 상담의 성과는 청소년 내담자와 논의되지만 그 준거는 다양하게 정할 수 있다. 단지 청소년 내담자와 종결해도 될 것 같다는 주관적 평가와 상담자의 공식적 승인과 합의로는 미진하다. 청소년 내담자와 청소년 내담자 생활 주변에 있는 몇 사람의 평가를 확인하는 것, 상담 시작 전에 실시했던 심리검사를 다시 실시해 변화 추이를 점검하는 과정 등도 고려해 볼 필요가 있다.
④ 추수상담이란 상담이 종결된 후 한 달이나 두 달 정도의 간격을 가지고 상담 회기를 갖는 것을 말한다. 해결된 문제는 삶의 문제였기 때문에 살면서 과거의 상태로 회귀하기도 하며 변화된 행동을 지

속적으로 실천하기가 어렵다. 따라서 상담자는 상담 종료 시 추수 상담의 중요성을 설명하고 언제 만날 것인지를 청소년 내담자와 논의한다.

CHAPTER 17

상담의 기법

학습주제

1. 상담의 10가지 주요 기법은 무엇인가?
2. 주요 기법의 기능은 무엇인가?
3. 주요 기법을 사용할 때 주의할 점은 무엇인가?
3. 주요 기법의 예시는 무엇인가?

상담을 크게 두 분야로 나누면 상담이론과 상담실제가 된다. 상담실제는 상담의 구성요소와 상담과정 그리고 상담에서 사용하게 되는 상담의 기법이 있다. 이 장에서는 상담에서 주로 사용되는 10가지 상담기법을 살펴보고자 한다.

10가지 상담기법은 관심 기울이기와 경청, 질문, 감정의 반영, 재진술, 공감적 반응, 직면, 해석, 자기개방, 즉시성, 정보제공이다. 관심 기울이기와 경청은 주로 비언어적 반응으로 이뤄지지만 그밖의 기법은 언어적 반응으로 내담자와 상담을 주고받는 과정에서 사용된다.

10가지 주요 상담기법으로는 관심 기울이기와 경청, 질문, 감정의 반영, 재진술, 공감적 반응, 직면, 해석, 자기개방, 즉시성, 정보제공이 있다.

1 관심 기울이기와 경청

관심기울이기는 기본적으로 내담자에게 인간적인 관심을 지니고 있음과 관계맺음을 위한 동기가 있음을 표현하는 것으로, 상담자의 시선, 자세와 몸짓, 얼굴 표정, 목소리와 말의 속도 등 비언어적인 태도로 관심을 적극적으로 반응하는 모든 것을 말한다.

관심 기울이기(Focusing)는 기본적으로 청소년 내담자에게 인간적인 관심을 지니고 있음과 관계맺음을 위한 동기가 있음을 표현하는 것으로, 상담자의 시선, 자세와 몸짓, 얼굴 표정, 목소리와 말의 속도 등 비언어적인 태도로 반응하는 모든 것을 말한다. 주의할 점은 상담자가 청소년 내담자의 반응에 대해 선택적으로 관심을 표현하는 것이 아니라 열린 마음으로 청소년 내담자를 수용하고 청소년 내담자가 이야기하는 내용에 무비판적으로 관심을 기울이는 태도를 보여야 한다는 것이다. 만일 상담자가 내담자의 반응에 선택적으로 관심을 표현한다면 내담자는 상담자가 긍정적인 관심을 보였던 이야기나 행동만 선택해 반응할 수 있다.

경청은 내담자의 이야기를 주의 깊게 귀담아 듣는 것을 적극적으로 표현해 주는 것으로, 내담자가 말하는 이야기의 내용뿐만 아니라 말하려는 의도, 감정에 대해 주의 깊고 정성 들여 듣고 있음을 표현하는 것이 중요하다.

경청(Listening)은 상담자가 청소년 내담자의 이야기를 주의 깊게 듣고 있음을 적극적으로 표현해 주는 것으로, 청소년 내담자가 말하는 이야기의 내용뿐만 아니라 말하려는 의도, 감정에 대해 정성 들여 듣고 있음을 표현하는 것이 중요하다. 따라서 청소년 내담자의 이야기에 대해 고개를 끄덕이거나 상담자의 몸과 얼굴의 방향을 내담자쪽으로 기울여서 이야기를 듣고 내담자의 신체적인 반응을 따라 하는 등 적극적으로 반응해 주는 것이 필요할 때도 있다.

상담자가 관심을 기울이고 경청을 해야 하는 청소년 내담자의 반응에 대해서 그 내용과 과정으로 나누어 이해할 수 있다. 내용적인 측면에서 볼 때 청소년 내담자가 말한 이야기뿐 아니라 사용한 단어와 표현들, 반복적으로 사용하는 말의 패턴 등에 주의를 기울인다면 좀 더 깊은 이해가 가능해진다. 따라서 상담자는 청소년 내담자가 이야기한 것을 기억하는 것뿐 아니라 무엇을 이야기하고 있는지, 이야기 속의 진심은 무엇인지에 대해서 생각해 보는 능력도 키워야 한다. 과정적인 측면에서는 이야기하는 과정에서 관찰되는 비언어적 현상들, 예를 들어, 옅은 미소나 굳은 표정, 갑작스러운 감정의 변화, 시선처리나 이야기의 화제 바꾸기, 말 돌리기, 몸짓 등 신체적 반응을 관찰할 수 있다. 상담과정에서 드러나는 비언어적 반응들은 청소년 내담자가 말하고 있는 주제를 풍부하게 이해할 수 있게 해줄 뿐 아니라 이야기하지 않고 있는 것에 대해서도 알아갈 수 있는 단서를 제공하기도 한다.

2 질문

질문(Question)은 청소년 내담자의 생각이나 감정을 적극적으로 탐색하고 명료화하는 과정에서 사용할 수 있다. 질문에는 개방형 질문과 폐쇄형 질문이 있다.

> 질문은 내담자의 생각이나 감정을 보다 적극적으로 탐색하고 명료화하는 목적에서 사용되는데 자유로운 탐색을 위한 개방형 질문과 구체적인 상황이나 정보에 초점을 맞추는 폐쇄형 질문이 있다. 질문을 사용할 때에는 의도와 목적이 분명해야 하고, 한 번에 한 가지 질문만 하는 것이 효과적이다.

개방형 질문은 청소년 내담자의 대답이 한 두 마디의 말로 한정되지 않도록 하는 질문으로 주로 탐색을 위해 사용된다. 즉, 청소년 내담자의 생각이나 감정을 명료화하고 어떤 상황을 구체적으로 탐색할 수 있도록 돕는다. 또한 청소년 내담자가 스스로 이야기할 내용을 선택하고, 이야기를 할 수 있는 기회를 제공함으로써 자신의 생각과 감정에 주목하고 상담을 주도적으로 이끌어 나가는 느낌을 줄 수 있다. 개방형 질문을 사용할 경우 청소년 내담자의 이야기를 기반으로 재진술(paraphrase)이나 반영(reflection)을 사용해 청소년 내담자 스스로 더 많은 내용을 이야기하도록 격려하고 질문과 대답이 반복되지 않도록 하는 것이 좋다.

표 17-1 개방형 질문의 대화 예

상담자 1:	그때 어떤 상황이었는지 말해 주겠니?
내담자 1:	그때 저 혼자 수업에 늦게 들어간 거였어요. 친구들은 이미 자기들끼리 들어가서 앉아 있었고 선생님은 출석을 부르고 계셨어요. 정말이지...... 그냥 교실을 나가고 싶었어요.
상담자 2:	교실에 들어갔을 때 기분이 어땠는지 좀 더 이야기해 줄 수 있겠니?

한편 폐쇄형 질문은 사실적인 정보를 탐색하기 위해 사용하는데 구체적인 상황에 초점을 맞추거나 정확한 정보를 얻으려 할 때 유용하다. 또한 잠재적으로 위협적이거나 위험한 상황에서 청소년 내담자에게 무슨 일이 일어났는지 직접적으로 물어보는 데 유용하며, 치료자의 구체적인 의도를 담고 있어 상담의 방향성을 암시할 수 있으며 상담의 목적이 드러나게 할 수 있다.

표 17-2 폐쇄형 질문의 대화 예

내담자 1: 정말이지... 그때는 어쩔 수 없었어요...... 그냥.
상담자 1: 그래서 교실에 더 있을 수가 없었구나?
내담자 2: 네...... (침묵)
상담자 2: 창피하기도 하고 화가 나기도 해서 교실에서 나갈 수밖에 없었단 이야기구나?
내담자 3: 맞아요. 정말이지 전 그럴 수밖에 없었어요.

질문을 할 때는 상담자의 의도와 치료적 목적이 분명해야 하고, 한 번에 한 가지 질문만 해야 한다. 여러 가지 질문을 할 경우에는 이야기의 방향이 흐려지고 치료적 목적을 달성할 수 없는 대화로 이어질 수 있다.

3 감정의 반영

감정의 반영(Reflection of Feeling)은 청소년 내담자가 느끼는 감정을 상담자가 이해한 대로 표현해 주는 것이다. 우리는 대부분 자신이 느끼는 감정을 말로 표현하지만 자신이 어떤 감정을 느끼고 있는지, 또 그것을 어떻게 표현하는 것이 적절한지에 대해 잘 모르는 경우가 많다. 특히 청소년 내담자의 경우 자신이 느끼는 감정에 대한 확신이 없거나 다양한 감정을 동시에 느낄 경우 쉽게 혼란을 느낀다. 이 경우 청소년 내담자가 사용한 단어나 문구를 이용해 감정을 반영해 줄 수 있고, 이에 더해 청소년 내담자의 비언어적 행동(자세, 말의 속도, 어조, 태도, 얼굴 표정, 시선 등)에서 느껴지는 감정을 반영해 줄 수도 있다.

이렇게 청소년 내담자에게서 파악된 감정을 반영해주는 것은 상담자가 청소년 내담자의 감정을 이해하고 있다는 것을 전달하고, 더불어 청소년 내담자 스스로가 자신의 감정에 대해 보다 잘 인지하고 확신을 느낄 수 있도록 도울 수 있다. 청소년 내담자는 자신이 느끼는 바에 대해 충분히 느끼고 이를 표현할 수 있을 때 자신의 깊은 감정과 접촉할 수 있고, 이렇게 되면 통찰이 깊어져 문제를 잘 해결할 수 있게 된다.

감정의 반영은 내담자가 느끼는 감정을 상담자가 이해한 대로 표현해 주는 것으로 상담자가 내담자의 감정을 이해하고 있다는 것을 전달하고, 더불어 내담자 스스로가 자신의 감정에 대해 보다 잘 인지하도록 도와 감정과 접촉하고 통찰을 깊게 해 문제해결에 도움을 준다.

감정의 반영을 사용할 경우 단정적인 표현보다는 "~처럼 느끼는 군요", "~을 느꼈을 것 같군요", "~한 것 같네요" 등 잠정적인 표현을 사용해 청소년 내담자가 스스로 자신의 감정을 탐색해보도록 돕는 것이 좋다.

표 17-3 반영의 대화 예

내담자 1: 선생님이 아이들 앞에서 저를 나무라실 때 너무 화가 났어요. 저만 그런 것도 아닌데...... 괜히 운이 없어서 저만 걸렸던 거잖아요.
상담자 1: 나 혼자만 걸린 것 같아 화가 나고 억울했던 것 같구나.

4 재진술

재진술(Paraphrasing)은 청소년 내담자의 이야기를 듣고 이야기의 내용과 의미를 반복하거나 부연설명하거나 요약하는 것으로, 주로 청소년 내담자가 사용한 단어를 이용해 짧지만 구체적이고 명확하게 표현해 주는 것을 말한다. 재진술을 사용함으로써 청소년 내담자의 이야기에 귀 기울이고 있고 이해하고 있음을 전달하고 간결한 방식으로 내용을 요약해 전달해줌으로써 상담자가 올바로 이해하고 있는지, 상담과정이 잘 진행되고 있는지를 확인하기 위해 사용한다.

재진술은 내담자가 한 이야기의 내용과 의미를 반복, 부연설명하거나 요약하는 것으로 상담자가 올바로 이해하고 있는지, 상담과정이 잘 진행되고 있는지를 확인할 수 있고, 내담자가 자신의 문제를 객관화시키는 데 도움을 준다.

재진술은 청소년 내담자가 말한 이야기 속의 '내용'적인 측면에 초점을 두어 인지적인 측면을 강조한다. 청소년 내담자는 자신이 말한 내용을 상담자의 입을 통해 다시 들어봄으로써 자신의 문제를 보다 잘 인식하고 객관화시키는 데 도움을 받을 수 있다. 그러므로 상담자가 청소년 내담자의 이야기를 아무런 판단없이 비춰줌으로써 청소년 내담자는 자신의 생각을 정리하고 보다 깊이 탐색할 수 있게 되며 이야기 속에서 핵심적인 내용을 이해할 수 있게 된다.

재진술을 사용하기 위해서는 청소년 내담자의 이야기에 집중해서 경청하고 그 안에서 중요한 주제를 찾아 내용의 핵심을 파악할 수 있어야 한다. 더 나아가 말하지 않았지만 이야기의 내용 안에 숨겨진 의미에 대해 이해할 수 있다면 이 역시 부연설명해 줄 수 있다.

재진술을 사용할 경우 가장 중요한 내용에 초점을 두고 청소년 내담자가 말한 이야기보다 짧고 간결한 표현을 사용해 전달한다. 주로 청소년 내담자가 내용이나 사건만 이야기할 때, 감정을 표현하지 못할 때, 장황하고 두서없이 이야기를 꺼낼 때 재진술이 도움이 된다. 또한 "당신은 ~라고 생각하시는군요", "지금까지 내가 이해하기로는 ~했다는 것 같은데 맞나요?", "이야기하신 것을 정리해보면 ~했다고 할 수 있을까요?" 등의 단정적인 단어보다는 잠정적이고 가설적인 표현을 사용해 스스로 탐색하고 정리해볼 수 있도록 하는 것이 좋다.

표 17-4 재진술의 예

상담자 1:	지금까지 이야기를 들어보니 네가 친구들한테 많이 참고 양보하며 지냈는데, 친구들은 오히려 너를 만만하게 보고 무시했다고 느꼈다는 걸로 이해가 되는데...... 내가 네 이야기를 잘 이해한 것 같니?

5 공감적 반응

공감적 반응(Empathic Response)은 청소년 내담자의 경험(감정과 생각)에 대해 청소년 내담자 입장에서 지각하여 그 사실을 청소년 내담자에게 알려주는 것까지의 과정이다. 이는 단순히 청소년 내담자의 감정을 반영해 주는 것만이 아니라 상담자가 청소년 내담자의 생각과 감정에 대해 깊은 이해와 의미를 함께 공유하는 것을 말한다. 따라서 공감적 반응은 언어적, 비언어적 관심과 청소년 내담자의 이야기에 대한 재진술, 청소년 내담자가 겪은 경험(감정과 생각)에 대한 반영과 그 의미의 진달로 구성된다.

> 공감적 반응은 내담자의 경험에 대해 내담자 입장에서 지각하여 내담자에게 전달해 주는 것으로, 내담자에게 심리적 유대감과 안정감을 제공할 수 있고 상담관계에 도움을 주며 보다 깊은 성찰과 통합을 경험할 수 있도록 돕는다.

공감적 반응은 청소년 내담자와 라포가 형성되고 상담이 진행되어 청소년 내담자의 상황과 경험을 통합적으로 이해할 수 있는 상태에서 가능하기 때문에 상담 초기에는 사용이 쉽지 않다. 공감적 반응을 적절히 사용했을 경우 상담자는 청소년 내담자에게 심리적 유대감과 안정감을 제공할 수 있고, 상담관계에 도움을 주며 보다 깊은 성찰과 통합을 경험할 수 있도록 도울 수 있다.

한편 심층적 공감은 청소년 내담자가 표현하지 않은 부분까지 상담자가 찾아내어 전달하는 것으로 청소년 내담자로 하여금 자신을 더 깊이 이해하도록 돕는 기법이다.

표 17-5 공감적 반응의 대화 예

내담자 1:	요즘은 아침에 일어나기가 너무 힘들어요. 학교에 늘 지각하고...... 엄마도 진소리가 심해지고......
상담자 1:	마음과 같지 않게 몸이 안 따라주니까 좌절되나 보구나. 실망스러운 모습을 보이고 싶지 않은데 자꾸 그러는 것 같아서 걱정도 되는 것 같네.
내담자 2:	엄마는 내 맘을 잘 모를거에요. 나도 이런 내가 한심하니까요.

감정의 반영과 재진술, 공감적 반응은 서로 비교가 될 수 있는데, 감정의 반영은 주로 청소년 내담자의 이야기 속에서 감정에 초점을 두고 전달되며, 재진술은 내용에 초점을 두고 전달이 된다. 두 가지 기술은 주로 감정의 탐색과 내용의 탐색 등 상담의 초반과 중반에 사용된다. 한편 공감적 반응은 감정과 내용 모두를 포함하며 청소년 내담자의 입장에서 청소년 내담자의 경험과 그 의미에 대한 깊은 이해를 바탕으로 한 표현으로 라포가 형성되고 상담이 진행된 중후반에 주로 사용된다.

6 직면

> 직면은 내담자가 상담 중에 보인 사고, 감정, 행동에서 모순이나 불일치가 관찰될 때 이를 지적하는 것으로, 내담자는 감정의 양면성과 복잡한 심정을 수용하고 좀 더 깊은 탐색을 통해 스스로를 깊이 이해하는 새로운 변화를 경험할 수 있다.

청소년 내담자가 상담 중에 보인 사고, 감정, 행동에서 모순이나 불일치가 관찰될 때 모순이나 불일치를 지적하는 상담기법이 직면(Confrontation)이다. 직면은 청소년 내담자와 상담자의 관계 속에서 상담을 진행하는 '지금 그리고 여기에서' 경험되는 일들에 대한 직면이다. 따라서 상담관계가 어느 정도 다져지고 서로를 신뢰할 수 있을 때 적절히 사용될 수 있다.

직면을 사용할 때 상담자는 청소년 내담자를 직면시키는 이유와 직면을 통해 성취하려는 것이 무엇인지 분명히 알고 사용해야 한다. 또한 직면이 상담의 목표 달성에 도움이 되는 것인지, 청소년 내담자에게 도움이 되는 것인지에 대해 확신이 있어야 한다.

더불어 청소년 내담자가 이해하기 쉽도록 간결하고 직접적이며 쉬운 언어로 직면시킬 수 있어야 한다.

상담자가 제시한 직면을 청소년 내담자가 수용할 수 있을 때 청소년 내담자는 자신이 느끼는 감정의 양면성과 복잡한 심정을 수용하고, 좀 더 깊은 탐색을 통해 스스로를 깊이 이해하는 새로운 변화를 경험할 수 있다.

표 17-6 직면의 대화 예

내담자 1:	엄마는 집안일도 직장일도 완벽하게 하는 멋진 엄마에요. 다른 애들 엄마하고는 달라요. 전 유치원 때부터 다른 친구들과 달랐어요. 놀이터에서 같이 놀다 보면 다른 친구들은 엄마 손잡고 가는데 저는 혼자 집에 왔던 기억이 나요.
상담자 1:	엄마가 멋진 엄마라고 하면서 한편으로 엄마한테 서운한 마음도 있었나 보구나.
내담자 2:	아...... 그러네요.. 남들한테는 멋지게 보였지만 난 좀 서운하고 섭섭했던 것 같아요. 사실 유치원 때 엄마가 없어서 혼자 우는 일도 많았어요.

7 해석

해석(Interpretation)은 내담자가 말하지 않은 것이나 의식하지 못하는 것들에 대해 상담자가 설명해주는 것으로, 이면에 숨겨진 의미, 원인 및 청소년 내담자의 감정, 생각, 행동에 대한 이론적 설명을 제공해 청소년 내담자가 자신의 문제에 대해 새롭게 바라볼 수 있도록 돕는다. 또한 청소년 내담자의 감정-생각-행동의 관련성이나 그 패턴에 대한 심리학적 가설, 청소년 내담자가 겪은 사건이나 심리적 경험에 대한 이론적 설명을 제공해줄 수 있다.

해석은 내담자가 말하지 않은 것이나 의식하지 못하는 것들에 대해 상담자가 설명해주는 것으로, 이면에 숨겨진 의미, 원인 및 내담자의 감정, 생각, 행동에 대한 이론적 설명을 제공해 내담자가 자신의 문제에 대해 새롭게 바라볼 수 있도록 도울 수 있다.

이러한 이론적 설명과 가설을 효과적으로 제공하기 위해서는 이에 대한 충분한 지식을 숙지하고 있어야 하며, 적절한 시점에 효과적으로 사용할 수 있어야 하므로 가장 전문성이 요구되는 기술이기도 하다. 따라서 해석은 신뢰할 수 있는 상담관계가 형성되고 청소년 내담자가 해석을 수용할 수 있을 때 적절한 표현을 사용해 조심스럽게 사용되어야 한다. 그렇지 않을 경우에는 청소년 내담자가 이를 평가적으로 느껴 치료관계를 해칠 수 있고, 이후의 상담 진행에 영향을 주어 저항을 유발할 수 있다. 또한 공감적인 표현과 단정적이지 않은 어조를 사용해 전달하고 이러한 가설을 스스로 검증할 수 있도록 청소년 내담자를 지지해 주는 것이 중요하다. 무엇보다 해석을 사용할 때에는 상담목적에 맞는 내용인지, 적절한 시점인지를 반드시 고려해야 하며, 해석을 제공했을 때 청소년 내담자의 반응이 수용적인지의 여부를 잘 살펴 진행해야 한다.

표 17-7 해석의 대화 예

상담자 1:	오빠한테 일부러 더 잘해준 것은 좋은 딸이 되어 엄마의 관심을 얻고 싶은 마음에서 그랬던 것 같은데...... 어떻게 생각하니?
내담자 1:	오빠에게 질투가 나기도 했어요. 난 그냥 언제나 오빠가 옳고 오빠한테 져줘야 한다고 생각했어요. 그런데 생각해보니 엄마 때문인 것 같기도 해요. 엄마가 너무 오빠편만 드니까...... 오빠한테 잘 하면 엄마가 좋아했어요. 사이좋은 남매라고......

8 상담자의 자기개방

상담과정에서 상담자가 자신의 생각, 가치, 느낌, 태도 등 상담자의 정보를 청소년 내담자에게 드러내 보이는 것이 자기개방(Counselor Self-Disclosure)이다. 상담자의 솔직한 자기개방은 주로 청소년 내담자에게 신뢰를 주고, 솔직하고 진솔한 관계를 경험하게 하여 청소년 내담자의 개방을 촉진시키는 역할을 한다. 그러나 상담자의 지나친 자기개방은 오히려 청소년 내담자의 탐색을 방해하고, 상담의 주인공이 상담자가 되어 상담자 중심의 상담이 진행되게 한다.

상담자의 자기개방은 내담자에게 신뢰를 주고, 진솔한 관계를 경험하게 하여 내담자의 개방을 촉진시키는 역할을 하지만, 지나칠 경우 내담자의 탐색을 방해하고, 상담자 중심의 상담이 진행되게 할 수 있다.

따라서 상담자의 자기개방은 적절한 시점에 적절한 만큼만 사용하는 것이 좋다. 가장 중요한 것은 상담자의 자기개방이 상담의 목표 달성에 도움이 되고 청소년 내담자를 위한 것인지 고민해보는 것으로, 상담자의 욕구에 기반한 자기개방이 되는 것을 조심해야 한다. 청소년 내담자를 위한 자기개방에서는 상담자의 청소년 시절을 떠올려 자기개방하는 것도 도움이 된다.

표 17-8 상담자의 자기개방의 대화 예

내담자 1:	친구들이랑 매일 붙어 다니지 않으면 불안해요. 한시도 혼자 있으면 마음이 이상하고...... 외톨이가 된 것 같고, 애들은 나빼고 잘 노는지, 왜 나를 안 찾는지..... 생각이 많아져요.
상담자 1:	나도 중학생 때 친구들 때문에 고민이 많았단다. 혼자 다니는 게 편했지만 애들 눈도 있고 혼자 외톨이가 된 것 같아서 어떻게든 무리에 끼어서 몰려 다니려고 했지. 그래서 네 마음이 지금 어떤지 좀 알 것 같다.

9 즉시성

즉시성(Immediacy)은 청소년 내담자와 상담자의 관계 속에서 현재 진행되는 상담과정에서 벌어지는 것에 대한 개방적인 표현으로 청소년 내담자의 사고, 감정, 행동에 대한 상담자의 솔직한 반응을 말한다. 이는 청소년 내담자와 상담자의 인간관계 속에서 벌어지는 현상을 직접적으로 경험하게 하여 청소년 내담자가 대인관계에서 발생하는 갈등을 통찰하고, 해결할 수 있는 기회와 모델링을 제공한다. 따라서 상담자의 반응이 상담 목적에 일치되어야 하며, 사용하는 목적이 분명해야 한다. 이 기법은 청소년 내담자에 대한 깊은 이해와 함께 상담자의 대담함, 자기주장과 민감성이 필요한 기법으로 주로 상담의 중반 이후에 사용된다.

즉시성은 내담자의 사고, 감정, 행동에 대한 상담자의 솔직한 반응을 말하는데 이를 통해 내담자가 대인관계에서 발생하는 갈등을 통찰하고 해결할 수 있는 기회와 모델링을 제공한다.

표 17-9 즉시성의 대화 예

내담자 1:	솔직히 상담이 제게 어떤 도움이 되는지 모르겠어요. 지금까지 계속 왔지만 뭐 하나 나아진 게 없잖아요.
상담자 1:	상담에 대해 실망하는 것 같구나. 그런데 지난 시간까지는 상담하면서 마음이 편해지고 밝아지는 것 같아서 계속 오고 싶다고 했던 것 같은데...... 지난 번 모습하고 아주 달라서 내가 좀 혼란스럽네. 왜 그렇게 달라졌는지 이야기해볼래?

즉시성은 상담자의 정보를 이용한다는 측면에서 자기개방과 유사한 측면이 있다. 그러나 즉시성은 상담자와 청소년 내담자의 관계에서 경험하는 상담자의 정보를 사용하며, 주로 현재형의 시제로 표현한다. 반면 자기개방은 상담자와 타인의 관계에서 경험된 상담자의 정보를 사용하며 주로 과거형의 시제로 전달한다.

10 정보제공

정보제공(Information Giving)은 청소년 내담자가 질문하거나 요청한 내용에 대한 자료 또는 사실, 의견을 말로 전달해 주는 것으로, 그 내용은 사람, 활동, 행사, 자원, 대안, 결과나 절차에 관한 정보나 의견들이 될 수 있다. 정보제공은 청소년 내담자의 현재 욕구와 상담의 목표에 맞으면서 청소년 내담자가 가장 잘 받아들일 수 있는 시점에 제공하는 것이 중요하다. 그러나 제공한 정보를 수용하고 선택하는 것은 청소년 내담자가 스스로 할 수 있도록 해야 하며, 이를 위해 정보 수용과 선택의 걸림돌과 효과에 대해 청소년 내담자와 함께 탐색해보는 과정이 필요하다. 정보제공은 청소년 내담자의 바람직한 행동 변화를 돕기 위한 하나의 방법이므로 청소년 내담자의 변화에 대한 욕구와 수용할 수 있는 준비가 되어 있는 시점에서 제공하는 것이 가장 효과적이다.

> 정보제공은 내담자가 질문하거나 요청한 내용에 대한 자료 또는 사실, 의견을 말로 전달해 주는 것으로, 그 내용은 사람, 활동, 행사, 자원, 대안, 결과나 절차에 관한 정보나 의견들이 될 수 있다. 상담자는 정보제공을 할 수 있지만 이를 수용하고 선택하는 것은 내담자의 몫이다.

표 17-10 정보제공의 대화 예

내담자 1:	자퇴를 하고 대안학교를 가려면 어떻게 해야 하는지 잘 모르겠어요. 부모님도 대안학교를 알아보고 계시는데 잘 모르시더라구요.
상담자 1:	대안학교에 대한 정보는 인터넷에서 검색해 보면 여러 정보를 얻을 수 있을 거야. 또 학교 진학 상담실에서도 관련 자료를 갖고 있어서 도움을 받을 수 있을 거야. 내가 알기로는 대안학교 종류가 참 많아서 네가 어떤 학교를 가고 싶은지 먼저 생각해 보는 것이 좋을 것 같구나. 혹시 가고 싶은 학교가 있니?

추가적으로 상담자가 침묵(Silence)을 사용하는 경우 침묵 역시 상담기술이 될 수 있다. 상담자의 침묵은 청소년 내담자가 자신의 감정이나 생각에 대해 깊이 생각할 수 있는 여유를 주고, 청소년 내담자를 기다려 주며 상담관계의 신뢰를 높일 수 있다. 또한 청소년 내담자가 자신의 감정에 집중해 느끼고 이를 솔직하게 드러낼 수 있도록 할 수 있다. 침묵이 효과적으로 사용되기 위해서는 침묵이 지속되어도 어색하지 않고 편안함을 느낄 수 있도록 서로에 대한 신뢰가 쌓인 관계에서 사용되어야 하며, 무엇보다 상담자가 침묵을 사용할 시점을 잘 포착해 적절히 사용해야 한다. 주로 상담자가 침묵을 사용하는 경우에는 청소년 내담자가 이야기 도중 침묵을 하는 경우인데, 이때 상담자가 청소년 내담자의 침묵의 의미를 이해해야 하는 적절한 시점과 지속시간을 결정할 수 있다.

상담자의 침묵은 내담자가 자신의 감정에 집중해 느끼고 이를 솔직하게 드러낼 수 있도록 해 내담자가 자신에 대해 깊이 생각할 수 있는 여유를 주고, 상담관계의 신뢰를 높일 수 있다. 침묵을 상담기법으로 사용할 때에는 내담자와의 신뢰를 바탕으로 적절한 시점을 잘 포착해 사용하는 것이 중요하다.

청소년 내담자가 침묵을 하는 경우는 자신의 생각이나 감정에 빠져있거나 정리하는 중일 수 있으며, 상담자의 반응을 기다리는 경우이거나 상담자에게 저항을 보이는 경우일 수 있다. 충분한 침묵의 끝에 내담자가 말을 시작하는 시점에서는 청소년 내담자의 침묵의 의미를 함께 이야기 나누는 것이 필요하며, 내담자의 침묵을 기다려 준 상담자의 침묵을 어떻게 받아들였는지 확인해보는 것도 필요하다.

CHAPTER 18

청소년 상담의 유형

학습주제

1. 상담 방식에 따라 청소년 상담을 어떻게 분류할 수 있는가?
2. 상담 형태에 따라 청소년 상담을 어떻게 분류할 수 있는가?
3. 상담 기간에 따라 청소년 상담을 어떻게 분류할 수 있는가?

1 상담 방식에 따른 분류: 대면 상담과 매체 상담

1) 대면 상담

대면 상담은 상담자와 청소년 내담자가 상담실에서 얼굴을 마주하고 앉아 상담을 진행하는 것을 말한다. 매체 상담과는 달리 청소년 내담자와 직접 마주하고 앉아 상담이 진행되므로 상담자는 청소년 내담자의 목소리, 행동, 태도, 정서 변화 등을 세심하게 관찰할 수 있다는 장점이 있다.

> 대면 상담은 얼굴을 마주하고 앉아 상담을 진행하는 것이다.

2) 매체 상담

전자매체에 익숙한 청소년들에게는 전화와 인터넷 등을 활용해 상담을 진행할 수 있다.

전자매체가 보급되면서 전자매체를 활용한 의사소통이 보편화되었다. 다른 어느 세대보다도 전자기기에 익숙한 청소년들에게는 이러한 전자매체를 활용한 상담 욕구가 증가하고 있는 실정이다. 매체 상담 중 가장 활발하게 활용되는 것이 전화와 인터넷이므로 두 가지 매체 상담에 관해 살펴보자.

(1) 전화 상담

전화 상담은 서비스의 즉각성, 공간초월성 및 원격성, 익명성 및 비대면성, 음성의 활용 그리고 단회성과 같은 측면에서 대면 상담과는 다른 특징을 지니고 있다(박경애, 2014).

① 즉각성

전화 상담은 24시간 가능하기 때문에 언제, 어느 때라도 청소년 내담자가 필요한 경우 전화를 걸어 즉각적으로 상담 서비스를 제공받을 수 있다. 이러한 특징으로 인해 자살과 같은 위기상담의 경우에 매우 유용하게 활용된다.

전화 상담은 대면 상담과는 달리 서비스의 즉각성, 공간 초월성 및 원격성, 익명성 및 비대면성, 음성의 활용 그리고 단회성이라는 특징을 지니고 있다.

② 공간초월성 및 원격성

대면 상담은 상담실이라는 공간에서 상담이 이루어진다. 그러나 전화 상담은 원거리에서도 상담이 가능하다.

③ 익명성 및 비대면성

전화 상담은 얼굴을 마주 보지 않고 진행되며 자신의 이름을 밝히지 않고 자신의 어려움을 상담할 수 있다는 장점이 있으므로 청소년 내담자로 하여금 망설이지 않고 상담 서비스를 이용하게 만든다. 청소년 내담자는 이로 인해 남들에게 말하지 못하는 개인적인 문제를 털어놓을 수 있다.

④ 음성의 활용

일반적인 대면 상담에서는 청소년 내담자가 보여 주는 외모, 행동과 태도 등을 통해 청소년 내담자의 행동단서를 파악할 수 있다. 그러나 전화 상담에서는 청소년 내담자의 음성만이 유일한 단서가 된다. 사람의 목소리에는 감정 상태를 드러내는 많은 정보가 내포되어 있으므로 전화 상담자는 청소년 내담자의 음성을 통해 집중적인 감정 탐색이 가능할 것이다.

⑤ 단회성

전화 상담은 단회에 청소년 내담자의 욕구를 충족시켜 주어야 하는 경우가 많다. 만약 장기간의 상담을 요하는 경우 청소년 내담자 문제에 적합한 기관이나 전문가를 연결시켜 주는 역할을 해야 한다.

위와 같은 특징들로 인해 청소년 내담자들은 해결할 수 없는 자신만의 고민이나 비밀을 조금 더 쉽게 털어놓을 수 있게 된다. 전화 상담자는 청소년 내담자의 목소리에 귀를 기울여 그들의 감정을 읽어주고 호소하는 문제와 대처 방식을 구체적으로 파악한 후 새로운 대안의 탐색으로 안내한다.

(2) 사이버 상담

사이버 상담은 상담자와 청소년 내담자가 각각의 공간에서 컴퓨터라는 매체로 인터넷과 통신을 활용해 가상공간에서 만나 이루어지는 상담을 사이버상담은 인터넷과 통신을 활용하여 가상공간에서 이루어지는 상담을 말한다.

말한다(박경애, 2014). 기성세대와는 달리 인터넷에 매우 친숙한 청소년에게 있어 사이버 상담은 시대를 잘 반영하는 상담 유형이라 할 수 있다.

사이버 상담의 종류에는 실시간 채팅 상담, 이메일 상담, 게시판 상담이 있다. 게시판 상담이란 내담자가 가지고 있는 어려움을 익명이나 실명으로 상담 공동체에 나누는 것으로, 상담 전문가나 또래 청소년이 답변을 할 수 있고 상담 내용을 모든 사람들이 볼 수 있도록 게시하는 것을 말한다(박영애, 2014).

2 상담 형태에 따른 분류: 개인 상담과 집단 상담

상담 형태에 따라 개인 상담과 집단 상담으로 분류한다.

상담을 받는 청소년 내담자가 한 명이냐 여러 명이냐에 따라 개인 상담과 집단 상담으로 분류한다.

1) 개인 상담

개인 상담은 상담자와 청소년 내담자가 일대일로 상담을 진행하는 것을 말한다.

개인 상담은 개별 상담이라고도 하는데 상담자와 청소년 내담자가 일대일로 상담하는 것을 말한다. 개인 상담은 전화나 사이버 공간 등을 활용해서 이루어지는데 청소년 내담자가 이야기 나누기를 원하는 개별적인 문제를 상담자와 청소년 내담자가 함께 살펴보며, 청소년 내담자는 그 문제를 해결해 가는 일련의 과정을 경험하게 된다. 집단 상담은 여럿이서 진행되는 상담이다 보니 민감한 청소년 내담자의 경우 자신만의 이야기를 꺼내놓기가 어려울 수 있는데, 개인 상담에서는 그것이 가능하다는 장점이 있다.

2) 집단 상담

집단 상담은 집단의 목적에 적합한 인원으로 구성되어 함께 상담을 진행해 가는 것이다. 일반적으로 10명 내외의 청소년으로 구성되고 프로그램 내용을 고려하여 구조화된 방식이나 비구조화된 방식을 선택하여 진행할 수 있다. 상담자와 한 명의 청소년 내담자 사이에서 이루어지는 개별 상담과는 달리 청소년 집단 상담은 상담자와 여러 명의 청소년 내담자가 함께 하므로 좀 더 편안한 분위기 속에서 상담을 진행할 수 있다는 장점이 있다. 또한 집단이라는 하나의 작은 사회 속에서 청소년 내담자들이 다양한 실험과 학습을 경험해 볼 수 있다는 장점이 있다.

집단상담은 집단 목적에 맞는 10명 내외의 청소년들이 참여하여 이루어진다.

코리(Corey, 1995)는 집단 상담을 하는 이유를 효율성, 공통성의 경험, 다양한 자원과 다양한 관점, 소속감, 기술 연습, 피드백, 다양한 학습, 실생활 접근, 집단 상담 계약으로부터 파생되는 동기 강화로 보았다. 일반적인 집단 상담의 장점 외에도 아동 및 청소년에게 집단 상담을 권하는 근거는 다음과 같다(김춘경 등, 2015).

① 다른 두세 명의 청소년과 새로운 경험을 시작하는 것이 덜 위협적이다.

② 여러 청소년의 존재는 상담자와 각 청소년 사이의 바람직한 관계 형성을 촉진한다.

③ 다른 청소년의 존재는 자발성을 증가시킨다

④ 모든 청소년이 도움을 받을 뿐 아니라 도움을 주는 사람이 될 수 있다는 사실이 치료 과정을 증진시킨다.

⑤ 다양한 경험을 할 수 있는 기회를 제공한다.

⑥ 집단은 환경의 허용 정도를 청소년이 인식하도록 촉진한다.

⑦ 또래의 반응을 통해 청소년들은 자신들의 행동을 재평가한다.

⑧ 집단 상담은 또래들과 보다 만족스럽게 관계를 맺을 수 있는 새로운 방법을 발견하고 실험할 수 있는 확실한 사회적 장면을 제공한다.

⑨ 여러 명의 청소년은 치료 경험을 실제 세계와 연결시키는 역할을 한다.

청소년 집단 상담의 주요 주제가 되는 것은 청소년기 특유의 발달과업을 성취해 가는데 필요한 쟁점들이나 성장하면서 겪게 되는 어려움 등이다. 청소년 집단 상담은 학교나 지역사회 청소년 상담복지센터, 근로청소년이 많은 공장이나 회사의 산업체 상담실, 보호 및 교정기관 등에서 많이 이루어지고 있다. 청소년 내담자들은 개인 상호간의 역동을 활용한 집단 상담을 통해 바람직한 변화를 이루어간다(한국청소년개발원, 2005). 무엇보다도 청소년 내담자가 혼자만의 고통이라고 생각해 왔던 자신의 문제가 다른 친구들도 다 경험하고 있다는 사실을 집단 상담을 통해 알게 되면 마음이 한결 가벼워지는 경험을 하게 된다.

청소년 집단상담의 주요 주제는 청소년기 발달과업을 성취해 가는데 필요한 쟁점이나 성장하면서 겪게 되는 어려움 등이다.

3 상담 기간에 따른 분류: 단회 상담, 단기 상담과 장기 상담

상담 기간이 얼마나 되느냐에 따라 단회 상담, 단기 상담, 장기 상담으로 분류할 수 있다.

상담 기간에 따라 단회 상담, 단기 상담 및 장기 상담으로 분류한다.

1) 단회 상담

상담이 1회로 끝나는 것을 말한다. 단회 상담은 청소년 내담자가 위급하거나 심각한 상황에 처했을 때, 위급하거나 심각한 상황은 아니지만 심적인 고통이 크게 부각되었을 때나 정보가 필요한 경우에 실시될 수 있다. 위급하거나 심각한 상황에 처한 청소년 내담자를 상담하는 경우라면 청소년 내담자가 처한 상황을 구체적으로 파악하고, 현재의 관점에서 그

상담이 1회로 끝나는 것으로 청소년 내담자가 처한 구체적인 상황을 파악하여 그 상황에 맞춰 상담을 진행한다.

문제에 어떻게 대처할 것인지에 초점을 맞추어 상담을 진행해야 한다. 심적인 고통이 커서 상담을 요청한 경우라면 무엇보다도 정서적 지지가 필요한데, 상담자는 청소년 내담자의 이야기를 주의 깊게 들으며 그들의 정서를 반영해 주고 공감해 주며 안정감을 찾을 수 있도록 도와야 한다. 만약 청소년 내담자가 정보를 얻기 위해 상담을 요청하였다면 상담자는 상담자가 알고 있는 한 최선을 다해 정보를 제공해야 한다. 그러나 상담자가 잘 모르고 있는 내용이라면 관련기관이나 전문가 등과 연계해 줄 수 있어야 한다.

2) 단기 상담

단기 상담은 비교적 짧은 시간에 행해지는 상담을 말한다. 얼마나 짧은 시간인지에 대해서 합의된 의견은 없지만 보통은 4개월 미만이고 수십 회 진행되는 장기 상담에 비해 상대적으로 짧게 진행된다. 단기 상담의 특징은 다음과 같다(권석만, 1998; 강갑원 2012에서 재인용).

① 실용적이고 효율적으로 개입하여 작은 변화로 큰 파급 효과를 노린다.
② 바로 내담자가 지닌 강점과 잠재적인 힘, 내담자의 호소 문제에 관심을 갖는다.
③ 상담이 끝난 후에도 눈에 보이지 않지만 상담의 효과는 지속된다고 본다.
④ 내담자가 현실 생활에 어떻게 잘 적응할 수 있는가에 초점을 둔다.

비교적 짧은 시간에 행해지는 단기 상담은 실용적이고 효율적으로 개입하여 청소년 내담자가 현실 생활에 잘 적응할 수 있도록 돕는다.

또한 상담자는 청소년 내담자가 단기 상담에 적합하다고 판단될 때 단기 상담을 실시할 수 있는데, 다음의 경우 상담자는 단기 상담을 고려해 볼 수 있다.

① 친구와 싸우고 어떻게 풀어야 할지 모르는 중학교 2학년 여학생의 경우처럼 호소하는 문제가 구체적인 경우

② 이차 성징으로 인해 자신의 몸에 생기는 변화로 인해 혼란을 경험하고 있는 남자 중학생처럼 호소하는 문제가 발달상의 문제와 관련되는 경우
③ 교회 선생님, 담임 선생님, 이모 등 청소년 내담자에게 평상시에 힘이 되어 주거나 조언해줄 수 있는 사회적 지지자가 있는 경우
④ 좋은 대인관계를 맺었던 경험이 있거나 현재 좋은 대인관계를 맺고 있는 청소년 내담자
⑤ 주 호소 문제의 원인이 성격적인 결함에서 기인하지 않는 경우

3) 장기 상담

단기 상담과는 달리 장기 상담은 비교적 오랜 시간 동안 상담이 진행되는 것을 말한다. 청소년 내담자의 문제가 일상적인 적응에 심각한 영향을 미치고 있으며, 그 문제가 비교적 오랫동안 지속된 경우나 주 호소 문제가 성격적인 결함에서 기인하는 경우 등은 단기 상담보다는 장기 상담에 더 적합하다고 볼 수 있다. 그러나 특정 이론적 접근에서는 단기 상담보다는 장기 상담을 선호하는 경우도 있다. 특히 전통적인 정신분석적 상담이론에서는 무의식을 의식화시키고 양육과정에서의 부정적 경험을 다루어 내적인 갈등을 해결하는 데 많은 시간이 소요된다.

비교적 오랜 시간 동안 진행되는 장기 상담은 청소년 내담자의 문제가 심각한 경우 적합할 수 있다.

참고

지역사회청소년통합지원(CYS-Net) 체계

지역사회안전망(CYS-Net: Community Youth Safety-Net)은 지역사회 시민, 청소년 관련 기관 및 단체 등 지역 내 활용 가능한 자원의 연계를 통해 지역사회청소년통합지원 체계를 구축하여 위기 상황에 처한 청소년을 발견하고 통합적인 상담복지서비스를 제공하는 사업을 말한다. 위기 상황을 돕는 방법은 전화 상담, 구조, 보호, 치료, 자립, 학습, 직업훈련 등 다양한 서비스를 통해 청소년의 가정복귀, 학교복귀, 사회적응을 도와 청소년의 건강한 성장과 삶의 역량을 강화하려는 것이 이 사업의 목적이라 할 수 있다.

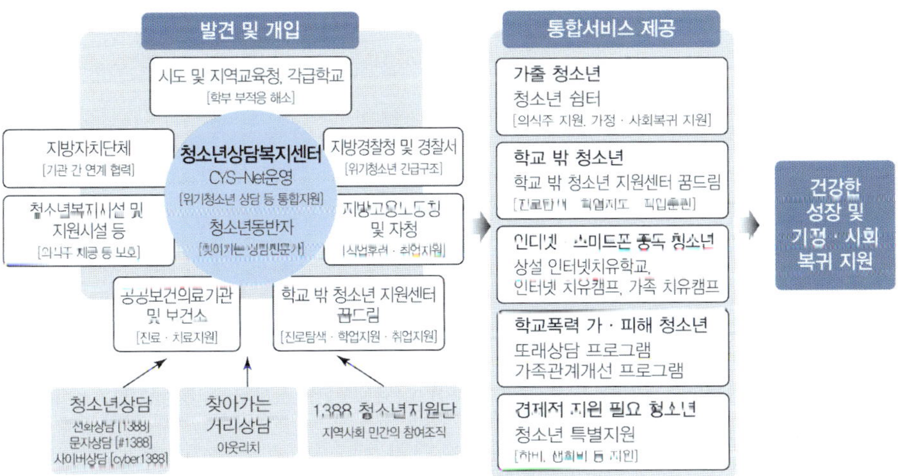

그림 1 지역사회청소년통합지원(CYS-Net) 체계
(https://blog.naver.com/mogefkorea/220886469660)

이 사업은 2005년 위기 청소년사회안전망 구축 사업을 정부 주요 정책과제로 추진하면서부터 시작되었다. 2006년에는 5개 시 · 도 청소년상담복지센터에서 시범 운영을 하였고, 2011년 지역사회청소년통합지원체계 운영의 법적근거를 마련하여 2017년 전국 244개의 청소년상담복지센터에서 시행되고 있다. 사업의 대상은 9세에서 24세 청소년 및 학부모이다. 필수연계기관으로는 학교, 교육청, 경찰관서, 노동관서, 의료기관, 보건소, 청소년쉼터, 청소년지원시설 등이 있으며, 이들 기관을 통해 상담과 복지, 교육, 보호, 의료, 법률, 자활, 경제적 지원 등 다양한 지원을 하고 있다. 사업의 주요 내용으로는 청소년전화 1388, 1388 청소년지원단, 위기개입, 청소년 동반자, 심리적 외상 긴급지원사업, 인터넷 및 스마트폰 과의존 예방 및 해소 사업, 또래상담, 학교 밖 청소년 지원 등이 있다.

1) Help Call 청소년전화 1388

Help Call 청소년전화 1388은 청소년은 물론 학부모, 교사 등 누구나 청소년을 위하여 이용하는 전화로, 청소년 상담, 긴급구조, 자원봉사 및 수련활동 정보제공, 인터넷중독치료 등 청소년 관련 모든 문제에 대해 365일 24시간 원스톱(One-Stop) 서비스 제공을 목적으로 한다(오승근 등, 2016).

그림 2 Help Call 청소년 전화 1388 이용방법(http://www.teen1318.or.kr)

2) 1388 청소년지원단

위기 청소년을 조기에 발견하고 지원하는 역할을 수행하기 위한 민간의 자발적 참여 조직으로, 전국의 청소년상담복지센터에 소속되어 위기 청소년 발견 구조, 의료 법률 및 복지지원, 상담 멘터 등의 다양한 활동을 수행한다. 약국, 병원, PC방, 노래방, 택시회사, 변호사, 교사, 자원봉사자, 학원 등이 참여하여 위기 청소년에게 맞춤형 서비스를 제공한다. 따라서 1388 청소년지원단은 민간사회안전망의 역할을 수행한다.

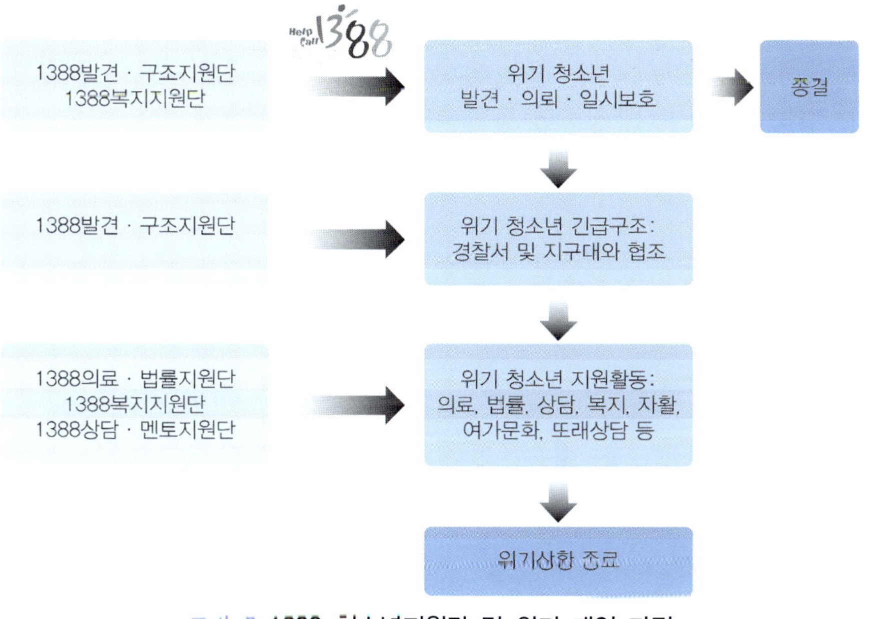

그림 3 **1388 청소년지원단 및 위기 개입 과정**

3) 위기개입 : 일시보호소 및 아웃리치

도움이 필요한 위기(가능) 청소년을 대상으로 365일 24시간 열려있는 일시보호소 '우리집'에서는 위기에 처한 청소년의 긴급 구조와 일시보호를 통해 신체적 · 정서적 지원 및 심리 상담, 기초생활 서비스, 기관 연계, 귀가지원, 의료지원 등을 제공한다. 또한 지역사회의 청소년 밀집 지역을 직접 찾아가는 아웃리치 사업을 통해 위기 청소년을 발견하고, 현장에서 필요 서비스를 제공함으로써 센터와 서비스를 홍보하고 위기 청소년에 대한 사회적 관심을 촉구하는 데 기여한다.

4) 청소년 동반자(Youth Companions : YC)

청소년 동반자 프로그램은 위기 청소년들이 자발적으로 상담이나 공공 서비스 이용을 꺼려하는 경향을 감안하여 자격과 경험을 갖춘 청소년 상담전문가가 1:1로 직접 현장으로 찾아가 맞춤형 서비스를 제공하는 프로그램이다. 이 사업은 상담 및 심리, 정서적 지지 등을 통해 위기 청소년들과 지속적인 관계를 형성하여 청소년의 건강하고 성공적인 삶을 지원하기 위해 만들어졌다. 청소년 동반자는 위기 청소년에게 각종 상담, 심리 정서적 지지, 자활지원, 학습 진로지도, 문화체험 등을 제공한다(여성가족부, 2016).

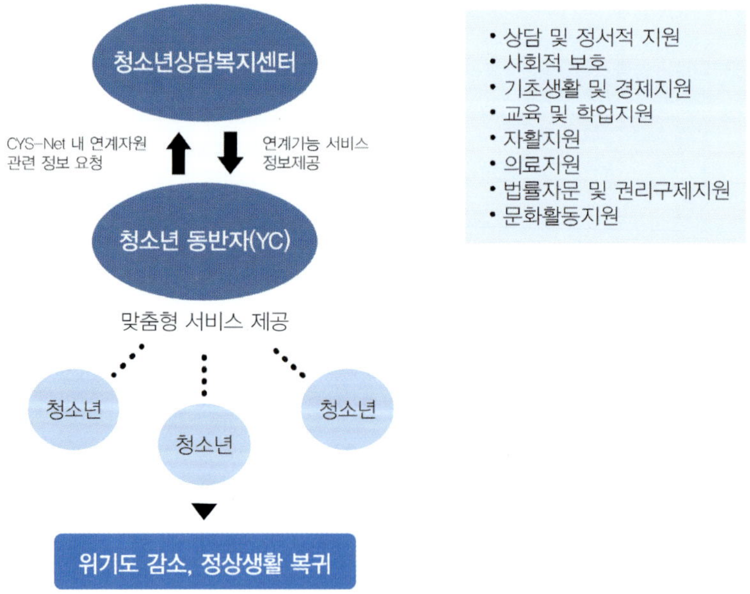

그림 4 청소년 동반자 사업 내용

5) 심리적 외상(Trauma) 긴급지원사업

심리적 외상이란 자살, 교통사고, 성폭력, 학교폭력 등 극단적인 사건이나 사고를 본인이 직접 경험하였거나 목격했을 경우 이로 인한 정신적인 충격과 심리적 상처가 나타나는 것이다. 심리적 외상 긴급지원 사업은 외상으로 인한 후유증 및 PTSD(외상후 스트레스 장애)를 예방하고 정서적 안정을 돕는 것이 목적이다(경기도청소년상담복지센터, 2012). 긴급지원은 청소년과 부모를 대상으로 한 교육과 상담 및 의료지원, 교사와 지도자를 대상으로 한 솔루션 회의 및 역할에 대한 교육이 있다.

6) 인터넷 및 스마트폰 과의존 예방 및 해소

청소년의 인터넷 및 스마트폰에 대한 의존도는 점점 더 심각해지고 있고 중독으로 인한 문제점도 확대되고 있다. 여성가족부는 교육부와 연계하여 인터넷 중독 조기발견을 위해 초등학교 4학년, 중학교 1학년, 고등학교 1학년을 대상으로 전수조사를 매년 실시하고 있다(정순례, 양미진, 손재환, 2015). 각 지역 청소년상담복지센터에서는 청소년을 위한 진단, 상담 및 치료지원, 부모교육을 실시하고 있고, 청소년을 위한 11박 12일의 '기숙형 치료 캠프'도 운영하고 있다.

7) 또래상담

청소년기에는 또래관계가 매우 중요한데 이를 상담 서비스에 활용한 것이 '또래상담'이다. 또래상담 프로그램은 비슷한 연령과 유사한 경험 및 가치관을 지닌 청소년이 일정한 훈련을 받아 어려움에 처한 청소년을 돕고 문제를 예방하기 위한 목적에서 개발되었다. 국내에서는 1994년 한국청소년상담원에서 개발한 '또래상담자 훈련 프로그램'을 2006년 '솔리언 또래상담 프로그램'으로 개정해 고유 브랜드화 하였다(정순례, 양미진,

손재환, 2015). 솔리언 또래상담 프로그램은 초·중·고 학교와 청소년 관련 기관에서 꾸준히 보급되고 있고, 학교폭력 문제와 관련하여 효과적인 예방프로그램으로 인식되고 있다.

8) 학교 밖 청소년 지원

학교 밖 청소년 지원 사업은 9세~24세의 청소년 중 제적, 퇴학, 자퇴한 청소년이나 입학 후 3개월 이상 결석하거나 취학의무를 유예한 청소년, 상급학교에 진학하지 않은 청소년(학업중단 숙려대상 등 잠재적 학교 밖 청소년을 포함)을 대상으로 하는 사업이다. 이 사업은 학교 밖 청소년의 개인적인 특성과 수요를 고려하여 상담지원, 교육지원, 직업체험 및 취업지원, 자립지원, 건강증진, 특성화 및 멘토링 프로그램 등 다양한 서비스를 통해 학교 밖 청소년이 건강한 사회구성원으로 성장할 수 있도록 지원한다.

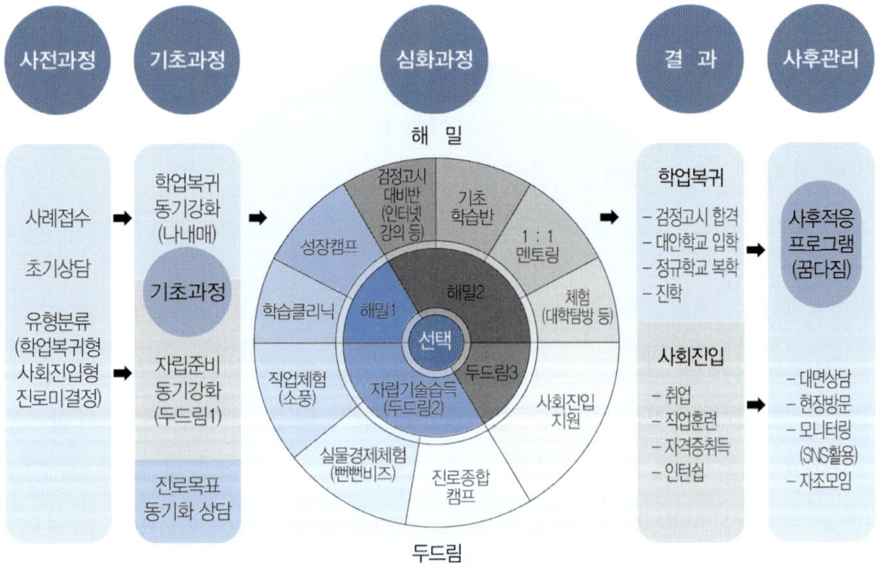

그림 5 학교 밖 청소년 지원(http://www.teen1318.or.kr)

그 밖에 또래 사귐을 위한 집단 프로그램을 이용한 외톨이 청소년 지원 프로그램, 공동체(가정, 학교 및 학습, 마을 등) 안에서 발생하는 문제와 갈등을 회복적 접근에 기반하여 지원하는 창의적 갈등조정 지원 사업, 다문화 가정의 청소년을 위한 집단 프로그램, 기본생활습관과 도덕성 함양, 갈등 해결방법 훈련을 위한 품성계발 프로그램 등 다양한 위기청소년을 위한 프로그램이 각 지역 청소년상담복지센터에서 운영되고 있다.

참고문헌

가족치료연구모임 역(1995). 해결중심적 단기가족치료. 서울: 하나의학사. Berg, I. K., & Miller, S. D.(1992). *Working with the problem drinker: A solution-focused approach*. New York: Norton.

강영신 역(2016). 다문화 상담 면접 기법: 다문화 면담의 준비 과정에서 보고서 작성까지. 서울: 학지사.

강진령, 이종연, 손현동(2007). 학교상담자들이 직면하는 윤리적 갈등과 대처 방법 분석. 청소년 상담연구, 15(1), 17-27.

강진령, 이종연, 유형근, 손현동(2009). 상담자윤리. 서울: 학지사.

강차연, 손승아, 안경숙, 윤지영(2010). 청소년 심리 및 상담. 서울: 학지사.

경기도청소년상담복지센터(2012). 경기도 CYS-Net 활용 Up가이드. 경기: 청소년상담복지센터.

구본용(2002). 청소년 상담 모형의 정립과 발전과제. 한국청소년 상담원 제 9회 청소년 상담학세미나. 한국에서의 청소년 상담-미래와 전망.

권석만(2014). 현대 심리치료와 상담이론: 마음의 치유와 성장으로 가는 길. 서울: 학지사.

권석만(2014). 현대 심리치료와 상담이론-마음의 치유와 성장으로 가는 길. 서울: 학지사.

김광웅, 홍주란, 차미숙(2016). 아동 청소년 뇌기반 심리치료. 서울: 시그마프레스.

김계현 외(2011). 상담학개론. 서울: 학지사.

김동일 외(2014). 청소년 상담학 개론. 서울: 학지사.

김성봉, 황혜리 역(2016). 상담 및 치료의 이론과 실제(제6판). 서울: 시그마프레스.

김양현(1995). 현실치료 : 정신치료에 대한 새로운 접근. 서울: 원미사.

김용태(2004). "정신질환 약물치료는 뇌손상만". 문화일보, 11월 8일

김유숙(2006). 가족상담. 서울: 학지사.

김인경(1993). 청소년기 자아중심성과 가족유형 및 가족 의사소통과의 관계. 한국심리학회지: 발달, 6(2), 96-119.

김인경, 윤진(1988). 청소년기 자아중심성에 관한 연구-인지발달, 지각된 부모의 양육태도 유형과의 관계. 한국심리학회지, 7(1), 54-62.

김인경, 장근영(1992). 청소년기 자아중심성과 관련변인들에 대한 탐색적 연구. 한국심리학회지: 발달, 5(1), 143-156.

김인자(1997). 현실요법과 선택이론. 서울: 한국심리상담연구소.

김정규 외 공역(2008). 알아차림, 대화 그리고 과정 게슈탈트 치료에 대한 이론적 고찰. 서울: 학지사.

김진화 외(2010). 청소년 문제행동론. 서울: 학지사.

김춘경 외(2015). 청소년집단 상담 프로그램. 서울: 학지사.

김춘경, 이수연, 이윤주, 정종진, 최웅용 (2010). 상담의 이론과 실제. 서울: 학지사.

김춘경, 이수연, 최웅용(2006). 청소년 상담. 서울: 학지사.

김헌수, 김태호(2006). 상담의 이론과 실제. 서울: 태영출판사.

노성덕, 김호정, 이윤희, 윤은희, 재중민, 김병관 공역(2014). 상담심리학. 서울: 학지사.

노안영(2011). 상담심리학의 이론과 실제. 서울: 학지사.

박경애(2014). 상담심리학: 상담과 심리치료의 주요 이론과 실제. 경기: 공동체.

박경애, 김혜원, 주영아(2014). 청소년 심리 및 상담. 경기: 공동체.

박성수(1998). 생활지도. 서울: 정민사.

박재황, 남상인, 김창대, 김택호(1993). 청소년 상담교육과정 개발연구. 서울: 청소년대화의광장.

박진규(2015). 청소년 문화(제3판). 서울: 학지사.

배규한(2007). 청소년학개론. 서울: 교육과학사.

송길연, 장유경, 이지연, 유봉형 공역(2014). 발달심리학. 서울: 시그마프레스.

송명자(2014). 발달심리학. 서울: 학지사.

아드리안 우어반 저, 조희진 역(2006). 내가 사랑하는 심리학자. 서울: 말글빛냄.

여성가족부(2016). 청소년백서. 서울: 계문사.
오윤선, 김미숙(2017). 청소년 심리 및 상담이론과 실제. 경기: 양성원.
오윤선, 황인숙(2016). 청소년 문화론. 경기: 양서원.
유진이(2014). 청소년 심리 및 상담. 경기: 양서원.
이명우 역(2014). 상담실무자를 위한 사례 개념화 이해와 실제. 서울: 학지사.
이무석(2003). 정신분석으로의 초대. 서울: 이유.
이미리, 조성연, 길은배, 김민(2014). 청소년학개론. 서울: 학지사.
이윤주 외 공역(2017). 전문 상담자의 세계(제5판). 서울: 사회평론.
이장호(2005). 상담심리학. 서울: 박영사.
이장호, 이동귀(2014). 상담심리학. 서울: 박영사.
이형득 외(1999). 청소년 상담자론. 서울: 한국청소년 상담원.
이혜성, 이재창, 금명자, 박경애(1996). 청소년 개인 상담. 서울: 청소년대화의 광장.
임은미(2006). 사이버 상담이론과 실제. 서울: 학지사.
장성화 외(2012). 청소년 심리 및 상담. 경기: 정민사.
장휘숙(2007). 전생애 발달심리학(제4판). 서울: 박영사.
전윤식, 강영심, 황순영 역(2004). 행동치료. 서울: 시그마프레스. M. D. Spiegler & D. C. Guevremont(2003). *Contemporary Behavior Therapy* (4th ed.). Thomson Learning. Belmont, CA: Wadsworth.
정규석, 김영미, 김지연(2013). 청소년복지의 이해. 서울: 학지사.
정문자, 송성자, 이영분, 김유순, 김은영 (2008). 해결중심단기치료. 서울: 학지사.
정순례, 양미진, 손재환(2015). 청소년 상담이론과 실제. 서울: 학지사.
정원식, 박성수, 김창대(1999). 카운슬링의 원리. 서울: 교육과학사.
조성희, 신수경, 이인필, 김은영 역(2015). 1001가지 해결중심 질문들. 서울: 학지사.
조현춘, 조현재 공역(2006). 심리상담과 치료의 이론과 실제 제6판. 서울: 시그마 프레스
주은선 역(2017). 칼 로서스의 심리치료-사례와 해설. 서울: 학지사.

천성문, 권선중, 김인규, 김장회 등 공역(2017). 심리상담과 치료의 이론과 실제 제10판. 서울: 센게이지 러닝.

천정웅, 이지민, 성윤숙(2016). 청소년문제와 보호. 경기: 양서원.

최영희, 이정흠 공역(1988). 인지치료 이론과 실제. 서울: 하나의학사.

최일섭, 최성재(2000). 사회문제와 사회복지. 서울: 나남출판.

한국단기가족치료연구소 역(2011). 해결중심 가족치료의 오늘. 서울: 학지사. de Shazer, S., Dolan, Y., Korman, H., Trepper, T., McCollum, E. E., & Berg, I. K.(2007). *More than miracles. The State of the Art of solution-focused brief therapy*. Routledge.

한국청소년개발원(2005). 청소년 상담론. 서울: 교육과학사.

현명호, 유제민, 이정아, 박지선 공역(2016). 통합적 상담: 사례 중심의 접근. 서울: 센게이지 러닝.

Anderson, H., & Goolishian, H.(1992). The client is the expert: A not-knowing approach to therapy. *Therapy as social construction*, 25-39.

Arden J., & Linford, L.(2009). *Brain-based therapy with adults*. NY: Wiley.

B. F. Skinner. Department of Psychology - Harvard Psychology, https://psychology.fas.harvard.edu/people/b-f-skinner.

Bandura, A. (2015). *Moral Disengagement: How People Do Harm and Live with Themselves*. New York, NY: Worth.

Beck. J. S.(2005). *Cognitive Therapy for challeging problems*. New York: Guilford Press.

Benight, C. C.; Bandura, A. (2004). Social cognitive theory of posttraumatic recovery: The role of perceived self-efficacy. *Behaviour Research and Therapy, 42*(10), 1129-1148.

Berg, I. K., & Dolan, Y.(2001). Tales of solutions: A collection of hope-inspiring stories. New York: Norton.

Berger, K. S.(2005). *The Developing Person: Through childhood and adolescence*. NY: Worth publishers.

Cantwell, P., & Holmes, S.(1994). Social construction: A paradigm shift for systemic therapy and training. *Australian and New Zealand Journal of Family Therapy, 15*(1), 17-26.

Copeland, A. D.(1974). *Textbook of adolescent psychopathology and treatment.* Springfield, IL: Tomas.

Cormier, W. H., & Cormier, L. S.(1985). *Interviewing strategies for helpers* (2nd ed.). Pacific Grove, CA: Brooks/Cole.

De Jong, P., & Berg, I.(1996). *How To Interview For Client Strengths And Solutions*, Brooks/Cole.

De Shazer, S.(1985). *Keys to solution in brief therapy*. New York: Norton.

De Shazer, S., Berg, I. K., Lipchik, E. V. E., Nunnally, E., Molnar, A., Gingerich, W., & WEINER DAVIS, M. I. C. H. E. L. E.(1986). Brief therapy: Focused solution development. *Family process, 25*(2), 207-221.

Egan, G.(1997). *The skilled helper* (6th ed.). Pacific Grove, CA: Brooks/Cole.

Elkind, D.(1978). *The child's reality: Three developmental themes*. Hillsdale, NJ: Erlbaum. Inhelder, B., & Piaget, J. (1958). *The growth of logical thinking: From childhood to adolescence*. NY: Basic Books.

Ellis, A. (1962). *Reason and emotion in psychotherapy*. New York: Kensington.

Ellis, A. (1995). Changing rational-emotive therapy (RET) to rational emotive behavior therapy (REBT). *Journal of Rational-Emotive & Cognitive-Behavior Therapy, 13*(2), 85-89.

Elson, S. E.(1979). Recent approaches to counseling: Gestalt therapy, transactional analysis, and reality therapy. In H. M. Berks, Jr. & B. Stetflre(Eds.), *Theories of Counselling* (3rd ed.). New York: McGraw- Hill.

Guy, J. D.(1987). *The personal life of the psychotherapist*. John Wiley & Sons.

Hauck, W. E., Martens, M., & Wetzel, M.(1986). Shyness, group dependence and self-concept: Attributes of the imaginary audience. *Adolescence, 21*,

529-534.

Havighurst, R. J.(1972). Developmental tasks and education. NY: David McKay.

Keating, D. P.(1980). Thinking processes in adolescence. In J. Adelson(Ed.), *Handbook of adolescent psychology*. NY: Wiley.

Kovar, M. G.(1979). Some indicators of health-related behavior among adolescents in the United States. *Public Health Reports, 94*, 109-118.

Kral, R.(1989). Strategies that work: *Techniques for solution in the schools*. Brief Family Therapy Center, Wisconsin Institute on Family Studies.

Lapsley, D. K.(1991). Egocentrism theory and the "new look" at the imaginary audience and personal fable in adolescence. In R. M. Lerner, A. C. Petersen & J. Brooks-Gunn (Eds.), *Encyclopedia of adolescence*. NY: Garland.

Lapsley, D. K., & Rice, K. G.(1988). The new look at the imaginary audience and personal fable: Toward and intergrative model of adolescent ego development. In D. K. Lapsley & F. C. Power (Eds.), *Self, ego, and identity: Integrative approaches*. NY: Springer-Verlag.

LeComte, D., & Fornes, F.(1998). Suicide among youth and young adults, 15 through 24 years of age. A report of 392 cases from Paris, 1989-1996. *Journal of Forensic Sciences, 43*, 964-968.

Morrill, W. H., Oetting, E. R., & Hurst, J. C.(1974). Dimensions of counselor functioning. *Journal of Counseling & Development, 52*(6), 354-359.

Mullis, R. L., & Markstrom, C. A.(1986). An analysis of the imaginary audience scale. *Journal of Early Adolescence, 6*, 305-315.

Olson, D. H., Russel, C. S., & Sprenkle, D. H.(1980). Marital and family therapy: A decade review. *Journal of Marriage and the Family, 42*, 973-994.

Pelkonen, M., & Marttunen, M.(2003). Child and adolescent suicide: Epidemiology, risk factors, and approaches to prevention. *Pediatric Drugs, 5*, 243-265.

Polster, E.(1987). *Every person's life is worth a novel.* NY: Norton.

Rogers, C.(1961). *A therapist's view of psychotherapy: On becoming a person.* London, Constable.

Santrock, J. W.(1995). *Life-span development.* Wisconsin: Brown & Benchmark.

Shertzer, B. E., & Stone, S. C.(1980). *Fundamentals of counseling.* Houghton Mifflin Harcourt (HMH).

Sperry, L., & Sperry J.(2012). *Case conceptualization: Mastering this competency with ease and confidence.* Routledge.

Spirito, A., Esposito-Smythers, C., Weismoore, J., & MJiller, A.(2012). Adolescent Suicidal Behavior. In P. C. Kendall (Eds.), *Child and Adolescent Therapy: Cognitive-Behavioral Procedures*(4th Ed.). NY: Guilford Press.

Steinberg, L.(2005). *Adolescence.* NY: McGraw-Hill.

Steinberg, L.(2009). Should the science of adolescent brain development inform public policy? *American Psychologist, 64*, 739-750.

Steinberg, L.(2011). *Adolescence.* NY: McGraw-Hill.

Sullivan, H. S.(1953). *The interpersonal theory of psychiatry.* NY: Norton.

Susman E. J., & Rogel, A.(2004). Puberty and psychological development. In R. M. Lerner & L. Steinberg (Eds.), *Handbook of adolescent psychology* (2nd ed., pp.15-44). Hoboken, NJ: Wiley.

Tamminen, A. W., & Smaby, M. H.(1981). Helping counselors learn to confront. *Personnel and Guidance Journal, 60*, 41-45.

Walter, J., & Peller, J.(1996). 가족상담연구모임 역. 단기가족상담: 해결중심으로 되어가기. 서울: 하나의학사.

Wubbolding, R. E., & Brickell, J.(2005). Reality Therapy in recovery. *Directions in Addiction Treatment and Prevention, 9*(1), 1-10, New York: The Hatherleigh Company.

Wubbolding, R. E., Brickell, J., Imhof, L., In-za Kim, R., Lojk, L,, & Al-

Rachidi, B.(2004). Reality therpay: A global perspective. *International Journal for the Advancement of Counseling, 26*(3), 219-228.

Young, K. S.(1999). Internet addiction: Symptoms, evaluation, and treatment. Innovations in Clinical Practice, http://netadiction, com/articles/symptoms.html.

Zinkwe, J.(1977). *Creative process in gestalt therapy*. NY: Vinage Books.

http://wglasser.com/about-us/development-of-ideas/

https://en.wikipedia.org/wiki/Albert_Ellis

https://en.wikipedia.org/wiki/Insoo_Kim_Berg

https://en.wikipedia.org/wiki/William_Glasser

찾아보기

ㅊ

ㅋ

ㅌ

저자소개

박지선(朴志善, Park, Jisun)

중앙대학교 심리학과 학사, 석사 및 박사(임상심리전공)
부산가톨릭대학교 사회복지상담학과 교수(2012년~현재)
임상심리전문가, 정신보건임상심리사 1급, 상담심리사 1급
전) 국립서울병원 임상심리과 임상심리사
    건국대학교병원 정신건강의학과 임상심리실장

박진희(朴鎭希, Park, Jinhee)

중앙대학교 심리학과 학사
고려대학교 심리학과 석사(임상심리전공)
서울여자대학교 교육심리학과 박사(상담 및 임상심리전공)
서울여자대학교 교육심리학과 교수(2014년~현재)
임상심리전문가, 정신보건임상심리사 1급, 상담심리사 1급, 가족치료사 1급
전) 아주대병원 정신건강의학과 임상심리사
    서울특별시 어린이병원 정신건강의학과 심리치료사

청소년 심리와 상담

초판 1쇄 인쇄 / 2018년 9월 5일
초판 1쇄 발행 / 2018년 9월 10일

공저자 / 박지선·박진희
발행인 / 이 중 수
발행처 / 동 문 사

서울특별시 서대문구 홍제원 1길 12
(홍제동 137-8)
Tel: 02)736-3718(대), 736-3710, 3720
Fax: 02)736-3719
등록번호: 제9-17호
가격: 19,000원

ISBN: 978-89-8251-965-9(93370)
E-mail: dong736@naver.com
www.dongmunsa.com